DE

L'OBLIGATION NATURELLE

ET DE

L'OBLIGATION MORALE

EN DROIT ROMAIN ET EN DROIT FRANÇAIS

PAR

M. MASSOL (DE M.)

PROFESSEUR DE DROIT ROMAIN A LA FACULTÉ DE TOULOUSE.

DEUXIÈME ÉDITION

Considérablement augmentée

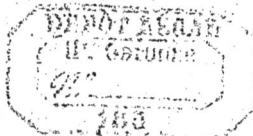

PARIS

AUGUSTE DURAND, LIBRAIRE

RUE DES GRÈS-SORBONNE, 7.

TOULOUSE

DELBOY, LIBRAIRE, RUE DE LA POMME, 71.

1862

DE

L'OBLIGATION NATURELLE

ET DE

L'OBLIGATION MORALE

EN DROIT ROMAIN ET EN DROIT FRANÇAIS

PAR

M. MASSOL (DE M.)

PROFESSEUR DE DROIT ROMAIN A LA FACULTÉ DE TOULOUSE

DEUXIÈME ÉDITION

Considérablement augmentée

PARIS

AUGUSTE DURAND. LIBRAIRE

RUE DES GRÈS-SORBONNE, 7.

TOULOUSE

DELBOY, LIBRAIRE, RUE DE LA POMME, 74.

1862

TOULOUSE. — IMPRIMERIE J. PRADEL ET BLANC.

PLACE DE LA TRINITÉ, 12.

Ⓒ

DE

L'OBLIGATION NATURELLE

ET DE

L'OBLIGATION MORALE

EN DROIT ROMAIN ET EN DROIT FRANÇAIS

PRÉFACE.

Les grandes difficultés que soulève l'obligation naturelle, malgré l'application facile en apparence que présentent les principes, la communauté de vues que nous avons remarquée entre les juristes romains et le législateur français, tels sont les motifs qui nous ont déterminé à porter notre attention sur cette partie du Droit.

Dans ces dernières années, en indiquant pour prix du doctorat la théorie de l'obligation naturelle, le ministre de l'instruction publique était désireux de remplir une véritable lacune dans la doctrine.

Les efforts louables des jeunes docteurs n'ont peut-être pas atteint le but indiqué.

M. de Savigny, dans son ouvrage sur l'ensemble du Droit romain, vient de jeter un jour nouveau sur cette importante matière; mais le plan que s'était proposé ce célèbre jurisconsulte ne lui permettait pas d'entrer dans tous les développements; il nous semble d'ailleurs qu'il n'a peut-être pas distingué d'une manière assez précise l'obligation naturelle de l'obligation morale, ou de conscience; or, cette différence à constater nous a paru l'un des points essentiels de la tâche que nous avions entreprise.

L'analogie que, sous un certain aspect, offrent l'obligation naturelle et l'obligation de conscience est, en effet, une cause d'embarras quand il s'agit d'établir une double classification.

Sans doute, l'obligation de conscience est placée dans une sphère supérieure au pouvoir du législateur ; mais cela n'empêche pas que lui attribuant ordinairement quelques effets dans l'ordre civil, il ne puisse, dans des cas rares, les lui refuser.

L'obligation naturelle, intermédiaire de l'obligation de conscience et de l'obligation civile, se rapproche davantage de cette dernière. C'est ainsi que nous décidons que l'acquittement de l'obligation naturelle est un paiement, au lieu que l'acquittement de l'obligation de conscience est une libéralité ; c'est ainsi encore que nous admettons que l'obligation naturelle est assujettie à la prescription, qui n'atteint pas l'obligation de conscience.

Après avoir distingué avec soin ces sortes d'obligations, nos efforts ont tendu à formuler des règles générales applicables à tous les cas d'obligation naturelle. Par là, nous avons essayé de systématiser les doctrines divergentes, et nous croyons avoir saisi le véritable caractère de l'obligation naturelle. D'après nous, toute obligation naturelle est apte à produire les mêmes effets ; de sorte que, quelle que soit l'espèce qui se présente, quand on veut savoir si elle constitue une obligation naturelle, l'on n'a qu'à se demander si elle est susceptible de produire les divers effets qui sont propres à cette obligation, effets sur lesquels nous insisterons dans le cours de cette étude.

Les théories développées en Droit romain, nous les étendons au Droit français. A notre avis, l'obligation naturelle, en France, n'est que l'obligation naturelle des Romains.

Cette conférence, entre les deux législations, met surtout en relief les principes ; elle ne fait pas obstacle à l'examen des questions différentes qui surgissent dans chaque état de société ; ainsi, en traitant de l'obligation naturelle chez les Romains, nous nous sommes occupé de l'obligation de l'esclave et du fils de famille ; tandis que, dans notre droit actuel, nous avons été amené à examiner la validité des marchés de Bourse et des contre-lettres relatives à la cession des offices. Après ces observations, nous n'avons pas besoin de dire que le rapport que nous indiquons entre les deux législations porte sur les préceptes et non sur les détails.

Ce procédé, que nous suivons dans notre enseignement oral, nous a paru produire de bons résultats : aussi avons-nous cru devoir l'employer dans cet écrit. Nous désirons qu'il nous procure encore l'avantage d'être utile à cette studieuse jeunesse à laquelle sont destinés surtout nos travaux.

Toulouse, 8 septembre 1857.

MASSOL (de M.)

INTRODUCTION.

SOMMAIRE: — I. Toutes les obligations naturelles sont susceptibles de produire les mêmes effets. — II. Il est essentiel de distinguer l'obligation naturelle et l'obligation morale, et quant à leur origine et quant à leurs effets. — III. L'acquittement de l'obligation morale est une libéralité dans le droit positif. — IV. Examen du système de M. Schwauert. — V. Importance de la distinction de l'obligation naturelle et de l'obligation morale en droit français.

La distinction de l'obligation naturelle et de l'obligation morale ou de conscience étant le fait juridique que nous nous proposons surtout de mettre en lumière, nous croyons devoir en faire l'objet d'un nouvel examen.

Nous ne nous sommes pas dissimulé, en exposant notre système, qu'il rencontrerait des contradicteurs, mais cela n'a pas dû nous empêcher de le produire; c'est par la discussion que s'établissent les saines doctrines.

Nous nous félicitons même d'avoir appelé l'attention des jurisconsultes sur une matière qui n'avait encore fait en France l'objet d'aucune monographie. Nous serons heureux d'avoir préparé le terrain, alors qu'il ne nous aurait pas été donné à nous-même de faire une abondante moisson.

Accueilli par de nombreuses adhésions, notre système a été l'objet de critiques auxquelles il importe de répondre.

Cependant c'est pour nous un devoir de dire de

prime-abord, que nous avons été sensible aux divers encouragements qui nous ont été donnés, et en particulier à celui qu'a bien voulu nous adresser un prince (1) non moins éminent par son rang que par son mérite personnel, et auquel sont confiées les destinées d'un peuple distingué parmi les nations modernes par son aptitude et ses progrès dans la science du droit.

I. Parmi les docteurs qui se sont récemment occupés de cette partie du Droit romain, certains enseignent que les obligations naturelles ne sont pas soumises à des règles générales, que chaque espèce a ses lois particulières, qu'en cette matière l'étude doit être faite en détail.

Cette manière de voir n'est pas seulement la négation de toute théorie, elle crée encore des difficultés inextricables. Les jurisconsultes romains ne se sont principalement occupés, à propos des obligations naturelles, que des questions qui leur étaient soumises; ils se sont prononcés sur le point de savoir, tantôt si dans telle circonstance donnée l'action ou la répétition devait être accordée ou refusée, tantôt si telle obligation était susceptible d'être novée ou garantie par un constitut, une fidéjussion ou une hypothèque.

En procédant de la sorte, les jurisconsultes ro-

(1) Le roi de Prusse, Guillaume Iᵉʳ.

mains n'ont fait que se conformer à leurs habitudes; mais de même que pour les autres branches du droit on s'est efforcé de s'élever de ces décisions particulières à une théorie générale, de même pour l'obligation naturelle on doit tâcher de reconnaître le principe qui la régit.

Les obligations civiles ne sont pas scindées quant à leurs effets; pourquoi n'en serait-il pas de même pour les obligations naturelles? Que l'on ne perde pas de vue que l'obligation naturelle ne diffère de l'obligation civile proprement dite, qu'en ce qu'elle ne procure pas l'action (et encore, d'après nous, la compensation *ex dispari causâ*); ce qui ne l'empêche pas d'être placée dans le domaine du droit civil et de produire tous les autres effets de l'obligation civile.

Nous reconnaissons ainsi l'obligation naturelle à ses effets. L'obligation qui ne comporte pas le cautionnement peut être morale, mais ne doit pas être regardée comme naturelle. — L'obligation naturelle, comme l'obligation civile proprement dite, fait d'ailleurs partie des biens du créancier; or, ce qui est dans les biens peut toujours être garanti (1).

De ce que l'obligation du fils de famille qui em-

(1) W. Sell déclare qu'il y a logiquement contradiction à scinder les effets de l'obligation naturelle. — Addition à la théorie de la *Condictio indebiti*, — Revue de Sell, t. 1, p. 130.

prunte, et qui n'est obligé que naturellement, ne
peut quelquefois être cautionnée d'une manière
efficace (l. 2, Dig., *Quæ res pignori*), il ne faut pas
conclure que le cautionnement ne peut accéder à
cette obligation naturelle ; seulement on applique
le principe général d'après lequel l'obligation ne
se forme que tout autant que la volonté de s'obliger
se rencontre ; or, dans l'espèce, la prétendue caution n'entendait pas se soumettre à un engagement dont elle ignorait la portée (1).

La loi 56, § 1, Dig., *de Fidejuss.*, ne saurait non
plus être invoquée comme faisant obstacle à ce
qu'un cautionnement accède à toute obligation
naturelle. Ce texte se borne à dire que la fidéjussion ne peut intervenir lorsque le père ou le
maître s'est obligé à l'égard du fils ou de l'esclave ; mais, outre qu'une caution pourrait s'obliger naturellement, comme nous en avons fait
la remarque, p. 177, il faut considérer que la
créance naturelle du fils ou de l'esclave est formée
surtout dans la prévision du temps où le lien de
puissance sera dissous, c'est à cette époque qu'elle
doit produire des effets.

Il est vrai que l'obligation naturelle empêche
la répétition, même quand il y a erreur de droit ;
mais il n'en est ainsi que lorsque le paiement
s'est effectué après la dissolution du lien de puissance, comme le prévoit la loi 64, Dig., *de*

(1) Voir p. 51 et 155.

Condict. indebiti. Au contraire, lorsque le créancier et le débiteur se trouvent dans des rapports de
puissance, des intérêts et des droits distincts
n'apparaissant pas, les personnalités juridiques
étant confondues, le père et le maître ont le pouvoir de reprendre ce qu'ils ont livré, car ils n'ont
pu effectuer un paiement efficace ; or, nous le demandons, qu'est-ce qu'une obligation qui ne peut
être suivie d'un véritable paiement? Il est évident
qu'une telle obligation n'a été consentie que pour
le temps où il n'y aurait plus confusion dans la
qualité des personnes. L'obligation naturelle, bien
qu'elle existe, est entièrement inefficace tant que
dure la confusion. Dès-lors, il ne faut pas s'étonner que dans une pareille situation, un fidéjusseur
ne soit pas accepté ; mais de même qu'après la cessation des rapports de puissance la répétition de ce
qui aurait été payé serait interdite malgré l'erreur
de droit, de même l'obligation du père ou du
maître pourrait alors comporter une fidéjussion.
Ainsi, on ne saurait rien conclure de la loi précitée
contre ce caractère général qui appartient à toute
obligation naturelle de pouvoir être cautionnée.
Sans cela, il faudrait aller jusqu'à dire qu'il y a des
obligations naturelles qui ne permettent même pas
de retenir ce qui a été payé.

Les qualités de créancier et de débiteur seront
encore distinctes, lorsqu'il existera un pécule ;
les obligations du père ou du maître font partie

de l'actif du pécule, et les créanciers ont le droit d'en exiger le paiement au moyen de l'action *de peculio*; dans cette position, ce sont les créanciers eux-mêmes qui font valoir la créance de l'esclave; par conséquent, le paiement pouvant être effectué, un tiers pourrait garantir la dette de l'ascendant ou du maître.

II. Pour combattre la distinction que nous établissons entre les obligations naturelles et les obligations morales, on dit (1), que ces dernières rentrent dans la classe des obligations naturelles et constituent un *debitum*, et c'est là le *critérium* auquel on reconnaît les obligations naturelles.

Comme nous donnons au commencement de notre traité la définition de l'obligation morale (2), il est superflu de la formuler dans ce moment. Toutefois, il est essentiel de remarquer que ceux qui ne séparent pas l'obligation morale de l'obligation naturelle et qui ne reconnaissent que l'obligation naturelle, enseignent que l'obligation naturelle est celle qui est conforme non au pur droit civil, mais à l'équité (5). D'après eux, l'équité c'est la bonne foi et l'honnêteté.

(1) Notre collègue et ami M. Machelard, professeur à la Faculté de Paris, s'exprime de la sorte dans un ouvrage qu'il vient de publier sur les Obligations naturelles, p. 525.

(2) Voir p. 8.

(3) M. de Savigny. — M. Machelard, *Des Obligations Naturelles*, p. 539.

Cette équité offre un double aspect : on peut la considérer, soit en elle-même et d'une manière absolue, soit d'une manière relative et d'après la législation des divers peuples. Dans le premier cas, cette équité, qui n'est autre que la morale, produira l'obligation morale, ou de conscience ; dans le second cas, cette équité sera l'origine de l'obligation naturelle. Bien évidemment, les règles de la conscience ne sont pas les mêmes que les règles admises par la législation des divers peuples. La morale est plus sévère, plus délicate que le droit positif ; son domaine est beaucoup plus vaste ; d'où il résulte que ce qui ne constitue pas une obligation d'après le droit positif, obligation parfaite ou imparfaite, peut en constituer une d'après la morale. En un mot, l'obligation morale tient surtout du for intérieur, et l'obligation naturelle du for extérieur. On aperçoit la ligne de démarcation qui existe entre les deux. Pour la rendre plus saillante, nous citerons comme exemple les deux espèces suivantes : Un mineur qui néanmoins a de l'intelligence, souscrit un engagement ; il sera tenu naturellement, parce que, d'après le *jus gentium*, ou les règles de l'équité généralement admises par le droit positif, celui-là est engagé qui traite en connaissance de cause. Au contraire, celui qui a reçu un bienfait n'est tenu que moralement, et s'il témoigne sa reconnaissance, il acquitte une obligation morale ; ce qu'il preste, en conséquence, sera une donation

rémunératoire, mais ne sera pas moins une donation. Ce serait diminuer le mérite de la reconnaissance, qui doit être toute spontanée, que de la transformer en une dette ; aussi aucun législateur n'est
allé jusque-là.

En ne séparant pas les obligations morales des
obligations naturelles, on a été amené à penser (1),
que les premières comme les secondes étaient susceptibles de fidéjussion et d'hypothèque. Voici le
raisonnement fait à l'appui de cette thèse : La fidéjussion peut exister à l'avance et accéder à une
dette future indéterminée, pourvu que cette dette
soit fixée plus tard. Du moment que la répétition
est interdite au cas de paiement, Julien nous dit
(l. 7, Dig., *de Fidejussoribus)* qu'il y a place à une
fidéjussion ; il doit en être ainsi pour les obligations, prétendues morales ou naturelles.

Nous ne saurions nous rendre à cet argument.
La personne qui est soumise à un devoir de morale, la mère, par exemple, qui est tenue en ce
sens seulement de doter sa fille, et qui ne peut répéter ce qu'elle a payé, ne nous parait pas être as
sujettie à une véritable obligation.

Pour qu'il y ait lieu au cautionnement, il faut
qu'il existe une obligation véritable, et le devoir
moral étant laissé à la merci du débiteur, on ne
saurait dire que, vis-à-vis de lui, il constitue une
obligation. N'est-il pas, en effet, de principe que

(1) M. Machelard, *Des Obligations Naturelles* ; p. 283.

l'obligation n'existe pas quand elle dépend entièrement de la volonté de celui que l'on nomme
débiteur? l'obligation est un lien de droit; or, on
n'est nullement attaché quand on est libre de se
dégager par sa seule volonté.

Que si le cautionnement peut se rattacher à
une obligation future, cela signifie que le cautionnement n'existera comme tel qu'à partir de l'époque seulement où l'obligation aura été formée; le
cautionnement n'est que l'accessoire d'une autre
obligation; or, l'accessoire ne peut exister sans le
principal. Que l'on remarque, d'ailleurs, que l'obligation future diffère essentiellement de l'obligation
conditionnelle : la condition venant à s'accomplir,
la fidéjussion fournie antérieurement rétroagit à
l'époque où la convention principale est intervenue. Au contraire, la fidéjussion promise pour
une obligation future, ne prend date que du jour
où cette obligation principale se réalise. La loi 47,
§ 1, Dig., *de Fidejuss.*, démontre l'exactitude de
cette doctrine.

C'est un devoir moral, nous l'avons déjà dit,
pour le donataire, que d'être reconnaissant. Nous
le demandons, le donateur pourrait-il valablement
faire cautionner par un tiers la gratitude du donataire?

La loi 7, *de Fidejussoribus*, qui nous est opposée, ne va nullement à l'encontre de notre sentiment. Elle est ainsi conçue : « Quod enim solu-

tum repeti non potest, conveniens, est hujus naturalis obligationis fidejussorem accipi posse. »

Julien, auteur de cette loi, a eu en vue seulement la véritable obligation naturelle et non pas celle qui se réduit à un devoir moral. Ce qui le prouve, c'est le *principium* de la loi 47, *de Fidejussoribus*, dans lequel Papinien expose que Julien déclarait qu'un fidéjusseur ne pouvait accéder à l'obligation qu'avait souscrite celui qui était déporté, sa personnalité ayant cessé d'exister. Sans doute, le fisc prenait ses biens à la charge d'acquitter ses dettes, mais il ne continuait pas sa personne.

D'après ce motif, on ne pouvait admettre un cautionnement pour une dette antérieure à la déportation.

Cette extinction de la personne du débiteur n'était toutefois qu'une fiction du droit positif; aussi le déporté demeurait-il tenu moralement, lorsque les biens qu'il avait laissés n'étaient pas suffisants pour désintéresser ses créanciers; car l'obligation morale a son fondement dans la conscience et survit même à l'obligation naturelle. Ainsi, le *principium* de la loi précitée 47, *de Fidejussoribus*, peut bien dire qu'à l'égard du débiteur *tota obligatio extincta est*, et maintenir l'obligation morale qui n'est pas à proprement parler une obligation. C'est pourquoi, si dans une pareille circonstance l'ancien débiteur avait payé, il n'aurait pas été en droit de répéter, la répétition étant déniée même lorsqu'il s'agit d'une simple obligation morale. Cette faculté de répéter lui serait déniée, quoiqu'il prétendît qu'en effectuant le paiement il croyait que l'on avait une action contre lui.

Le même Julien, en s'occupant d'une autre espèce relative non à une obligation naturelle, mais bien à un devoir moral, s'exprime de la sorte : « Qui contra senatus-consultum filio familias crediderit : mortuo eo, fidejussorem a patre accipere non potest : quia neque civilem, neque honorariam adversus patrem actionem habet; nec est ulla hereditas, cujus nomine fidejussores obligari possent. » (L. 11, Dig., de Fidej.) — Julien déclare que le père ne peut, après la mort de son fils, offrir un fidéjusseur pour garantir la dette que ce dernier avait contractée malgré les prescriptions du sénatus-consulte. Néanmoins, le père ne pourrait-il pas acquitter cette dette de son fils qui n'avait pas même de pécule? Le père qui aurait soldé cette dette aurait-il le droit de répéter? Comment l'exercerait-il, puisqu'il s'agit d'un *officium pietatis* qui est un obstacle à la répétition. La loi 11, Dig., de *Conditione indebiti*, est formelle à cet égard : « Si is, cum quo de peculio actum est, per imprudentiam plus, quam in peculio est, solverit, repetere non potest. »

On suppose dans ce dernier texte que le père a payé *per imprudentiam*. L'erreur dans laquelle il est tombé ne l'autorise pas à répéter; et néanmoins nous venons de voir que pour une obligation de cette espèce qui n'est que morale, il n'est pas recevable à donner un fidéjusseur ; ainsi, Julien lui-même n'admet pas que *l'officium pietatis*, suffisant pour empêcher la répétition, suffise pour servir de fondement à une fidéjussion.

Au reste, le même Julien, dans la loi 60, Dig., *de Conditione indebiti*, posant l'espèce d'un débiteur qui a été mal à propos acquitté, déclare que si ce dernier paie, il ne peut répéter, parce qu'il était tenu *natura*. Nous le demandons encore : Ira-t-on jusqu'à soutenir que Julien, qui refuse la répétition, aurait par cela même admis que malgré la sentence du juge portant qu'il n'y a pas dette, un cautionnement aurait pu être donné par un tiers à l'insu du débiteur ?

De tous ces textes, il nous paraît résulter surabondamment que le refus de répétition n'est pas la preuve de la validité du cautionnement, et que bien qu'empêchant la répétition, l'obligation morale ne peut pas être cautionnée.

Le dernier texte de Julien ne peut d'ailleurs s'expliquer qu'au moyen de la distinction de l'obligation naturelle et de l'obligation morale. Celui qui a été absous et qui paie malgré l'autorité de la chose jugée en sa faveur, acquitte une obligation purement morale, ou de conscience.

Nous ne croyons pas que l'on puisse entendre ce

fragment en ce sens que le défendeur a été absous, non point parce qu'il a été jugé qu'il ne devait pas, mais parce qu'il a été jugé que la demande était mal à propos engagée, par exemple, quand il y a plus pétition, ou bien quand il s'agit d'un fils de famille qui a emprunté contrairement aux prescriptions du sénatus-consulte Macédonien (1).

Cette restriction ne nous paraît pas concorder avec le texte. En effet, le jurisconsulte décide, d'une manière générale, que le débiteur qui a payé antérieurement au jugement, ne peut répéter s'il est plus tard absous; et il le compare à celui qui paie, alors qu'il a promis sous cette double condition : si le vaisseau revient de l'Asie, ou s'il ne revient pas. Dans les deux hypothèses, le paiement doit être maintenu. On appelle celui qui paie *verum debitorem*, relativement à l'obligation de conscience; car le juge déclarant ensuite que la dette n'existait pas, on ne peut dire que légalement il y ait eu un *verus debitor*. Néanmoins, dans ce cas même la répétition ne sera point permise, parce qu'il y a eu acquittement d'une obligation morale. Comment, en effet, expliquer ce paiement anticipé si ce n'est par la conviction de la part du débiteur qu'il y avait dette, et par la crainte d'une condamnation? Quelle que soit la sentence portée,

(1) Tel est le sens que M. Machelard attribue à ce texte. *(Des Obligations Naturelles.* p. 430.)

le paiement sera toujours la reconnaissance d'une obligation morale.

Il faut considérer que, même dans le cas d'absolution, ce paiement qui est maintenu n'ébranle nullement l'autorité de la chose jugée, et n'est pas un démenti donné au juge. On se rappellera, en effet, que l'acquittement d'une obligation morale n'implique pas, d'après nous, l'existence d'une véritable dette.

Alors même que le juge aurait proclamé qu'il n'y avait pas dette, est-ce qu'il ne serait point loisible à celui qui a obtenu gain de cause de payer après coup ce qui avait été demandé (1)?

En envisageant comme véritable dette l'obligation qui est acquittée, on critique l'autorité de la chose jugée et l'on est amené à décider qu'un autre juge peut n'en tenir aucun compte. En effet, supposons que des contestations surgissent sur le point de savoir si véritablement ce qui a été payé nonobstant la chose jugée, constitue une dette; malgré la résistance des parties intéressées qui soutiendront qu'il y a libéralité, le juge sera appelé à statuer s'il y a dette. Ainsi, ce nouveau juge deviendra lui-même complice des attaques dirigées contre la chose jugée; cela est inadmissible. On ne peut donc dire qu'en reconnaissant un *debitum*

(1) Voir p. 108.

dans cette circonstance, il s'agit d'une affaire qui est étrangère à la justice humaine (1).

La prescriptibilité de l'obligation naturelle est aussi l'un des traits caractéristiques de la différence qui empêche de confondre l'obligation

(1) M. Machelard, qui pense que les obligations qui ont leur fondement dans la *pietatis causa* sont des obligations naturelles, susceptibles même de cautionnement, déclare toutefois, p. 441, que si le débiteur obéissant aux lois de la conscience consent à payer, sans se prévaloir de la chose jugée, alors seulement apparaît un *debitum*. Mais, nous le demandons, qui décidera définitivement si réellement il y a *debitum*? n'est-il pas même possible que le prétendu débiteur ait voulu, dans ce paiement, déguiser une libéralité?

Nous n'acceptons pas non plus la comparaison que, d'après Donneau et M. de Vangerow, notre estimable collègue, p. 421, cherche à établir entre la chose jugée et le serment déféré; nous persistons dans la distinction que nous avons posée dans notre traité, p. 113.

La chose jugée emprunte sa force au droit que les divers peuples ont édicté. Le bien de la société demande que la chose jugée soit réputée la vérité, quoiqu'il arrive que dans certains cas les juges aient erré et que la justice, considérée d'une manière absolue, soit blessée; aussi l'obligation morale ou de conscience pourra-t-elle subsister malgré l'autorité de la chose jugée. Mais le serment décisoire est un acte de conscience; par conséquent, l'obligation de conscience ne peut, aux yeux du législateur, exister malgré la prestation du serment.

Le serment tient lieu de paiement. « Jusjurandum loco solutionis cedit. » (L. 27, Dig., *de Jurejurando*.)

Or, une obligation morale peut-elle être admise quand

naturelle avec l'obligation morale. Nous avons soutenu, contre l'opinion généralement reçue, que l'obligation naturelle était prescriptible, parce qu'elle est une sorte d'obligation civile, qu'elle produit

il y a paiement? C'est donc avec raison qu'il est déclaré que le serment déféré a plus de force que la chose jugée. (L. 2, Dig., *de Jurejurando*.)

La loi 1re, Dig., *quarum rerum actio,* et la loi 26, § 2 Dig., *de Jurejurando*, que l'on invoque pour attribuer la même énergie au serment et à la chose jugée, se contentent de dire que le serment déféré a l'effet de la chose jugée, c'est-à-dire, qu'une nouvelle obligation civile dérive de la prestation du serment, comme elle résulte du jugement. On sait que les jurisconsultes traitaient d'une manière particulière de la novation produite par le jugement (Gaïus, Comm. III, § 180,...); or, la loi 26, § 2 précitée, mentionne même la novation.

C'est en ce sens que doit être interprétée la loi 56, Dig., *de Re judicata*, alors qu'elle dit : *post rem judicatam... nihil quæritur.* L'on n'a pas à se préoccuper de ce qu'était la précédente obligation, une nouvelle l'a remplacée; mais ce texte n'a pas en vue de supprimer l'obligation de conscience, dont l'existence n'est pas incompatible avec l'autorité de la chose jugée. Le législateur n'entend pas décréter que les juges ne se trompent jamais, il n'entend pas attacher à leurs décisions le sceau de l'infaillibilité.

Que l'on considère, d'ailleurs, que les textes ci-dessus relatés ne disent pas que la chose jugée tient lieu de serment, mais bien que le serment tient lieu de chose jugée, c'est-à-dire que le serment réunit les avantages que peut avoir la chose jugée; mais, à l'inverse, le jugement n'a pas l'autorité du serment.

des effets nonobstant la volonté du débiteur ; tandisque l'obligation morale est laissée à la discrétion du prétendu débiteur. Celui-ci n'a pas besoin d'être protégé par la prescription, puisque l'exécution de l'obligation est volontaire de sa part (1).

(1) M. Machelard, p. 498, paraît accepter notre sentiment en ce qui concerne la prescriptibilité de l'obligation naturelle ; mais par cela même notre collègue, qui rejette les obligations morales en les confondant dans les obligations naturelles, est cependant amené à établir une ligne de démarcation entre elles en ce qui concerne la prescriptibilité ; car les obligations qui ne sont que l'accomplissement d'un devoir moral, ne sauraient être exposées à la prescription. Les conséquences d'un devoir de morale, de conscience, de reconnaissance, ne peuvent s'affaiblir par le laps de temps.

Quand une obligation civile est prescrite, nous avons soutenu, p. 92, que cette obligation ne faisait point place à une obligation naturelle, mais seulement à une obligation morale ; M. Machelard pense que la prescription empêche les effets forcés de l'obligation naturelle, mais ne s'oppose pas à ce que le débiteur ne puisse renoncer à la prescription si sa conscience le commande, et dans ce cas, en payant volontairement et en connaissance de cause, il acquitte une dette et ne fait pas une libéralité.

Il nous est difficile d'admettre qu'il y ait, aux yeux du législateur, acquittement d'une dette, quand le prétendu débiteur ne peut être contraint de payer, ni directement, ni indirectement. Dans un tel acquittement, nous ne voyons que l'accomplissement d'une obligation morale. Nous ne concevons pas une véritable obligation qui soit entièrement livrée à la volonté ou au caprice d'un débiteur ; il n'y a pas d'obligation sans lien. Si, donc, il n'existe pas d'obligation, le

La véritable obligation naturelle offre surtout ce caractère particulier que ne présente pas l'obligation morale, qu'elle produit des effets indépendants de la volonté du débiteur, et c'est pour cela qu'elle est une obligation.

Ainsi, l'obligation naturelle admet la compensation ; que ce soit *ex eadem causa* ou *ex dispari causa*, peu importe dans ce moment (1). Le débiteur pourrait-il paralyser cet effet de l'obligation naturelle ?

Un tiers ne peut-il pas, à l'insu du débiteur, cautionner une dette naturelle, et le créancier n'aura-t-il pas, le cas y échéant, une action contre le fidéjusseur ?

Ce que nous disons de la fidéjussion s'applique au gage, à l'hypothèque.

Par cela seul qu'un gage aura été fourni pour garantir une obligation, si le même débiteur consent ensuite une obligation naturelle, celle-ci sera garantie de plein droit par le même gage, quoique le débiteur n'ait point dit qu'il l'affectait à cette

paiement qui intervient ne peut être réputé l'acquittement d'une dette.

La loi 29, § 6, Dig., *Mandati*, ne prouve pas le contraire ; sans doute, le fidéjusseur, c'est-à-dire le *sponsor*, qui était libéré *per biennium ex lege Furia*, et qui payait, avait son recours contre le débiteur, parce que, dans cette circonstance, il a payé pour le compte d'un autre ; mais s'il s'agissait du débiteur qui eût payé, alors qu'il était libéré par la prescription, ce paiement constituerait une libéralité.

(1) Voir p. 65.

nouvelle obligation. Bien plus, le créancier aliénant le gage, sera maître de prélever sur le prix le montant de l'obligation naturelle (l. 101, § 1, Dig., *de Solut. et liber.*).

Nous le demandons, ce même droit serait-il départi à celui qui invoque en sa faveur un devoir moral? Serait-il fondé à élever une semblable prétention?

Enfin, on voit dans ce texte que le créancier a le droit de se payer lui-même. il jouit encore de cet avantage dans le cas où il s'agit de déterminer la *Falcidie*. En vertu de sa créance naturelle, il obtiendra un prélèvement (l. 95, § 2, Dig., *de Solutionibus et liber.*) (1).

Est-ce que le prétendu créancier qui invoquerait une obligation morale serait autorisé à s'arroger une telle prérogative?

III. Il faut donc distinguer l'obligation naturelle qui produit tous les effets que nous venons d'indiquer, et l'obligation morale qui ne les produit pas et dont toute l'efficacité dépend de la volonté du débiteur. Une fois ce point admis, nous arrivons forcément à cette conséquence que nous avons déjà tirée, qu'en remplissant un devoir moral on n'acquitte pas une obligation; et par voie de suite, nous disons que l'on fait ainsi une libéralité au point de vue du droit positif.

(1) Voir p. 44.

Lorsque l'on fait volontairement une prestation sans contrevenir aux lois, cette prestation doit être l'acquittement d'une dette ou une libéralité, il ne saurait y avoir de milieu. Le législateur valide l'acquittement de *l'officium pietatis*; il s'agit seulement de le qualifier. Que l'on considère que nous nous plaçons hors des cas où une *turpis causa* existant de la part des parties contractantes, le législateur les laisse dans la position où elles se trouvent, sans ratifier ni qualifier ce qui a été fait.

L'ascendante fournissant une dot à sa fille, la personne qui apprécie des services rendus fesant une donation rémunératoire se déterminent *ex mero arbitrio*, par conséquent elles consentent une libéralité. (*Donari videtur quod nullo jure cogente conceditur*, l. 82, DIG., *de Diversis regulis*, etc.)

Ce texte démontre qu'il y a libéralité alors que l'on fait une prestation à laquelle on ne pouvait être contraint ni directement ni indirectement, et nous avons vu que l'obligation morale n'amène que des effets volontaires.

C'est pourquoi le prétendu créancier d'une pareille obligation ne peut pas dire qu'il a un droit; aussi la loi 25, § 11, DIG., *de Hereditatis pet.*, dispose-t-elle que celui qui fait une donation et qui, par conséquent, rend service, oblige le donataire envers lui *naturaliter;* mais que cependant cette obligation n'est pas dans les biens du donateur, elle n'est pas un enrichissement dont il soit forcé de rendre compte.

L'accomplissement du devoir moral est en termes exprès appelé libéralité dans la loi 12, § 3, Dig., *de Administ. et periculo tut.* «... Non dabit dotem sorori alio patre natæ, etiam si aliter ea nubere non potuit. Nam et si honestè, ex liberalitate tamen fit, quæ servanda arbitrio pupilli est. » — Le frère qui est riche acquitte un *officium pietatis* en fournissant une dot à sa sœur, qui sans cela ne pourrait pas se marier ; et cependant cette constitution, *et si honestè, tamen ex liberalitate fit.*

Celui qui a reçu un service fait un legs à son bienfaiteur ; ce dernier pourra-t-il prétendre qu'il le reçoit comme créancier et non comme légataire, et qu'il a le droit de primer les autres légataires ? Cette prérogative appartient à celui qui invoque une obligation véritablement naturelle (l. 40, § 3, Dig., *de Condit. et Demonst.*)

De cela il conste qu'en réalité les jurisconsultes voient une libéralité dans l'acquittement d'une obligation morale ; dès-lors, il ne faut pas s'étonner que dans ce cas la répétition soit interdite. Mais l'on insiste, en fesant remarquer (1) que dans cette circonstance les lois déclarent qu'il n'y a pas *indebitum*, et qu'en conséquence il y a acquittement d'une dette. (Paul, liv. IV, tit. 3, § 4.)

(1) M. Machelard, p. 284.

Nous ferons observer que c'est relativement à la *condictio indebiti*, que les jurisconsultes disent qu'il n'y a pas un *indebitum*. — Papinien nous apprend qu'il y a un paiement fait en vertu d'un *indebitum*, quand ce paiement a été fait *sine causa*. « Hæc condictio ex bono et æquo introducta, quod alterius apud alterum sine causa deprehenditur, revocare consuevit. » (L. 66, D1G., *de Condict. ind.*)

Or, le paiement fait même à titre de libéralité, n'est pas dépourvu de cause, et par conséquent n'est pas un *indebitum*. C'est en se plaçant au même point de vue que le jurisconsulte décide, dans la loi 11 déjà citée, D1G., *de Condict. indebiti*, que le père qui acquitte par erreur les dettes qui ne concernaient que son fils, ne peut recourir à la *condictio indebiti*, et par conséquent prétendre qu'il a soldé un *indebitum;* et cependant, en ce cas, il serait bien difficile de penser qu'il existait par rapport au père une véritable dette, et que les obligations contractées par le fils sans aucune sorte de mandat, créent à l'égard du père un *vinculum juris*.

C'est en admettant l'idée de libéralité que nous répondons à l'objection que l'on a faite (1). On suppose qu'un affranchi, mineur de 25 ans, a fourni des *operæ officiales* dont il croyait être tenu civilement, il n'a pas entendu prester un *offi-*

_____

(1) M. Machelard, p. 281.

cium pietatis. L'erreur de droit ne préjudicie pas au mineur de 25 ans. Cependant la répétition est interdite dans ce cas parce qu'il se trouve un *debitum*.

Nous répondons que le mineur de 25 ans n'est pas incapable de faire des donations mobilières (l. 3, Codice, *de in integrum rest.*); que si elles sont exagérées ou dénuées de fondement, le Préteur peut les rescinder; il en est ainsi lorsque le mineur s'est soumis, *oneri quod non licuit* (l. 44, Dig, *de Minoribus viginti quinque*).

Dans l'espèce qu'on nous oppose, le mineur ne serait pas recevable à prétendre qu'il a fait ce qu'il ne devait pas faire. Le magistrat maintiendra l'acte, parce qu'il supposera que le mineur a voulu effectuer une libéralité consistant dans l'accomplissement de *l'officium pietatis*.

En un mot, le mineur a entendu dans ce cas faire une prestation, il n'a pas erré sur ce point, mais seulement sur le motif; or, l'erreur de droit sur le motif ne suffit pas toujours pour que la restitution soit accordée au mineur. Un motif n'existant pas, le magistrat peut en trouver un autre pour justifier ce qui a été fait et pour refuser la restitution, qui est un moyen extraordinaire et destiné à tempérer la rigueur du droit par l'équité (1).

(1) Le Préteur statue en connaissance de cause sur le point

On cite encore (1) un texte sur lequel on se fonde en général pour regarder l'accomplissement d'un devoir moral comme l'acquittement d'une dette et non comme une donation : c'est la loi 5, § 15, Dig., *de Donationibus inter virum et uxorem.* Dans ce fragment, le jurisconsulte ne considère pas en principe comme une libéralité prohibée entre époux la restitution que le mari a effectuée lorsqu'il a été chargé de rendre l'hérédité à sa femme, bien qu'il n'ait pas fait alors la retenue que le testateur ou la loi l'autorisait à effectuer (2).

Nous ferons observer en premier lieu, que de ce que la disposition est maintenue entre époux, il ne s'ensuit pas qu'il n'y ait pas donation; seulement, il n'y a pas donation prohibée. L'on sait que certaines donations étaient permises entre époux. Ainsi, la maison de l'un des conjoints a été détruite par un incendie, l'autre fournit

de savoir si la répétition doit être accordée au mineur qui acquitte un devoir moral. Ce magistrat apprécie le plus ou moins de faveur que mérite l'obligation morale, le préjudice causé au mineur; ainsi, par exemple, si ce dernier paie par erreur de droit des legs qui n'étaient pas dûs, il pourra lui être accordé de faire usage de la *Condictio indebiti*, l. 2, Comce, *si Adversus solutionem*, etc.

(1) M. Machelard, p. 286.

(2) M. de Savigny, *Traité de Droit romain*, t. IV, p. 86, reconnaît que la loi précitée n'établit qu'une présomption qui n'est pas une prescription absolue. — *Magis est........ maritium videri.*

la somme nécessaire à sa reconstruction : un pareil acte constitue évidemment une donation ; cependant la loi ne le désapprouve pas (l. 14, Dig., *de Donat. inter virum et ux.*). En effet, les donations entre époux ont été défendues pour empêcher des dispositions qui seraient entachées de fraude. Le législateur n'a pas voulu que l'un des époux abusât de son influence pour s'enrichir aux dépens de l'autre.

Dans l'espèce de la loi 5, § 15, Dig., *de Donat. inter vir et ux.*, l'un des époux ne profite pas de ce qu'il pouvait retenir en se prévalant d'un testament, et l'autre retire le bénéfice dont on pouvait le priver ; mais l'on ne saurait reconnaître la fraude dans l'acte qui produit de telles conséquences.

Au reste, on peut voir dans cette loi une conséquence de ce principe d'après lequel on n'est pas censé faire une donation quand on manque d'acquérir. Celui qui est institué avec la charge de restituer *l'hérédité*, et qui, pour remplir de la manière la plus complète la volonté du testateur, n'entend pas faire un prélèvement, celui-là est plutôt censé ne pas acquérir que perdre. Supposons, en effet, que cet institué déclare qu'il ne veut pas accepter, le fidéi-commissaire pourra le contraindre en vertu du sénatus-consulte à faire adition, de manière à ce que tout émolument et risque soit reporté sur le fidéi-commissaire. (Inst. Just., § 6, *de Fideicom. heredit.*) Par conséquent, le fiduciaire qui accepte et qui ne veut rien retenir pour son compte, peut être considéré comme ne diminuant pas ses biens. C'est même sur ce motif que se fonde le jurisconsulte dans le texte spécial qui est l'objet de nos investigations. En effet, les fiduciaires, est-il dit, en opérant la restitution totale dans ces sortes de circonstances, *nec putant de suo proficisci*, etc.

Cette interprétation, qui ressort du texte même de la loi 5, § 15, sert encore à expliquer la loi 67, § 1, Dig., *ad Senat. Trebellian.* On lit dans ce fragment, que les créanciers ne peuvent se plaindre si le débiteur restitue sans prélèvement l'entière hérédité, ce cas ressemblant à celui où ce fiduciaire aurait déclaré ne pas vouloir faire adition, et dans cette circonstance aucune action ne pouvant être accordée aux créanciers.

En résumé, quoique l'on soit fondé à dire qu'il y a donation quand l'héritier acquitte des dispositions testamentaires, alors que le droit civil lui permettait de s'en dispenser; toutefois, cette donation ne sera pas censée être faite avec intention de frauder; par conséquent elle ne tombera pas sous le coup de la prohibition des donations entre époux, et sous le coup de l'action Paulienne.

Pour démontrer encore qu'il n'est pas exact d'avancer qu'en principe la prestation d'un *officium pietatis* soit considérée comme l'acquittement d'une dette vis-à-vis des époux, nous n'avons qu'à rappeler la controverse qui s'est élevée sur le point de savoir si la donation rémunératoire était permise entre époux. Bien des auteurs se prononcent pour la négative (1). Cependant c'est un devoir moral que de témoigner sa reconnaissance; par conséquent, d'après ces auteurs, l'accomplissement de ce devoir n'est pas l'acquittement d'un *debitum*.

Désirant répondre aux diverses objections qui peuvent être faites à notre système, nous allons nous occuper de la suivante : Comment peut-on dire (2) que l'accomplissement d'un devoir moral est réputé une donation, lorsque celui qui fait la prestation s'imagine qu'elle est commandée par le droit civil ; dans cette circonstance, il n'a pas l'intention de diminuer ses biens, en un mot, de faire une donation.

Nous ne contestons pas que la volonté de gratifier ne soit requise pour qu'il y ait donation ;

(1) Notamment M. de Savigny, *Traité de Droit romain*, t. IV, p. 90.

(2) Notre ami, M. Ginoulhiac, professeur à la Faculté de Toulouse, soulève cette objection, ce qui ne l'empêche pas de voir avec nous une libéralité dans l'acquittement d'une obligation morale.—*Revue bibliographique*, 4e année, p. 5.

Un autre de nos collègues, bien estimable aussi, M. de Caqueray, professeur à la Faculté de Rennes, regarde comme fondamentale la distinction de l'obligation naturelle et de l'obligation morale, et comme exacte la qualification de libéralité que nous imprimons à cette dernière. — *Revue pratique*, t. VI, p. 181.

mais cette volonté n'a pas besoin d'être expresse
il suffit qu'elle soit présumée ; or, le législateur
raisonne de la manière suivante : La mère qui a
constitué la dot, effectue une libéralité, cette mère
est tombée dans une erreur de droit ; mais lors
même qu'elle n'y serait pas tombée, elle aurait
constitué sa dot, car elle a de l'affection pour sa
fille. L'*officium pietatis* étant favorable, il y a présomption qu'on a voulu le remplir ; par conséquent,
la donation doit être maintenue. La mère et tous
ceux qui accomplissent un *officium pietatis* ne sont
même pas recevables à prétendre qu'ils n'ont agi
que parce qu'ils se croyaient forcés, et qu'ayant
conscience de ce qu'ils faisaient, spontanément ils
n'auraient pas fait ce que leur prescrivait la *pietas*.

Au reste, le critérium pour savoir si un acte est
l'acquittement d'une dette ou une libéralité, consiste à examiner de quelle manière il est apprécié
par rapport à la Falcidie (1).

L'on sait que la loi Falcidie crée un droit de retenue en faveur de l'héritier, sur tous les biens laissés
par le testateur : « Id omne, quod ex bonis defuncti
irrogatur, refertur ad hanc legem. » (L. 1, § 7,
Dig., *ad legem Falcid.*)

De là il suit que tout ce qui faisait partie du
patrimoine du défunt, et dont ce dernier aura disposé à titre gratuit et par testament, devra venir
en ligne de compte.

(1) Voir p. 44.

Les libéralités émanées du testateur, seront computées quel que soit leur motif ou leur but. L'on n'aura pas à distinguer celles qui sont favorables de celles qui ne le sont pas. Ainsi, conservaient le titre de libéralités, les legs d'aliments (l. 68 et l. 89, *ad legem Falcidiam*); les legs dans l'intérêt public (l. 6, § 1, CODICE, *ad legem Falcidiam*); les legs adressés aux parents les plus rapprochés (l. 28, DIG., *ad legem Falcidiam*); les legs faits au prince (l. 4, CODICE, *ad legem Falcidiam*).

Ici, on le voit, la question est purement et simplement posée : Y a-t-il libéralité? L'on n'a pas à examiner, comme dans le cas de l'action Paulienne, de la loi Cincia, ou des donations entre époux, si le disposant s'est proposé de commettre une fraude à la loi, si la quotité de la libéralité est considérable, si le bénéficiaire est à un degré plus ou moins rapproché de celui qui se dépouille.

Nous venons de dire que le legs d'aliments était considéré par la loi Falcidie comme une libéralité; nous ajoutons qu'il en est de la sorte, alors même que ces aliments seraient modiques et accordés à des personnes qui peuvent avoir bien mérité du testateur et qu'ils ont pour motif une certaine *pietatis causa*. En vain l'on prétendrait qu'il n'y a pas de libéralité, que notamment la loi Cincia ne se réfère pas aux donations d'aliments.

Nous répondons conformément à la doctrine exposée plus haut, que les décisions concernant la

loi Cincia ne sont pas un guide sûr pour reconnaître les cas où il y a libéralité. Nous le répétons, si
l'on veut être édifié sur la nature d'une disposition à titre gratuit, il faut se référer aux règles
de la Falcidie.

Toutefois, à l'égard des aliments, nous ferons
observer que s'ils étaient dus dans la véritable
acception du mot, par exemple, si l'enfant était
sans ressource, et que le père lui adressât un legs
de cette nature, il n'y aurait pas libéralité, car le
père est obligé de fournir des aliments à son fils qui
est dans le besoin; il y aurait acquittement d'un
debitum et non libéralité *quæ nullo jure cogente fit.*

De là il suit que dans cette circonstance il n'y
aurait pas lieu à l'application de la Falcidie.

Plaçons-nous à présent dans l'hypothèse où des
aliments ont été légués par un oncle à sa nièce. Si
même le testateur s'est déterminé par la *pietatis
causa*, comme le porte la loi 27, DIG., *de Negotiis
gestis*, ira-t-on jusqu'à soutenir que cette disposition ne tombe pas sous le coup de la Falcidie? —
Donc, la *pietatis causa* n'empêche pas qu'il y ait
libéralité.

La doctrine que nous présentons en ce qui concerne les aliments, trouve encore un point d'appui
dans la loi 5, § 4, DIG., *Si cui plus quam per legem
Falcidiam* : «Quamvis autem omnes legatarii et fidei-
commissarii necesse habeant hac stipulatione ca-
vere : tamen quibusdam remitti, Divi fratres, res-

cripserunt; ut puta his, quibus minuta alimenta
sunt relicta. Pompeiæ enim Faustinæ rescripserunt
sic : non eamdem causam esse decem aureorum,
quos annuos tibi testamento Pompeiæ Crispianæ
patronæ tuæ relictos proponis, atque fuit alimen-
torum et vestiarii libertis relictorum, quibus propterea cautionis onus remittendum existimavi-
mus (1). »

On le voit, la solution est explicite; la pension alimentaire très restreinte que lègue la patronne à ses
affranchis, quoique dispensée de caution, est comprise au nombre des libéralités qu'a faites la testatrice; et cependant c'était moins le désir de faire
une libéralité, que la volonté de remplir un *officium
pietatis*, qui avait dicté la disposition. L'on sait, en
effet, que la dation de la liberté ne détruit pas entièrement les liens qui unissaient l'esclave à son
ancien maitre. L'affranchi peut être condamné à
lui fournir des aliments (l. 5, § 18 et § 24, Dig.,
de Agnoscendis et alendis).

L'obligation du patron vis-à-vis de l'affranchi
n'est pas aussi forte, mais elle est suffisante pour
constituer un *officium pietatis;* car la loi 5, Dig.,
de Jure patronatus, enlève les droits de patron à
celui qui refuse des aliments : « Imperatoris nostri

_____

(1) La dispense de fournir la satisdation n'empêche pas
que le legs ne compte pour fixer la Falcidie. (Cujas, t. vi,
C. 1297, édit. de Naples).

rescripto cavetur ut si patronus libertum suum non aluerit, jus patroni perdat. »

Allons plus loin, occupons-nous à présent du cas de la constitution de dot faite par une personne que détermine la *pietatis causa*. L'on sait qu'une constitution de dot peut être faite par testament (l. 48, § 1, Dig., *de Jure dotium*). Nous le demandons, si une mère faisait une telle disposition en faveur de sa fille, pourrait-on avancer que le legs est l'acquittement d'une dette, et que la fille héritière a le droit de prélever le montant de la dot. Une pareille prétention serait inadmissible; car une telle constitution de dot, quoique impliquant un *officium pietatis*, n'est pas moins une libéralité, la mère n'étant pas en principe obligée de doter; aussi les anciens jurisconsultes enseignaient-ils que la constitution de dot était comprise au nombre des donations. (L. 20, Codic., *de Donationibus ante nuptias.*)

L'acquittement d'une obligation morale se convertissant ainsi en libéralité, nous dirons que cette libéralité est censée émaner de celui qui, volontairement, effectue le paiement ou qui le rend obligatoire par une nouvelle disposition. C'est pourquoi la loi 50, Dig., *ad legem Falcidiam*, nous apprend que l'héritier qui acquitte un legs irrégulier, ne peut opposer aux autres légataires que ce legs est une libéralité émanée du testateur, elle est censée l'œuvre de l'héritier. « Non est dubium, quin ea le-

gata, a quibus heres summovere exceptione peti-
torem potest, in quartam ci imputentur, nec cæ-
terorum legata minuant. »

Or, nous le demandons, si une personne instituée
et grevée de legs excessifs, faisant à son tour un
testament, déclarait vouloir que l'intégralité des
legs mis à sa charge fussent acquittés, ne serait-ce
pas là une libéralité qu'elle ferait? Est-ce que le
droit de retenir la quarte Falcidie ne ferait point
partie de ses biens. Signalons à cet égard la loi 14,
§ 1, Dig., *ad legem Falcidiam* : « Avia nepotibus
heredibus institutis, fideicommisit, ut omissa re-
tentione, quæ per legem Falcidiam ex alio testamento competebat, solida legata fratribus, et cohe-
redibus solverent : recte datum fideicommissum
respondi, sed hujus quoque onus in contributionem
venire. »

Ce texte a donné lieu à deux interprétations (1).
D'après l'une, l'aïeule avait été instituée héritière et
grevée de legs considérables envers quelques-uns de
ses petits-fils, elle était en droit de se prévaloir de la
loi Falcidie ; elle meurt, institue tous ses petits-fils,
et déclare qu'elle entend que les legs dont elle était
elle-même chargée soient acquittés. Le jurisconsulte décide que cette disposition est une libéralité
qui doit être prise en considération pour savoir
quelle est la quotité de biens qui a été léguée.

(1) Pothier, *Pandectæ Just.*, tit. ad legem Falcidiam,
art. 12. — La glose sur cette loi.

Dans cette espèce, on envisage l'obligation morale acquittée comme une libéralité, puisqu'on la met au même rang que les autres legs que l'héritier est autorisé à faire réduire; si elle était réputée une dette, elle serait prélevée.

D'après l'autre interprétation, cette loi 14, § 1, *ad legem Falcidiam*, devrait être entendue en ce sens : Une aïeule ayant plusieurs petits-fils, les institue ses héritiers; mais deux de ces petits-fils avaient été antérieurement désignés comme héritiers par un tiers, et chargés de legs à l'égard de leurs frères qui n'étaient pas héritiers. Cette aïeule appelant ensuite tous ses petits-fils à son hérédité, recommande à ceux qui avaient été précédemment grevés de legs à l'égard de leurs frères, de les solder sans faire usage de la Falcidie. Ce bénéfice résultant de la non retenue permise par la loi Falcidie, est une libéralité qui comptera parmi celles faites par la testatrice.

Cette version prouve encore que l'acquittement d'une obligation morale n'est pas une dette. Si c'était une dette, les frères auxquels avaient été imposés certains legs venant à les acquitter, solderaient leur propre dette, et par conséquent ne pourraient prétendre qu'une libéralité a été faite à leurs dépens.

En résumé, nous disons que l'obligation morale ne fait point partie des biens du prétendu créancier, qu'elle ne comporte pas le cautionnement, que celui qui l'acquitte ne solde pas une dette ; mais qu'au point de vue du droit positif il effectue une libéralité, et que c'est à ce titre que l'obligation morale devra être prise en considération par rapport à la Falcidie.

IV. Jusqu'à présent nous avons examiné la doctrine des auteurs qui regardent l'*æquitas* comme la source des obligations naturelles ; nous avons estimé que cette *æquitas* devait être envisagée sous un double point de vue, tantôt d'une manière relative, tantôt d'une manière absolue, et que de là dérivait la distinction de l'obligation naturelle et de l'obligation morale.

Il nous reste à nous occuper de la doctrine qui assigne à l'obligation naturelle proprement dite une origine différente, sans exclure toutefois l'obligation morale. Comme cette doctrine a été exposée d'une manière étendue et approfondie dans un ouvrage qui vient d'être publié en Allemagne, par M. Schwauert, professeur à l'Université de Rostock, nous croyons devoir faire une étude particulière de ce nouveau Traité des obligations naturelles en Droit romain. (*Die natural obligationen des Ræmischen Rechts.*)

M. Schwauert établit une distinction entre la *naturalis obligatio* et le *natura debitum* (1), qu'il sé-

(1) M. Holtius, professeur à Utrecht, a inséré dans la *Revue de Législation*, année 1852, tom. III, p. 5, un article

pare à son tour de l'obligation morale. Sans attacher
de l'importance à cette terminologie, voyons quelle
est la source que l'auteur assigne à chacune de ces
espèces d'obligations.

L'obligation naturelle serait, d'après M. Schwauert (1), celle qui a une *causa juris civilis*. — Ainsi
sont obligations naturelles, celles qui sont privées d'action par suite de l'incapacité des personnes
intéressées, bien que l'acte juridique d'où découle
l'obligation soit valable sous tous les autres rapports ; telles sont : *a* l'obligation de l'esclave dérivant des contrats ; *b* l'obligation des personnes
unies entre elles par les liens de la puissance paternelle ; *c* l'obligation du fils de famille dérivant
d'un *mutuum* ; *d* l'obligation de l'impubère contractant sans autorisation ; *e* l'obligation résultant
de la promesse *post mortem suam* (2) ; *f* l'obliga-

dans lequel il soutient que l'*obligatio naturalis* doit être
distinguée du *natura debitum*. En faisant cette esquisse,
l'auteur n'a pas eu tant en vue d'examiner cette différence,
que de constater que l'obligation naturelle ne produit que
des effets insignifiants et contestables, soit en Droit romain,
soit en Droit français.

Notre ami, M. Cauvet, professeur à la Faculté de Caen, a
démontré contre cette thèse que les effets de l'obligation
naturelle ont de l'importance, et doivent être reconnus dans
les deux législations. — *Revue de Législation*, année 1853,
t. i, p. 193.

(1) Voir p. 244.

(2) Voir ce que nous avons écrit à cet égard, p. 25.

tion de la femme en tutelle ; *g* l'obligation de l'impubère fils de famille ; *h* l'obligation du prodigue auquel l'administration a été interdite.

D'après le même auteur, les autres obligations naturelles sont celles à l'égard desquelles l'action a cessé d'exister, sans que la *causa solvendi* soit éteinte (1); par exemple : *a* dans le cas de la *capitis deminutio minima* ; *b* dans le cas de la *litis contestatio* et de la chose jugée.

Quant à la prescription, M. Schwanert, estime (2) qu'elle éteint et l'action et l'obligation naturelle.

D'après cette manière de voir, l'obligation naturelle ne diffère pas de l'obligation civile proprement dite, ni quant à son origine ni quant à ses causes ; ses effets sont seulement restreints, soit dans le principe, soit après coup.

La plupart des espèces ci-dessus signalées comme obligations naturelles ont aussi, d'après nous, le même caractère, mais pour des motifs différents, c'est-à-dire parce qu'elles se rattachent au droit des gens.

Cette nécessité de la *causa civilis* force l'auteur à décider (3) que le pacte nu ne donne pas lieu à l'obligation naturelle. Cependant, la raison ne répugne-t-elle pas à concevoir que le pacte ait

(1) Voir p. 396 et suiv.
(2) Voir p. 452 et suiv.
(3) Voir p. 136.

moins d'efficacité que l'engagement souscrit par
des personnes incapables? Dans ce dernier cas,
M. Schwanert trouve il est vrai une cause d'obligation de droit positif qui manque à l'autre ;
mais le droit positif n'exige-t il pas aussi, qu'il
s'agisse du droit civil proprement dit, ou du
droit des gens, la capacité de ceux qui contrac-
tent? L'engagement dérivant du pacte et consenti
par des personnes qui ont la plénitude de leur
intelligence, doit, à nos yeux, avoir plus de
puissance, mérite d'être pris en plus grande considération. La forme est l'ouvrage du pur droit
civil. La maturité d'esprit est une condition et
du droit civil et du droit des gens.

Pour faire découler l'obligation naturelle de la
causa civilis, M. Schwanert invoque (1) la loi 49,
§ 2, Dig., *de Peculio* : « Ut debitor vel servus domino, vel dominus servo intelligatur, ex
causa civili computandam est ; ideoque si dominus in rationes suas referat, *se debere servo suo*,
cum omnino neque mutuum acceperit, neque
ulla causa præcesserat debendi, nuda ratio non
facit eum debitorem. »

Ce texte a provoqué diverses interprétations.
Celle que nous allons indiquer nous semble la
plus exacte et en même temps la plus simple.
Elle démontrera qu'il n'y a rien à induire de ce

_____

(1) P. 158 et suiv.

fragment en faveur du système de M. Schwanert.

L'esclave auquel a été confié un pécule en a l'administration, mais il n'a pas le pouvoir d'en disposer suivant son caprice; ainsi, il ne peut le diminuer suivant son gré; s'il déclare sur ses livres qu'il est débiteur de son maître quoiqu'il ne le soit pas en réalité, comme il nuirait aux autres créanciers, la créance du maître devant avoir la priorité, sa déclaration ne produira aucun effet.

Cette explication, bonne pour la première partie du texte, est insuffisante pour la dernière; l'on devra, en effet, faire attention que le texte que nous analysons prévoit aussi et surtout l'hypothèse où c'est le maître qui s'est, sur ces livres, déclaré débiteur d'une somme alors qu'elle ne lui avait pas été comptée; et dans cette circonstance il est décidé également qu'il n'y aura point dette.

Cette décision nous paraît s'expliquer de la manière suivante : la loi n'a trait qu'aux rapports du maître et de l'esclave ayant un pécule; or, la règle est que le pécule ne se forme pas et ne s'étend pas par la seule volonté du maître, il faut encore que cette volonté ait été suivie d'effet : « Non statim quod dominus voluit ex re sua peculii esse, peculium fecit : sed si tradidit; aut quum apud eum esset, pro tradito habuit. Desiderat enim res naturalem traditionem. » (L. 8, Dig. de Peculio.) — Conformément à cette doctrine, Pomponius déclare que, « re non verbis, peculium augendum est. » (L. 4, § 1, Dig., *de Peculio*).

D'après cela, il ne faut pas s'étonner que le même jurisconsulte Pomponius décide dans la loi 49, § 2, ci-dessus rapportée, que le maître ne sera point débiteur envers le pécule lorsqu'il se sera déclaré débiteur sans avoir rien reçu. Quand il est dit dans ce fragment que la dette doit avoir une *causa civilis*, telle qu'elle serait exigée entre citoyens, cela doit être entendu en ce sens, que la mention d'une dette sur les registres du débiteur, qui ne serait pas suffisante pour constituer une dette entre citoyens, ne suffit pas pour créer une dette du maître à l'égard de l'esclave administrateur d'un pécule, et que cette même déclaration sur les registres qui ne vaudrait pas comme donation entre citoyens, ne vaudra pas à ce titre lorsqu'elle aura été faite par le maître au profit de l'esclave. Ce texte qui demande une *causam civilem*, doit, en effet, être combiné avec les lois relatées plus haut, qui ne veulent pas que le pécule obtienne de l'extension seulement *verbis*; de sorte que si le maître se bornait à faire une promesse à l'esclave, cette promesse ne pourrait être invoquée. Nous n'avons pas besoin de dire que dans les rapports de l'esclave et du maître, la stipulation n'est pas autorisée, et, le fût-elle, l'engagement pour un autre motif serait dépourvu de force, car nous venons de voir tout-à-l'heure que le pécule ne peut s'accroître *verbis*.

Ces observations nous paraissent démontrer que la loi 49, § 2, *de Peculio*, régit un ordre d'idées tout particulier, sans aucune relation avec l'obligation naturelle; par conséquent, en dehors du pécule, rien ne s'opposera à ce que par un pacte nu une obligation naturelle soit formée entre le maître et l'esclave, sauf les restrictions que nous avons opposées à son efficacité (1).

M. Schwauert, qui n'admet pas que l'obligation naturelle puisse résulter d'un pacte, rencontre des textes qui mentionnent le gage comme se rattachant au pacte, notamment la loi 5, § 2, Dig., *de Solutionibus*.

Notre auteur répond (2) que le gage qui est livré en garantie d'une obligation résultant du pacte nu n'est pas un gage proprement dit, que ce gage n'est pas investi des prérogatives qui sont propres au véritable gage, qu'il se réduira en un simple droit de rétention, ainsi que le prouve la loi 5, Codex, *de Usuris* : « Per retentionem pignoris, usuras servari posse, de quibus præstandis convenit, licet stipulatio interposita non sit, merito constitutum est, et rationem habet, cum pignora conventione pacti etiam usuris obstricta sint ».

(1) *Suprà*, p. VIII et IX.
(2) Voir p. 143.

. . . .

De ce que ce texte rappelle le droit de rétention, il ne s'ensuit pas que le créancier ne puisse
point se prévaloir de tous les avantages que confère le gage en général. Le droit de rétention est
signalé comme devant amener le paiement, par
voie de suite comme permettant au créancier de
se faire payer, et en conséquence de vendre; le
texte dit, en effet, que les choses données en
gage sont affectées par *un simple pacte*. C'est donc
d'un droit de gage proprement dit qu'il est fait
mention.

Au reste, admettons pour un moment que le
pacte crée, non pas le gage proprement dit, mais
seulement le droit de rétention; cela serait encore la preuve de l'existence d'une obligation naturelle; car la chose livrée au créancier serait
une garantie qui lui serait attribuée; or, on ne
peut garantir qu'une obligation civile ou naturelle, comme l'enseigne M. Schwauert. En réalité,
ce droit de rétention ne serait qu'une sorte de
gage, ou plutôt que l'un des droits que confère
le gage.

Nous allons voir bientôt que l'obligation que
M. Schwauert nomme *naturâ debitum*, et que
l'obligation qui n'est que morale, ne permettent,
d'après lui-même, au créancier que de conserver
ce qui lui a été payé; mais la chose livrée pour
garantir le paiement n'est pas elle-même un paiement; le créancier n'en devient pas propriétaire;

ce n'est donc qu'une sûreté qu'il a reçue, et partant cette sûreté ne peut coïncider qu'avec l'existence d'une obligation au moins naturelle.

Il est une autre loi que met en relief M.
Schwauert, pour en tirer la conséquence que le
pacte nu n'engendre pas l'obligation naturelle ;
cette loi 1, § 1, Dig., *de Verb. obl.*, porte que la
stipulation, nulle parce que le promettant s'est
contenté de répondre par un signe de tête, n'engendre même pas une obligation naturelle. Nous
avons expliqué cette décision dans notre Traité (1 ;
nous nous contenterons de répondre à une objection
de M. Schwauert : il dit que, sans doute, quand
le contrat que les parties avaient en vue n'est
point formé, la convention est sans effet ; par
exemple, une personne veut acheter, l'autre louer,
rien n'est conclu ; mais l'auteur ajoute que le cas
prévu dans la loi 1, § 1, *de Verb. oblig.*, est tout-
à-fait différent ; il s'agit d'une promesse relative
à un objet déterminé ; que la promesse soit faite par
stipulation ou par simple pacte, il y a également
convention, et comme la stipulation renferme toujours un pacte, la forme de la stipulation n'existant pas, reste toujours le pacte ; cependant, le
pacte, d'après la loi précitée, ne produit pas d'obligation naturelle.

Nous ferons observer qu'à l'égard de la stipula-

(1) Voir p. 182.

tion il est possible que l'un des contractants n'ait voulu traiter qu'à la condition que la convention aurait cette forme. L'on sait qu'il n'était pas rare que la stipulation fût employée pour compléter des conventions qui renfermaient des engagements réciproques, dont l'exécution devenait plus efficace au moyen de la stipulation. Dans cette circonstance, il n'est pas déraisonnable de croire que la stipulation a été une condition sans laquelle la convention serait réputée non-avenue.

Toutefois, de ce que les parties s'interpellent, il ne faudra pas en conclure toujours qu'elles aient voulu faire une véritable stipulation. Ainsi dans certains cas, nonobstant la forme de la stipulation, les contractants ne se proposaient que de faire une vente ou un contrat parfait par le seul consentement. C'est dans espèce que statue la loi 33, § 2, Dig., *de Verbor. oblig.* (1).

En réfléchissant à l'historique et au caractère

---

(1) Ce texte, qui embarrasse les commentateurs, est interprété par Cujas, t. 1, C. 1154, édit de Naples, en ce sens qu'une réponse verbale a été faite, mais sans être concordante avec la demande. Cette explication ne nous paraît pas avoir une grande valeur. Quand il s'agit de la stipulation, le vice sera le même, que la réponse ait été faite par signe, ou bien de vive voix, mais sans être conforme à la demande; dans les deux cas, la réponse est irrégulière, et si dans le dernier le contrat est maintenu, parce qu'il y a consentement, pourquoi n'en serait-il pas de même dans l'autre?

de la stipulation, l'on s'aperçoit que lorsqu'elle était défectueuse elle ne devait pas valoir comme pacte, et renfermer une obligation *ex jure gentium*, car les Romains avaient substitué la formule des paroles ou mode de contracter *per æs et libram*. Ils se contentaient de cette formule alors même qu'il n'y avait plus d'autre cause de l'obligation. Ainsi la stipulation n'était qu'une institution du pur droit civil. Si elle ne valait pas comme stipulation, on ne pouvait dire qu'elle donnait naissance à une obligation du droit des gens.

Au reste, on trouve dans les Instituts de Gaïus (1) et de Justinien (2), un exemple qui prouve que la stipulation nulle comme telle, n'a pas même la valeur d'une obligation naturelle. Un esclave intervient dans une stipulation, il promet à l'effet de nover : son engagement est dépourvu de toute efficacité. L'on ne pourrait opposer qu'il existe, abstraction faite de la stipulation, une obligation naturelle suffisante pour arrêter l'effet de la première obligation (3). Gaius (4) nous apprend encore que le jurisconsulte Sulpicius avait répondu

(1) Comm. III, § 176.

(2) INSTIT., tit. *Quibus modis obligatio tollitur*, § 3.

(3) Une obligation naturelle peut nover même une obligation civile; mais il n'y a novation proprement dite que tout autant que cette obligation naturelle est revêtue des formes de la stipulation.

(4) Comm. III, § 179.

que la promesse faite par l'esclave amenait l'extinction d'une obligation précédente, mais que ce sentiment n'avait pas prévalu ; de même que l'on n'avait vu aucune espèce de novation dans la *sponsio*, faite par un *peregrinus cum quo sponsionis communio non est*. Dans ces cas, la jurisprudence n'admettait pas que la stipulation, nulle comme telle, renfermait une obligation du droit des gens.

Au nombre des obligations naturelles qui surgissent quand l'action est éteinte, mais alors que la *causa solvendi* subsiste, M. Schwanert classe celle résultant de la chose jugée (1) ; tandis qu'il rejette l'obligation naturelle quand il y a prescription (2). Cependant, la chose jugée n'a-t-elle pas autant d'énergie que la prescription ? ne crée-t-elle pas un droit aussi puissant ? n'est-elle pas une institution aussi nécessaire, aussi respectable ? Certains esprits ont attaqué la prescription comme odieuse, tandis que l'autorité de la chose jugée n'a pas été l'objet des mêmes critiques. Si la prescription est utile pour empêcher des procès, de son côté l'autorité de la chose jugée met fin aux contestations d'une manière plus étendue et plus radicale. Que l'on n'objecte pas que, dans certains cas, les juges peuvent se tromper ; le législateur n'admet pas cette présomption, et d'ailleurs, comment savoir si les juges se sont trompés ? D'après

(1) P. 424 et suiv.
(2) P. 452 et suiv.

notre système, il n'y a pas à distinguer l'autorité de la chose jugée de la prescription, parce que ces deux institutions sont du droit des gens.

M. Schwauert rattache des effets multiples à l'obligation naturelle, savoir : le refus de répétition, la fidéjussion, le gage, le constitut, la novation, la compensation, et la *deductio* accordée au père et maître sur le pécule, ou bien l'imputation quand c'est le père ou le maître qui sont débiteurs.

Le jurisconsulte allemand fait remarquer (1) que ces caractères sont le signe de l'obligation naturelle, mais qu'il n'est pas nécessaire, pour qu'il y ait obligation naturelle, qu'elle offre tous ces caractères.

Ce qui paraît embarrasser l'auteur, c'est la compensation proprement dite, celle dérivant *ex dispari causa*; il pense et il est forcé de reconnaître que cette compensation ne peut s'adapter à plusieurs cas d'obligation naturelle.

Quant à nous, nous écartons entièrement cette sorte de compensation, car nous soutenons (2) que l'obligation naturelle ne donne lieu qu'à la compensation *ex eadem causa*. M. Schwauert aurait dû, ce nous semble, être d'autant plus porté à n'accepter que cette espèce de compensation, qu'il

(1) P. 188.
(2) Voir p. 66 de notre Traité.

pense, et avec raison (1) que la compensation *ex dispari causa* ne s'est introduite que tardivement et pour corriger les iniquités du droit civil. — Dès-lors, cet auteur aurait pu dire que les caractères de l'obligation naturelle étaient déterminés quand la compensation *ex dispari causa* pénétra dans le droit, et que, par conséquent, il ne faut pas s'étonner qu'elle ne soit pas applicable à l'obligation naturelle.

Comme, d'après notre doctrine, l'obligation naturelle a son fondement dans l'équité admise par le droit des gens, nous ne pouvons que repousser cette compensation qui, à l'égard des obligations naturelles, amènerait souvent des résultats iniques.

Les attributs de l'obligation naturelle qui viennent d'être indiqués, dénotent que le jurisconsulte, pour être conséquent avec lui-même, doit reconnaître que le paiement qui intervient est l'extinction d'une dette.

D'après M. Schwauert (2), il y a *natura debitum :* a lorsqu'il existe un pacte nu; b lorsqu'il existe une sorte de lien de droit mélangé de morale, par exemple quand l'affranchi fournit à son patron des *operæ officiales.*

Le rapport n'étant que moral, l'obligation sera

(1) P. 218.
(2) P. 97 et suiv.

seulement morale, par exemple, dans le cas où le donataire acquitte *le devoir* de rémunération envers le donateur, et dans le cas de constitution de dot que mentionne la loi 52, § 2, Dig., *de Condict. indebiti.* Il faut noter que M. Schwauert estime (1) que ce texte fait allusion à l'épouse elle-même qui constitue sa dot ; il ne découvre dans cette circonstance aucun lien de Droit.

Suivant le même auteur, l'acquittement du *debitum* est, quoique improprement, le paiement d'une dette ; tandis que l'acquittement d'une obligation morale constitue une libéralité.

Il y aura encore une grande différence entre le *natura debitum* et l'obligation morale, lorsque la prestation a été accompagnée d'une erreur de droit ; dans le premier cas, l'erreur de droit ne permet pas de répéter ; dans le second cas, il en est différemment (2).

D'après cette doctrine, la délicatesse de l'héritier à exécuter un testament défectueux, ne constitue qu'une obligation morale ; et en conséquence, l'exécution, par suite d'une erreur de droit, permet de réclamer. Ce raisonnement est fortifié par la loi 68, § 1, Dig., *ad Senat. Trebell.*

Faisons d'abord observer que ce texte ne parle

(1) Voir ce que nous avons dit nous-même sur cette loi, p. 36.

(2) P. 116 et suiv.

pas d'erreur de Droit ; il indique vaguement l'erreur, mais il ne se réfère qu'à celle de fait. L'espèce sera celle-ci : l'institué est chargé de restituer une hérédité qu'il croit onéreuse parce que le passif lui semble égaler l'actif ; il fait la restitution sans demander à retenir le quart, parce que, à son avis, une pareille prétention serait sans objet, les dettes étant aussi considérables que les biens. Plus tard, cet héritier s'aperçoit qu'il s'est trompé dans ses appréciations, il pourra exiger le quart sus-mentionné. La loi 5, § 15, Dig., *de Donat. inter virum et uxor.*, prévoit une hypothèse semblable, et décide que l'héritier obtiendra la restitution du quart, parce qu'il existe une erreur de calcul. Cette loi 68, *ad Senat. Trebell.*, ainsi expliquée, se trouve en harmonie avec d'autres textes qui n'accordent pas la répétition à l'héritier pour cause d'erreur de Droit (1).

En résumé, M. Schwanert admet des obligations morales distinctes des obligations naturelles; mais nous estimons que ce qu'il appelle *natura debitum*, doit rentrer dans les obligations morales, et nous considérons avec lui comme libéralité l'acquittement d'une obligation morale. De même, quoique nous différions de sentiment quant à l'origine des obligations naturelles, nous nous rapprochons en ce qui concerne les effets qu'elles produisent.

(1) Voir p. 195 de notre Traité.

V. En Droit français comme en Droit romain nous séparons l'obligation naturelle de l'obligation morale ; l'une est une sorte d'obligation civile, tandis que l'autre ne mérite pas cette dénomination (1). Si l'obligation qui ne produit pas d'action est suffisante pour le cautionnement, elle sera naturelle. Si elle n'empêche que la répétition et peut seulement servir de motif à une autre obligation , elle ne constituera qu'une obligation morale (2).

(1) Des commentateurs du Code Napoléon, notamment M. Mourlon, font observer dans leurs explications de l'article 1235, que les obligations que cet article appelle naturelles, rentrent dans la catégorie des obligations civiles, sauf qu'elles ne produisent pas l'action.

Nous sommes d'accord avec eux en ce qui concerne le caractère des obligations naturelles, mais nous différons en ce que nous disons que ces obligations naturelles, ou civiles imparfaites, doivent être distinguées avec soin des obligations morales, et que pour les distinguer il faut examiner si elles ont leur fondement dans le droit admis par les divers peuples, ou bien dans la conscience seulement ; ainsi la prescription, la chose jugée seront incompatibles avec l'idée d'obligation naturelle, mais laisseront une place à l'obligation morale.

(2) M. Dalloz, dans la nouvelle édition de son *Répertoire de jurisprudence*, V. Obligation (n° 1057 et suiv.), résume notre doctrine, qu'il fortifie de son suffrage ; il pense qu'il faut éviter de confondre l'obligation morale avec l'obligation naturelle ; car l'acquittement de l'une est une libéralité, et l'acquittement de l'autre n'est que le paiement d'une dette.

Ainsi, d'après le droit admis chez les divers peuples ou qui doit être admis, ceux qui ont conscience de leurs actes sont obligés. Dès-lors qu'une action en restitution soit accordée à la femme mariée ou au mineur, cela n'empêche pas qu'il n'y

L'un de nos collègues à la Faculté de Toulouse, M. Huc, adhérant à la distinction de l'obligation naturelle et morale, fait, en ce qui concerne le droit français, des observations pleines de justesse.

Il estime, avec nous, que les contre-lettres, qui sont destinées à modifier le prix apparent d'un office, ne produisent ni une obligation civile, ni une obligation naturelle ; mais elles produisent une obligation de conscience, parce que le traité n'a point porté atteinte aux bonnes mœurs, qu'il a seulement contrevenu aux principes économiques et politiques. Dans le premier cas, l'infraction commise empêche l'existence de l'obligation de conscience ; dans le second cas, cette même infraction n'est pas inconciliable avec l'obligation de conscience.

Il en sera de même, poursuit M. Huc, quand il s'agira d'apprécier la clause suivante : Un emprunteur s'oblige à rembourser la somme prêtée en espèces métalliques et non en papier-monnaie, nonobstant toutes lois, qui pourraient en autoriser l'usage, au bénéfice desquelles il est renoncé par exprès.

En supposant que cette clause, qui peut être considérée comme de style dans un acte notarié, ait été insérée dans un acte sous-seing privé et mentionnée comme condition expresse du prêt ; elle ne produira ni une obligation civile, ni une obligation naturelle, mais elle produira une obligation de conscience. (*Revue critique d. Législation*, année 1858, p. 278.)

ait obligation naturelle; aussi, un cautionnement pourra intervenir (art. 2012, Code Nap.). — Au contraire, les héritiers du donateur, payant quoique la libéralité soit irrégulière, ne seront pas autorisés à répéter (art. 1340, Code Nap.), parce qu'il se rencontre une obligation morale; mais on ne peut concevoir dans ce cas l'engagement d'une caution.

Quand les héritiers consentent à exécuter un testament qui est nul, quand ils livrent au légataire l'objet dont le testateur avait le projet de disposer à son égard, est-ce qu'ils ne transfèrent pas eux-mêmes la propriété? Que devient dès-lors le principe d'après lequel, en Droit français, le testament a pour effet d'investir de plein droit le légataire de la propriété. Cela démontre que dans ce cas ce sont les héritiers eux-mêmes qui disposent et qui par conséquent effectuent une libéralité.

Chez tous les peuples, la chose jugée devant faire autorité, le législateur français ne peut laisser survivre une obligation naturelle après que les tribunaux ont prononcé qu'il n'y a pas de dette. C'est pourquoi il ne peut permettre qu'un cautionnement soit fourni dans de telles conditions.

Quoi, l'art. 2012 du Code Nap. dispose que le cautionnement ne peut exister que sur une obligation *valable*, et l'on accepterait le cautionnement alors que les juges ont déclaré qu'il n'y avait pas d'obligation? La loi française permet à un tiers de se porter caution à l'insu du débiteur (art. 2014, Code Nap.); or, les juges ayant décidé, après mûr examen, qu'il n'y a pas de dette, un tiers pourrait-il par son fait, et sans consulter le débiteur, imposer en quelque sorte une dette à ce dernier en devenant caution?

L'idée d'une obligation naturelle et d'un cautionnement étant mise de côté, restera l'obligation morale ou de conscience, qui n'est que l'équité appréciée en elle-même et que la chose jugée laisse intacte.

Nous envisageons aussi en Droit français l'acquittement de l'obligation naturelle comme le paiement d'une dette, et l'acquittement d'une obligation morale comme une libéralité. C'est d'après ce principe que le tuteur qui a le droit d'acquitter les dettes de son pupille, n'a pas le pouvoir d'acquitter les obligations morales qui, en définitive, ne sont que des espèces de libéralités. — C'est à l'aide de ce principe que nous avons interprété l'art. 2225 (1), qui ne permet pas à un débiteur de renoncer à la prescription au détriment de ses créanciers. Aux yeux de la loi la prescription fait cesser l'obligation naturelle, mais non l'obligation morale; or, un débiteur ne peut effectuer des libéralités au préjudice de ses créanciers.

(1) Voir p. 236.

Pour savoir si une disposition constitue une libéralité, nous nous sommes attachés, en Droit romain, aux principes de la Falcidie; en Droit français, nous nous inspirerons des règles concernant la réserve.

D'après la législation française, les ascendants ne sont pas tenus de doter leurs enfants. Cependant, ces derniers se prétendant lésés par le testament des auteurs de leurs jours, ne seront-ils pas forcés d'imputer sur leur réserve la valeur de ce qu'ils ont reçu? Il serait difficile de répondre négativement en présence de l'art. 1090 (1).

En terminant ces observations générales, nous ferons remarquer que M. Puctha (2) et M. Muhlenbruch (5) ont signalé dans le Droit romain l'existence de l'obligation morale comme distincte de l'obligation naturelle; ces jurisconsultes s'étant

---

(1) M. Demolombe fait remarquer, *Traité des Successions*, n° 319, que la donation rénumératoire sera soumise au rapport, à moins que les services prouvés ne soient appréciables à prix d'argent et que l'objet donné ne soit l'équivalent ou à peu près l'équivalent des services. En dehors de ces circonstances, il y aura libéralité.

Cette doctrine est conforme à celle des jurisconsultes romains. Voir p. 47 de notre Traité.

(2) *Instit.*, t. III, p. 268.

(3) *Archiv.*, t. II, p. 443.

bornés à une indication, nous avons cru utile d'essayer une théorie (1).

Toulouse, le 8 décembre 1861.

(1) D'autres auteurs ont écrit que les obligations naturelles ne sont pas toutes renfermées dans la même catégorie, que les unes admettent le gage, la novation, l'hypothèque, que les autres autorisent seulement la *soluti retentio;* tel est le sentiment de Buchel, de Brinkmann et Lelièvre.

A cette doctrine, nous appliquons ce que dit M. Ginoulhiac : « Il faut nécessairement admettre, à côté de l'obligation naturelle proprement dite, une autre obligation qui en est distincte (l'obligation morale), ou bien admettre plusieurs espèces d'obligations naturelles dont chacune produirait des effets différents, ce qui, sous un autre nom, reviendrait au même. » (*Revue bibliographique et critique,* 4ᵉ année, p. 5.)

DE
L'OBLIGATION NATURELLE
ET DE
L'OBLIGATION MORALE

DISPOSITIONS GÉNÉRALES

SOMMAIRE.

1. Quoique l'homme ait été créé pour la société, l'autorité civile est obligée d'intervenir pour le protéger contre ses passions.

2. Les actes faits en dehors des prescriptions de la loi civile ne sont pas dépourvus de toute efficacité, quand ils ont leur fondement dans l'équité.

3. De quelle manière doit être envisagée cette équité?

4. L'obligation ne peut produire d'effet malgré la loi civile.

5. Il ne faut pas confondre l'obligation naturelle et l'obligation morale ou de conscience.

1. L'homme trouverait dans sa seule conscience les règles de conduite propres à le guider dans la société pour laquelle Dieu l'a créé, si les passions et

1

les penchants égoïstes ne le détournaient pas de sa
voie. De là, la nécessité du contrôle de l'autorité
civile.

Imparfaite elle-même, cette autorité ne tend pas à
ce qui serait la perfection; considérant les habitudes
et l'esprit du peuple, elle en subit les influences et
édicte en conséquence pour arriver à un bien relatif.
Souvent elle confirme, par la sanction la plus efficace,
ce qui est déjà dans les mœurs; quelquefois, soit que
l'on n'ait pas bien déféré à ses prescriptions, soit que
des moyens termes lui paraissent suffisants, elle limite
et circonscrit davantage les droits.

2. Le législateur est maître de frapper d'une réprobation complète les actes faits en dehors de ses vues;
mais, dans certaines circonstances, il lui paraît convenable, sans les confirmer expressément, de ne pas
rompre entièrement les liens que les parties ont volontairement formés, et qui se rattachent au droit qui régit la société en général. « Quid enim tam congruum
fidei humanæ quam ea quæ inter eos placuerunt ser-
vare » (L. 1, Dig., *de Pactis*); par conséquent, quand
le législateur ne sanctionne pas un acte, il est essentiel de savoir s'il a entendu le proscrire d'une manière
absolue, ou seulement avec certaines restrictions.

Lorsque l'acte aura son point d'appui dans le droit
admis chez les divers peuples, il ne sera pas vraisemblable que le législateur ait entendu le proscrire complètement. Sans doute, toute législation rationnelle
doit être considérée comme disposée à s'approprier les

actes dérivant du droit des gens, et à les valider sous tous les rapports ; mais cela ne peut être vrai que tout autant que cette législation garde le silence. Si, au contraire, elle déclare infirmer un acte déterminé, ou si elle impose certaines conditions à sa validité, alors surgit nécessairement la question de savoir quelle est l'énergie ou l'étendue de l'infirmation et de la nullité.

3. Le bien-être social, qui fait l'objet des préoccupations du législateur, lui prescrit de disposer quant au for extérieur ; il n'entre pas dans ses attributions de scruter tous les actes de la conscience, il ne les règlemente que tout autant que l'intérêt public le demande.

Ainsi lorsqu'il admet une obligation que l'on nomme naturelle fondée sur l'équité, ce n'est pas l'équité envisagée d'une manière absolue, et qui est une et immuable, mais bien l'équité dont l'ordre social peut tenir compte. Si l'acte est en dehors du droit civil et du droit des gens, et qu'il ne relève que de la conscience seule, il ne constitue plus qu'un devoir que l'on désigne sous le nom d'obligation morale.

L'obligation naturelle n'est donc pas celle qu'une logique ambitieuse fait découler du droit : « Quod naturalis ratio inter omnes homines constituit » (Inst. Just., § 1, *de Jure naturali gentium*, etc.), mais bien celle que les divers peuples, et même un seul peuple, ont admise comme se reliant au droit des gens.

4. L'obligation naturelle est celle qui se rattache au

droit admis chez les divers peuples; mais elle ne se
manifeste qu'autant que le législateur n'a pas voulu la
proscrire; car l'obligation naturelle produisant des effets civils, est nécessairement soumise au pouvoir
civil; c'est ainsi qu'à Rome, la femme qui répondait
pour autrui ne contractait pas même une obligation
naturelle (1). On peut dire également, en France,
que la donation entre-vifs non revêtue des formalités
solennelles ne vaut pas comme obligation naturelle.

5. Toute obligation suppose un lien juridique qui
opère avec plus ou moins d'efficacité; il suit de là
que les simples devoirs qui tiennent à la conscience
ou aux habitudes d'un peuple, doivent être séparés
avec soin de l'obligation naturelle. Nous citerons,
parmi les devoirs de conscience, le précepte qui or-
donne au débiteur de restituer, malgré le jugement qui,
mal à propos, a prononcé sa libération; de même,
nous ne verrons qu'une déférence aux convenances
dans l'acquiescement donné par les héritiers du sang à
un testament imparfait.

Ce n'est pas que l'on ne puisse, mu par l'idée de

(1) Si la législation des peuples chrétiens, et notamment des Français, impose à la femme mariée la nécessité
de l'autorisation, ce n'est pas à cause de la prétendue incapacité de la femme, mais à cause des égards qu'elle doit
à son époux : en effet, si elle n'était pas mariée, elle aurait
l'aptitude nécessaire pour contracter ainsi qu'elle le jugerait
à propos. (Voir notre *Traité de la Séparation de corps*,
p. 240.)

satisfaire à un devoir moral, s'imposer une obligation,
déclarer, par exemple, que l'on paiera quoique le testament soit nul, quoiqu'il y ait chose jugée; mais c'est
ce nouvel acte qui constitue l'obligation, et qui se
traduira en une véritable libéralité. — En un mot,
l'obligation que l'on nomme morale ou de conscience,
ne constitue pas une dette (1).

L'héritier qui exécute un fidéi-commis irrégulier
ne remplit pas une obligation ni civile, ni naturelle,
mais il acquitte une obligation morale. La loi 2, CODICE,
de *Fideicommissis*, porte que c'est *ex conscientia* que
l'on satisfait à la volonté du testateur.

(1) V. Introduction, p. XXIII.

PREMIÈRE PARTIE.

———◦⦅⦆◦———

DROIT ROMAIN.

———

Définition de l'Obligation naturelle et de l'Obligation morale.

SOMMAIRE.

1. Définition de l'obligation naturelle.

2. Signe auquel on reconnaît l'obligation naturelle.

3. Plusieurs effets de l'obligation naturelle sont indépendants de la volonté du débiteur.

4. Définition de l'obligation morale.

5. Effets de l'obligation morale.

6. Division de la matière.

1. Conformément aux idées que nous venons d'exposer, nous définissons l'obligation naturelle, celle qui dérive du droit positif admis chez les divers peuples, et qui constitue une obligation civile imparfaite.

L'obligation naturelle qui émane du droit des
gens, n'est pas complètement acceptée par le législateur ; si elle l'était, elle serait une obligation civile proprement dite ; en cela, elle se distingue
encore de l'obligation dont la source est dans le droit
des gens, mais qui est formellement confirmée par la
loi civile.

La définition qui tend à donner à l'obligation naturelle tous les effets de l'obligation civile, abstraction
faite de l'action (1), nous paraît inexacte. — Nous
verrons notamment, à l'égard de la compensation, que
l'obligation naturelle ne procure pas autant d'avantages
que l'obligation civile.

2. L'obligation naturelle est privée d'action ; mais
ce n'est pas là le signe auquel on reconnaît l'obligation
naturelle, toutes les conventions que la loi réprouve se
trouvant également sans action.

De même le refus de répétition, quand l'obligation
naturelle a été acquittée, n'est pas le signe par lequel
se manifeste l'obligation naturelle ; car dans le cas où
il existe *turpis causa* de la part de celui qui réclame,
la *condictio* n'est pas accordée.

D'après nous, le critérium de l'obligation naturelle
est celui-ci : l'obligation naturelle fait partie des biens
du créancier, sans être cependant susceptible de pro-

(1) Telle est la définition présentée par Doneau, t. III,
p. 438, édit. de Rome, et par M. Puchta, *Inst.*, t. III, p. 68,
édit. de 1854.

duire ni l'action (1) ni la compensation proprement dite.

3. En parcourant les effets de l'obligation naturelle, on s'apercevra que plusieurs d'entre eux sont indépendants de la volonté du débiteur (2). Si ce dernier pouvait, par son caprice, les anéantir en totalité, il ne serait pas vrai de dire que l'obligation naturelle fait partie des biens du créancier.

4. L'obligation morale est celle qui a son fondement dans la conscience, et qui ne constitue pas une dette.

5. Les effets de l'obligation morale sont moins nombreux que ceux de l'obligation naturelle. Ils se réduisent à empêcher la répétition de ce qui a été payé, même par erreur de droit (l. 32, § 2, Dig., de *Condict. indebiti*), et à servir de motif à une nouvelle

---

(1) L'obligation cesserait d'être obligation naturelle proprement dite, si elle faisait naître une action ; ainsi, le pupille qui traite sans l'autorisation du tuteur, devenant plus riche, une action est accordée contre lui par une constitution d'Antonin-le-Pieux (l. 5, Dig., *de Auctoritate et cons.-tut.*); dès-lors, ce n'est pas à une obligation naturelle proprement dite qu'il est soumis.

M. Machelard, p. 12, et M. Schwauert, p. 155, enseignent aussi qu'une action ne découle pas de l'obligation naturelle proprement dite.

(2) De ce nombre sont le droit de rétention, la fidéjussion, l'hypothèque fournie par un tiers.

obligation (l. 46, Dig., *ad legem Falcidiam.* — l. 19, Codice, *ad legem Falcidiam*).

6. Nous exposerons : 1° l'origine et le caractère de l'obligation naturelle ; 2° les effets qu'elle produit ; 3° ses causes d'extinction ; 4° les divers cas particuliers dans lesquels elle se rencontre.

Nous aurons le soin de mettre constamment l'obligation morale en regard de l'obligation naturelle.

CHAPITRE PREMIER.

Origine et caractère de l'obligation naturelle.

SOMMAIRE.

1. Cas où il existe une obligation naturelle.

2. Les rapports de famille donnent lieu à une obligation civile, et non à une obligation naturelle. — La parenté et l'alliance peuvent aussi être la source d'une obligation morale.

3. Les étrangers s'obligent naturellement. — Le pupille étranger qui, d'après les lois de son pays, ne s'oblige pas naturellement quand il traite sans l'autorisation de son tuteur, s'oblige-t-il néanmoins, à Rome, dans cette circonstance ?

4. L'obligation naturelle se réfère à plus de sujets que l'obligation civile. L'obligation morale embrasse plus de sujets que l'obligation naturelle.

5. Ce serait se tromper que de croire que l'obligation naturelle a été établie pour venir en aide aux étrangers.

6. Il n'est pas exact de dire que l'obligation naturelle dérive de l'organisation des pouvoirs, à Rome.

7. Ce n'est que pour des motifs graves qu'une partie peut faire cesser l'obligation naturelle qu'elle a contractée.

8. Le dol rend inexistante l'obligation naturelle.

9. La violence rend inexistante l'obligation naturelle.

10. L'erreur concernant les attributs essentiels de la chose empêche l'obligation naturelle de prendre naissance.

11. Les exceptions qui détruisent l'obligation civile portent-elles atteinte à l'obligation naturelle ?

12. Les dispositions prohibitives de la loi civile qui se réfère aux intérêts généraux de la société, sont incompatibles avec l'idée d'une obligation naturelle.

13. Les obligations naturelles qui ont été après coup revêtues d'une action, ne doivent pas être comprises dans la catégorie des obligations naturelles proprement dites.

Examen de la loi 16, § 4, Dig., *de Fidejussoribus.*

1. L'obligation naturelle existe dans les trois cas suivants :

a) Dans le cas d'inobservation de certaines formes dans les engagements;

b) Dans celui de vice provenant de l'incapacité civile des contractants ;

c) Enfin, lorsque le rigorisme du droit civil enrichit le débiteur en arrêtant la réclamation du créancier; par exemple, quand ce créancier échouait, parce qu'il n'avait pas observé les règles de la procédure, le débiteur ne laissait pas d'être tenu naturellement.

2. Les rapports de famille ne nous semblent pas devoir amener une obligation naturelle. Que la parenté ou l'alliance donne lieu à une obligation civile, nous le comprenons; mais que l'obligation soit seulement naturelle, il nous est difficile de nous en rendre compte. Quand le lien de famille n'est pas méconnu par le législateur, il doit nécessairement servir de base à une action.

Au premier abord, on sera porté à contredire cette proposition, en remarquant que la parenté existait à

Rome entre les esclaves, et que ne pouvant donner lieu à une obligation civile, elle devait produire une obligation naturelle. — A l'appui de cette thèse, on invoquera la loi 32, Dig., *de Diversis regulis :* « Quod attinet ad jus civile, servi pro nullis habentur : non tamen et jure naturali : quia quod ad jus naturale attinet omnes homines æquales sunt. »

Cette difficulté ne repose que sur une équivoque; la parenté des esclaves n'est pas reconnue par le législateur romain : « Sed ad leges, serviles cognationes non pertinent. » (Dig., l. 10, § 5, *de Gradibus,* etc.) Dèslors, elle est incapable de créer l'obligation naturelle, car l'obligation naturelle est environnée d'effets civils.

Quant à la loi 32, *de Diversis regulis,* nous rappelons qu'il faut avoir soin de distinguer le droit naturel proprement dit du *jus gentium.* Le premier existe sans le secours de la loi civile; il en est autrement du second; l'un ne reconnaît pas l'esclavage, l'autre l'autorise.

Au reste, que l'on considère qu'Ulpien est l'auteur de la loi 32 précitée; or, d'après ce jurisconsulte, le droit naturel est celui qui s'étend sur tous les êtres animés, et auquel par conséquent les animaux eux-mêmes participent (l. 1, § 3, Dig., *de Justitia et jure*). — Cette observation suffit pour faire comprendre que ce droit naturel n'est en définitive qu'une abstraction et n'a aucune importance pratique (1).

(1) Aussi, bien des jurisconsultes rejettent cette notion du *jus naturale* (Gaïus, Comm. 1, § 1).

De là nous concluons que ceux qui étaient esclaves ne pouvaient se prévaloir de leur parenté. Lorsqu'ils avaient obtenu la liberté, leur parenté antérieure n'était prise en considération qu'à cause de l'*honestas publica* qui se rattache aux justes noces (l. 14, § 2 et 3, Dig., *de Ritu nuptiarum* (1), et encore à cause de cette *honestas,* qui veut que les enfants aient du respect pour les auteurs de leurs jours (l. 4, § 2 et § 3, Dig., *de In jus vocando*).

La parenté et l'alliance qui ne créent pas l'obligation naturelle peuvent être la source de l'obligation morale : ainsi, le frère n'est pas tenu naturellement de fournir soit une dot, soit des aliments à sa sœur ; cependant, en venant en aide à celle-ci, il acquitte une obligation morale (2). De même, la *servilis cognatio* produit l'obligation morale de s'assister mutuellement.

(1) Ce texte dispose, il est vrai, que les *serviles cognationes* et *adfinitates* sont des empêchements au mariage ; toutefois, on remarquera qu'il ne concerne que les justes noces que se proposent de contracter ceux qui ont cessé d'être esclaves. Ce n'est que parce qu'ils se trouvent citoyens romains qu'il est question de ces empêchements fondés sur l'*honestas publica.*

Au reste, l'incapacité des esclaves était surtout établie dans l'intérêt de leurs maîtres. Voilà pourquoi ils pouvaient contracter des obligations naturelles, qui ne pouvaient nuire à ces mêmes maîtres.

D'après les jurisconsultes romains, cette faculté accordée aux esclaves devait, par cela même, trouver place dans le droit général qui régit les divers peuples (V. p. 171 et suiv.)

(2) Voir l'Introduction, p. XXV.

3. Est-il besoin de dire maintenant que l'obligation naturelle peut naître en la personne des étrangers, qu'elle peut être invoquée en leur faveur et contre eux ?

Comme il était loisible aux étrangers de faire usage
des contrats du droit des gens, que le droit civil avait
confirmés et qui attribuaient une action, à plus forte
raison étaient-ils reçus à se prévaloir, le cas y échéant,
du bénéfice de la *naturalis obligatio* (1).

Admettons, pour le moment, qu'à Rome le pupille
se lie par une obligation naturelle, quand il s'engage
sans l'autorisation de son tuteur; devra-t-on adopter
une semblable décision à l'égard du pupille étranger
qui traite à Rome, alors que, d'après la législation de
son pays, il ne pouvait pas même contracter une obligation de cette espèce?

Nous sommes d'avis que les lois de capacité suivent
les étrangers en quelque lieu qu'ils se trouvent; aussi
l'étranger qui se rencontre à Rome, peut-il faire un
testament en se conformant aux statuts de sa patrie.
(Ulpien, *Regul.*, tit. 20, § 14.)

Le pupille étranger contreviendrait aux lois de capacité, s'il s'engageait naturellement à Rome, malgré
la défense qui lui est faite par la législation de sa pa-

_____

(1) Cet avantage accordé aux étrangers ne faisait pas
obstacle, du moins d'après notre sentiment, à ce que les
étrangers eussent la faculté de s'obliger entre eux par le
moyen des contrats usités dans leur pays.

trie. Cette sorte d'obligation lui a été sans doute interdite, parce que son jugement n'offrait pas encore les garanties désirables.

L'obligation naturelle est une obligation civile imparfaite ; par conséquent, le pupille étranger contractant à Rome une obligation naturelle, se soumettrait à la législation spéciale d'un peuple auquel il n'appartient pas, et il ne tiendrait pas compte de celle qui doit règlementer sa capacité.

4. L'obligation naturelle provenant du droit des gens, il ne faut pas s'étonner qu'elle s'étende à plus de personnes que l'obligation civile. Cette donnée nous amène à formuler la proposition suivante : Ceux qui peuvent s'engager civilement sont aptes à s'engager naturellement ; mais l'inverse n'a pas lieu.

L'obligation morale, de son côté, s'étend sur plus de sujets que l'obligation naturelle. Ceux que la loi dégage de l'obligation naturelle ne sont point par cela même libérés de l'obligation morale (1).

5. L'obligation naturelle ayant, selon nous, son fondement dans les besoins sociaux, ce serait se tromper que de penser qu'elle a été établie dans l'intérêt des étrangers. D'abord, il serait bizarre qu'un droit très équitable eût été établi pour les personnes à l'égard desquelles on montrait, dans les premiers temps, une rigueur excessive (2), et à l'égard desquelles l'on n'ad-

(1) Voir Introduction, p. xiv.
(2) M. Laferrière, *Histoire du Droit*, t. 1, p. 55.

mettait pas un droit propre. Puis il faut observer que
le *jus gentium*, qui, selon nous, sert de base à l'obligation naturelle, ne régit pas seulement, en pénétrant
dans le Droit romain, les étrangers, mais encore les
citoyens romains.

6. L'organisation des pouvoirs, à Rome, ne nous
paraît pas non plus être la cause de l'obligation naturelle. Nous ne disconvenons pas que la législation
romaine n'ait été formée que successivement et non
pas d'un seul jet, que les Romains ne fussent désireux
de maintenir leurs lois primitives, et que le Préteur,
qui n'osait pas les abroger, n'eût recours à un terme
moyen en considérant comme obligation naturelle celle
qui n'était pas conforme à l'ancien droit (1).

Cela prouverait, tout au plus, que l'obligation naturelle se produisait plus souvent chez les Romains

(1) C'est par ce fait historique que M. Schultze, *de Naturali pupillorum obligatione*, p. 11, explique l'existence de
l'obligation naturelle chez les Romains. — M. Vidal, *Revue étrangère*, t. IV, p. 315, émet la même doctrine; aussi,
pour être conséquent avec lui-même, est-il forcé de conve-
nir qu'à proprement parler il n'y a point d'obligations naturelles en France, t. IV, p. 367. — Nous estimons, au contraire, qu'il existe de véritables obligations de cette espèce.
Nous renvoyons l'examen de cette question à la partie de
notre travail sur le Droit français. (Voir aussi notre Introduction, p. IV.)

que chez d'autres peuples; mais cela n'assignerait pas
son origine; elle est antérieure à la fondation de Rome;
elle répond à des besoins sociaux, et elle exerce son
ascendant chez tous les peuples. Expliquer l'obligation
naturelle d'après la constitution politique d'un peuple, c'est lui faire perdre son caractère, c'est la convertir en obligation qui n'est que civile.

7. L'obligation régulièrement consentie, est le résultat d'une lutte de calcul de la part des contractants; chacun ambitionne un bénéfice contre l'autre, et, dans
ce but, il est telle manœuvre qui ne serait pas tolérée
par la pure morale, et qui, cependant, n'est pas réprouvée par les lois positives; aussi les juristes décla-
rent-ils qu'il est permis dans la vente, par exemple,
de se circonvenir. Sous l'empire de ces idées, on
comprend qu'un contrat proprement dit puisse être
maintenu malgré des actes répréhensibles jusqu'à un
certain point.

Il n'existerait aucune sécurité dans les transactions, s'il était permis de les attaquer sous prétexte
que l'on est tombé dans quelque méprise. Cette considération puissante milite également par rapport à l'o-
bligation naturelle.

8. Les docteurs ne sont pas d'accord sur la question de savoir si le dol qui a déterminé un contrat
de bonne foi, est de nature à le rendre inexistant.

Nous adoptons l'opinion de ceux qui estiment que

2

le contrat est annulable, mais qu'il n'est pas réputé inexistant. (L. 11, § 5, Dig., *de Actionibus empti*.) (1)

Que l'on considère toutefois la différence qui existe entre l'obligation créée par un contrat de bonne foi et l'obligation naturelle. La première est consacrée par le droit civil, la seconde vaut en vertu du droit des gens, qui a une grande autorité pour infirmer une convention rentrant dans son domaine ; aussi le dol, qui blesse profondément l'équité, empêche-t-il l'obligation naturelle de naître.

(1) Si l'on ne reconnaît pas l'existence du contrat, il sera bien difficile d'expliquer la loi 10, Codice, *de Rescindenda venditione* : « Dolus emptoris qualitate facti non quantitate pretii æstimatur. Quem si fuerit intercisse probatum ; non adversus eum in quem emptor dominium transtulit, rei vindicatio venditori, sed contra illum, cum quo contraxerat, in integrum restitutio competit. » Puisque ce texte admet que, malgré le dol, il y a eu transfert de propriété, cela prouve que le contrat n'est pas jugé inexistant. La tradition seule ne peut investir de la propriété lorsqu'elle a lieu en vertu d'un traité inexistant, c'est-à-dire dépourvu de toute efficacité.

L'on objecte la loi 7, *Princip.* Dig., *de Dolo malo*, qui supposant qu'un *mineur* de vingt-cinq ans a vendu un esclave, par suite du dol pratiqué par ce dernier, annonce que l'acheteur ne sera point recherché à cause de ce dol auquel il n'a point participé ; mais elle ajoute que si l'acheteur avait été complice du dol, *nullam esse venditionem*.

Nous estimons que ces termes signifient, non pas que le contrat est réputé inexistant, mais qu'il est susceptible d'être rescindé, qu'il est, en un mot, annulable.

9. Si le dol qui a déterminé la convention empêche l'obligation naturelle de naître, à plus forte raison en est-il ainsi de la violence grave : « Nihil consensui tam contrarium est qui de bonæ fidei judicia sustinet, quam vis atque metus, quem comprobare contra bonos mores est » (loi 116, Dig., *de Diversis regulis juris*). — Celui qui a cédé à des artifices a du moins donné son adhésion, il n'a pas cherché à se prémunir contre les manœuvres pratiquées envers lui; tandis que celui qui contracte par suite de la violence n'a pas fait usage de sa liberté, quand il disait qu'il s'engageait. Sans doute, la volonté forcée est une volonté (l. 21, § 5, Dig., *Quod metus causa*), car le sujet peut ne pas adhérer soit en résistant aux menaces, soit en se résignant au mal dont il est menacé; mais il n'est pas libre si l'on a égard au droit des gens, et si l'on envisage les hommes tels qu'ils se trouvent ordinairement dans la société.

Le Préteur ne tient aucun compte de ce consentement : « Quod metus causa gestum erit nullo tempore Prætor ratum habebit » (l. 21, § 1, Dig., *Quod metus causa*) : par conséquent, aux yeux du Préteur, un pareil acte n'a pas même la force de l'obligation naturelle.

10. L'erreur, en général, nous paraît devoir exercer moins d'influence sur l'existence du contrat que la violence. Quoique le motif qui a déterminé la volonté ne fût pas fondé, cependant le consentement a été donné en

toute liberté. Celui qui se plaint doit s'imputer sa pré-
cipitation et son incurie, sans pouvoir adresser aucun
reproche à l'autre contractant. L'erreur nous semble
encore avoir moins d'importance que le dol, qui, de
même que la violence, blesse cette équité qui doit
présider à la formation de tous les contrats. — Aussi,
nous ne sommes nullement surpris que l'on ait
soutenu que, d'après le droit civil, l'erreur sur les
qualités essentielles de la chose ne suffit pas pour
rendre le contrat inexistant (1).

(1) M. de Savigny, t. III, p. 311, estime que les jurisconi-
sultes romains n'étaient pas d'accord sur cette question. —
L. 9, § 2. — L. 45, Dig., *de Contrahenda emptione.* —
L. 21, § 2, Dig., *de Actionibus empti.*

M. Vangerow, t. III, p. 265, ne croit pas à cette discor-
dance, il ne pense pas que les rédacteurs du Digeste aient
été assez imprévoyants pour insérer des fragments qui se
donnent mutuellement un démenti. Il pense que toutes les
fois que l'erreur sur la substance sera importante, influera
notablement sur la valeur de la chose, alors le contrat sera
inexistant.

Cette théorie est, à notre avis, en opposition formelle
avec la loi 45, Dig., *de Contrahenda emptione :* « Labeo
libro posteriorum scribit, si vestimenta interpola quis pro
novis emerit, Trebatio placere ita emptori præstandum
quod interest, si ignorans interpola emerit. Quam sententiam et Pomponius probat; in qua et Julianus est qui ait;
si quidem ignorabat venditor, ipsius rei nomine teneri; si
sciebat, etiam damni quod ex eo contingit: quemadmodum,
si vas aurichalcum pro auro vendidisset ignorans tenetur ut
aurum quod vendidit præstet. »

En ce qui concerne l'obligation naturelle, nous déciderons néanmoins que la convention sera envisagée comme inexistante, lorsque l'erreur aura trait aux attributs essentiels de la chose, que les parties ont dû prendre en considération à cause de leur valeur; ainsi, le vendeur et l'acheteur croient que le vase qui est aliéné se compose d'or, tandis qu'il est d'un autre métal: cette convention sera mise à néant (1). L'équité ne veut pas qu'une convention qui aurait des conséquences très préjudiciables pour l'une des parties, puisse lui être opposée comme obligation naturelle; dès

Il résulte de là que celui qui dit vendre un vase d'or, qui en réalité est d'un autre métal, devra une indemnité quoiqu'il n'ait commis aucun dol; par conséquent, le contrat produit quelque effet et n'est pas inexistant. — M. Vangerow fait remarquer que ce texte ne déclare pas que le contrat soit existant, mais qu'il se borne à décider qu'une indemnité est due, parce que le vendeur avait promis de livrer un vase d'or. — Nous le demandons, comment cette promesse, qui fait partie du contrat de vente, peut-elle être un titre pour réclamer une indemnité, alors que le contrat est anéanti? Nous ne disconvenons pas que si le vendeur avait commis un dol, il ne fût responsable; mais dans l'espèce, sa bonne foi n'est pas mise en question.

(1) Il est des circonstances où la matière ne jouera qu'un rôle secondaire: J'achète l'ouvrage d'un sculpteur renommé; l'on déclare que l'artiste a employé une certaine qualité de bois; il est ensuite avéré que le bois est d'une autre espèce: le marché tiendra, même d'après le droit des gens ou social.

lors, au lieu d'autoriser sa résiliation, il est plus simple et plus convenable d'admettre sa non-existence.

Quand l'erreur se réfère à l'objet même, il est évident que la convention n'a jamais eu aucune existence, que l'on considère soit le droit social, soit le droit civil. (L. 9, Dig., *de Contrahenda empt.*) — Dans ce cas, la convention est annihilée, non pas précisément à cause de l'erreur, mais parce qu'elle manque d'objet, c'est-à-dire de l'un de ses éléments indispensables.

11. Il est temps de nous demander si les exceptions qui détruisent l'obligation civile laissent subsister l'obligation naturelle; l'on enseigne généralement(1) qu'il faut distinguer le cas où, en privant l'obligation de son efficacité, le législateur a entendu protéger le débiteur, et le cas où il n'a statué qu'en haine du créancier. Dans le premier, on n'admet pas le maintien d'une obligation naturelle; dans le second, on décide tout autrement.

Il y a quelque chose de trop artistique dans cette distinction pour qu'elle puisse satisfaire l'opinion vulgaire. — Les exemples cités, et qui se réfèrent aux sénatus-consultes Macédonien et Velléien, ne sont que spécieux; ainsi, dans l'espèce du sénatus-consulte Macédonien, peut-on dire que ce n'est qu'en haine du créancier que l'exception est introduite? En sévissant

(1) Mühlenbruch, *Doctrina Pandectarum*, t. II, p. 224.

contre l'usurier, n'a-t-on pas voulu prémunir le fils
de famille contre les piéges qui lui seraient tendus. —
Ce qui démontre que le sénatus-consulte est aussi une
faveur accordée au fils de famille, c'est que s'il arrive
que les fidéjusseurs qui ont garanti l'emprunt se trouvent forcés de payer (1), ils n'obtiennent aucun recours contre le fils de famille. (L. 9, § 3, Dig., *De Senat.
Macedoniano.*)

Nous ajouterons que si le mineur de vingt-cinq
ans qui a traité, veut arrêter les poursuites dirigées contre lui, il aura cette faculté en justifiant de
la lésion. (L. 7, § 1, Dig., *de Exceptionibus et præscr...*)
— Mais ce mineur, qui évite une condamnation, n'en
demeure pas moins obligé naturellement; or, peut-
on dire que l'exception qu'il a invoquée était décrétée
en haine du créancier qui n'avait pas eu recours à
des manœuvres frauduleuses.

Au reste, il est une foule d'autres exemples où
l'on détermine bien difficilement quel est le but que se
proposait le législateur, parce que les motifs sont com-
plexes. Nous mentionnerons seulement la prescription (2).

(1) Dans le Chapitre IV, nous indiquerons qu'il en est
ainsi lorsque le créancier a exigé l'intervention des fidéjusseurs, précisément pour se mettre à couvert contre l'exception du sénatus-consulte.

(2) M. de Savigny, t. v, p. 401, et t. ix, p. 115, s'élève
contre le sentiment des auteurs qui distinguent les exceptions *in favorem debitoris,* de celles *in odium creditoris.*

Nous aimons mieux nous rattacher à ce principe d'après lequel l'obligation naturelle est une dérivation du droit social : « ... Desinit esse debitor is qui nactus est exceptionem justam, nec ab æquitate naturali abhorrentem. » (L. 66, Dig., de Diversis regulis.)

Lors donc que le droit social servira de base à l'exception, l'obligation naturelle disparaîtra ; c'est pourquoi le sénatus-consulte Macédonien ne rejette pas l'obligation naturelle ; et si le sénatus-consulte Velléien se prononce en sens contraire, c'est parce que les Romains croyaient se conformer au droit social en estimant que la femme n'avait qu'une aptitude et une expérience insuffisante des affaires. Or, nous avons vu (1) que l'obligation naturelle est une conséquence de ce droit qu'un seul peuple juge être une dépendance du droit social.

L'æquitas naturalis, dont parle la loi 66 précitée, nous l'avons entendue dans un sens restreint, c'est-à-dire eu égard au droit social, car l'obligation naturelle n'a de rapport qu'avec lui. C'eût été nous contredire que d'avancer que ce texte fait allusion à cette équité constituant le droit naturel, qui est gravé dans le cœur de tous les hommes, et qui se trouve indépendant de l'autorité civile (2).

12. Il va sans dire que nous refusons également

(1) Page 4.
(2) Page 3.

l'avantage de l'obligation naturelle aux conventions qui blessent les lois d'ordre public : « Pacta, quæ contra leges constitutionesque vel contra bonos mores fiunt, nullam vim habere indubitati juris est » (l. 6, Codice, *de Pactis*).

Nous envisageons de la même manière les conventions qui, sans porter atteinte à l'ordre public proprement dit, heurtent cependant les lois qui, dans un ordre secondaire, ont en vue l'intérêt général. Il en est ainsi de l'accord intervenu par rapport à une succession non ouverte. Justinien, dans la loi 35, § 4, Codice, *de Inofficioso testamento*, nous apprend que la promesse que consentirait un fils à son père, afin de s'interdire le droit de réclamer la totalité de sa légitime, serait entièrement dépourvue d'effet. Cet empereur, en sanctionnant l'opinion de Papinien, décrète, *hujus modi pacto filium minime gravari*. Cette locution dénote que cet accord, qui est privé de toute espèce de consistance, ne contient pas le germe d'une obligation naturelle.

Lorsque les dispositions prohibitives n'ont pas eu en vue les intérêts généraux de la société, mais qu'elles tiennent seulement à des déductions rigoureuses du droit civil, il faut admettre qu'elles laissent subsister l'obligation naturelle; ainsi, la stipulation *post mortem creditoris vel debitoris*, inhibée d'après le droit civil (Inst. Just., § 13, *de Inutilibus stipulationibus*), donnait cependant naissance à une obligation naturelle. Gaius, dans le commentaire 3 de ses Instituts, § 176, nous apprend que cette stipulation avait la force d'opérer une novation ; ce qui ne se serait pas réalisé si elle n'avait pas renfermé une obligation naturelle.

Ne pourrait-on pas assimiler à ce cas la question agitée entre les jurisconsultes, sur le point de savoir si la promesse ne répondant pas à l'interrogation, la stipulation devait être maintenue pour la somme moindre?

Les uns l'annulaient pour le tout : « Adhuc inutilis est stipulatio, si quis ad id quod interrogatus erit, non responderit : velut si sestertia decem a te dari stipuler, et tu sestertia quinque mihi promittas..... » (Gaius, Inst., *Comm.* 3, § 102).

Les autres maintenaient la promesse comme obligation civile pour partie : « Si stipulanti mihi decem, tu viginti respondeas, non esse contractam obligationem, nisi in decem constat. Ex contrario quoque si me viginti interrogante tu decem respondeas; obligatio nisi in decem erit contracta : licet enim oportet congruere summam, attamen manifestum est, viginti et decem inesse. » (Ulpien, l. 1, § 4, Dig., *de Verborum obligationibus*.)

Ceux qui prononçaient la nullité de l'entière stipulation, auraient dû, ce semble, la réduire à l'état d'obligation naturelle jusqu'à concurrence du chiffre qui est le moindre; cependant, on remarquera qu'ils seraient tombés en contradiction avec eux-mêmes en prenant ce milieu, car ils condamnaient la stipulation pour défaut de concours de volontés, c'est-à-dire parce que la stipulation péchait dans son essence. Cette espèce diffère beaucoup de celle où la stipulation étant conçue *post mortem creditoris vel debitoris*, n'empêche pas le concours des volontés, et contient seulement une condition qui est quelque chose d'étranger par rapport à la stipulation.

L'on sait qu'antérieurement à Justinien, les jurisconsultes n'étaient pas d'accord sur la question de savoir si la vente pouvait se conclure de manière à ce que le prix fût fixé par un tiers. (Inst. Just., § 1, *de Emptione et vend.*)

Ceux qui se prononçaient contre la validité du contrat de vente, auraient-ils été disposés à reconnaître qu'il existait dans ce cas une obligation naturelle? Nous ne le pensons pas; car il nous paraît que le motif qui les portait à se déterminer pour la nullité du contrat, était la trop grande incertitude sur l'étendue et la portée de l'engagement; or, une pareille incertitude ne peut pas être plus admise pour l'obligation naturelle que pour l'obligation civile.

Gaius, rendant compte de l'opinion des jurisconsultes qui ne permettaient pas de former le contrat de vente sous la condition précitée, nous apprend que, d'après eux, un semblable traité n'avait aucune sorte d'efficacité : « *Pretium autem certum esse debet; alioquin si ita inter eos convenerit ut, quanti Titius rem æstimaverit, tanti sit empta, Labeo negavit ullam vim hoc negotium habere; quam sententiam Cassius probat...* » (*Comm. 3, § 140.*)

13. En définissant l'obligation naturelle, nous avons dit qu'elle manquait de sanction quant au droit d'action. Toutefois, certaines obligations naturelles ont été à diverses époques corroborées par une action, notamment celles qui dérivent du constitut, de la promesse de dot et de la donation. Puisque l'avantage de l'action leur a été conféré, elles ne seront plus réputées obligations naturelles; nous ne leur appliquerons pas les restrictions relatives à la compensation; les personnes qui ne peuvent s'obliger que naturellement n'auront pas la capacité de contracter ces sortes d'obligations.

En ne reconnaissant l'obligation naturelle que tout autant qu'il y a refus d'action, on paraît heurter la loi 16, § 4, Dig., *de Fidejussoribus* : « Naturales obligationes non eo solo æstimantur, si actio aliqua earum nomine competit; verum etiam cum soluta pecunia repeti non potest. Nam licet minus propriè debere dicantur naturales debitores; per abusionem intelligi possunt debitores; et qui ab his pecuniam recipiunt, debitum sibi recepisse. » — Au premier abord, ces expressions, *si actio aliqua eorum nomine competit*, pourraient faire croire qu'en principe l'action découle de l'obligation naturelle (1).

Quelques auteurs ont cru échapper à la difficulté en ajoutant une négation (2); mais ce n'est que dans des

---

(1) Weber l'a soutenu.
(2) Hotoman, *Observ.*, lib. III, cap. 2.

circonstances bien rares qu'il est permis de faire usage
de ce procédé. D'ailleurs, la loi 10, Dig., *de Obligationibus et Actionibus*, s'exprimant de la même manière,
il s'ensuit qu'il faudrait lui faire subir la même addition.

Sans recourir à ce moyen extrême, certains jurisconsultes ont pensé (1) que le texte dont il s'agit fait
allusion aux obligations naturelles improprement dites, qui émanent du droit des gens, et que le droit
civil a acceptées d'une manière absolue, comme la
vente, le louage, etc. — Cette interprétation ne nous
paraît pas devoir être agréée; la vente et les autres
contrats qui se forment par le seul consentement ne se
confondent pas avec les obligations naturelles, dans
leurs effets et dans le langage juridique. En outre, on
lit dans ce même texte, que l'obligation naturelle ne
constitue pas une dette pareille à celle qui résulte des
contrats civils, ce qui ne peut se référer aux contrats consensuels qui ont la même force que les autres contrats.
— Dira-t-on que d'abord il est fait mention des contrats
consensuels, et qu'ensuite il est question des véritables obligations naturelles? Cette interprétation ne
pourrait être admise qu'en reconnaissant que dans ce
même paragraphe le jurisconsulte a été dominé par
deux idées différentes; or, c'est ce qu'il est impossible
d'admettre, lorsque l'on se rapporte à la conclusion gé-

(1) Notamment M. de Savigny, t. ix, p. 40.

nérale, qui décide que la dette naturelle n'a pas la
même force que la dette civile.

Quelques auteurs (1) ont appliqué les expressions
ci-dessus aux obligations accessoires, le gage, la fidéjussion. Cette détermination, peut-on observer, était
nécessaire, parce que, sans elle, on aurait peut-être
soutenu que, participant de l'obligation à laquelle ils
se joignent, le pacte de gage et la fidéjussion ne pouvaient opérer que par voie d'exception et non par voie
d'action.

Nous ne croyons pas devoir adhérer à cette manière
de voir; cette locution, *earum nomine competit*, prouve
que c'est à raison de l'obligation naturelle elle-même
et non de ses accessoires, que l'action qu'indique le
juriste est donnée.

Dans cet embarras, il est essentiel de bien se pénétrer de la pensée de l'auteur de cette loi. On sait
que la théorie des actions *præscriptis verbis* s'est développée peu à peu sous l'influence du temps et de la
doctrine. Dès l'abord, l'accomplissement de la part de
l'une des parties ne lui donnait droit qu'au *jus pœni-
tendi*. Plus tard, on voulut obtenir davantage ; Julien
crut que l'on pourrait se prévaloir d'une action *in
factum*. Les jurisconsultes qui vinrent ensuite octroyè-
rent une action civile. — Or, à l'époque où Julien
écrivait, et d'après son avis, le pacte, qui constitue
une obligation naturelle, alors qu'il était exécuté par

(1) Vangerow, t. iii, p. 5.

l'une des parties procurait une action *in factum;*
donc ce jurisconsulte, qui est l'auteur de la loi 16,
de Fidejussoribus, a pu dire que l'obligation naturelle
engendrait quelquefois une action. La loi 7, § 2, Dig.,
de Pactis, justifie ce que nous venons d'exprimer par
rapport à l'opinion de Julien : « Sed et si in alium
contractum res non transeat, subsit tamen causa... et
ideo puto, recte Julianum a Mauriciano reprehensum
in hoc : Dedi tibi Stichum ut Pamphilum manumit-
tas; manumisisti, evictus est Stichus; Julianus scribit in factum actionem a prætore dandam. »

L'explication fournie à l'égard de cette loi 16, *de Fidejussoribus,* facilitera l'intelligence de la loi 10, Dig.,
de Obligationibus et Actionibus. D'après la rubrique des
Florentines, ce texte appartiendrait à Paul; suivant
d'autres manuscrits, il serait l'ouvrage de Julien.
Cette dernière version nous paraît plus exacte, car les
deux fragments, conçus dans le même esprit et rédigés
avec les mêmes expressions, sont véritablement iden-
tiques.

Au reste, Paul était du nombre de ceux qui n'ac-
cueillaient l'action *præscriptis verbis* qu'avec circons-
pection et difficulté. La preuve en est dans le § 3 de la
loi 5, Dig., *de Præscriptis verbis.* Celui qui a promis un
fait en retour d'un objet, venant à prester le fait, n'a
pas l'action *præscriptis verbis* d'après le sentiment de
Paul, tandis que les autres jurisconsultes l'accordaient.
(L. 15, Dig., *de Præscriptis verbis.*)

CHAPITRE II.

Des effets de l'obligation naturelle.

SOMMAIRE.

1. Toute espèce d'obligation naturelle est susceptible de produire les mêmes effets.

2. Effets que produit l'obligation naturelle.

1. L'obligation naturelle produit des effets généraux, absolus, qui peuvent s'appliquer à toutes les espèces d'obligations appartenant à cette catégorie. Il importe de les signaler d'abord, de telle sorte que nous ne reconnaîtrons le caractère d'obligation naturelle dans les diverses obligations successives que nous analyserons, qu'autant que la loi leur attribuera la même sanction.

Les distinctions proposées par les juristes (1) en dehors de notre règle, nous paraissent fautives et propres à perpétuer la confusion entre l'obligation naturelle et les devoirs moraux.

2. Les effets suivants se rattachent à l'obligation naturelle : *a)* elle empêche la répétition ; *b)* elle fait partie des biens du créancier ; *c)* elle se prête à la fidé-

(1) M. de Savigny, t. ix, p. 51, ne croit pas lui-même devoir proposer une règle absolue.

jussion, au gage, à la corréalité et au constitut; *d*) elle est susceptible de ratification ; *e*) elle sert d'appui à la novation ; *f*) elle autorise le droit de rétention.

SECTION PREMIÈRE.

De l'obligation naturelle par rapport à la non-répétition.

SOMMAIRE.

1. Celui qui paie, croyant être tenu civilement tandis qu'il ne l'était que naturellement, ne peut répéter.

2. La répétition serait également déniée si celui qui a payé croyait être obligé civilement, alors qu'il n'était tenu que d'un devoir moral ou de conscience.

1. Celui qui paie dans l'intention d'éteindre une obligation naturelle ne peut pas répéter. (L. 16, § 4, Dig., *de Fidejussoribus.*)

La *condictio indebiti* repose sur l'équité ; or, n'y aurait-il pas injustice à s'appuyer sur cette action pour revenir contre un paiement qui est la conséquence d'une dette équitable.

Les auteurs pensent trouver le signe caractéristique de l'obligation naturelle dans la non-répétition de ce qui a été payé, lorsque ce paiement est accompagné d'une erreur de droit. Comparant l'obligation naturelle avec les devoirs de conscience et de convenance, ils (1) soutiennent que ce qui les distingue, c'est que

_____

(1) M. de Savigny, t. ix, p. 46.

3

lorsqu'il y a obligation naturelle, ce qui est payé par erreur de droit n'est pas soumis à la répétition, tandis qu'il en est autrement lorsqu'il s'agit d'une simple obligation morale.

Cette théorie nous paraît fausse et même contraire aux textes que l'on invoque afin de l'appuyer. Le premier se réfère à l'ascendante qui croyait être tenue de fournir une dot : « Mulier si in ea opinione sit, ut credat se pro dote obligatam, quidquid dotis nomine dederit, non repetit : sublata enim falsa opinione relinquitur pietatis causa, ex qua solutum repeti non potest. » — L. 32, § 2, Dig., *de Conditione indebiti.* — D'après le second texte, l'affranchi preste des *operæ officiales*, dans la pensée qu'il était tenu : « Libertus, cum se putaret operas patrono debere, solvit. Condicere eum non posse, quamvis putans se obligatum solvit... Natura enim operas patrono libertus debet. » — L. 26, § 12, Dig., *de Conditione indebiti.*

A Rome, on ne saurait trop insister sur ce point, l'obligation, pour être valable, n'était soumise à aucune cause dans le sens que nous attachons à ce mot dans le droit français. La volonté, exprimée selon la loi, suffisait pour former le lien juridique. Cette même volonté devait suffire pour amener l'aliénation irrévocable d'une chose et en empêcher la répétition. La *condictio indebiti* n'avait été établie que pour empêcher l'enrichissement sans motif, ou par suite d'une volonté inintelligente au préjudice de l'ancien propriétaire. Toutes les fois, au contraire, que l'on pouvait conjecturer que celui qui s'était imposé une obligation avait cru devoir l'accomplir, parce qu'il y avait été porté, ne fût-ce que par de simples motifs d'affection, de piété ou de bienveillance, on ne lui permettait pas de se rétracter en invoquant l'erreur. — C'est ainsi que l'affranchi ne pouvait pas répéter les *operæ officiales* dont il se croyait tenu, bien qu'il n'eût fait aucune promesse à cet égard. — C'est ainsi que l'ascendante qui constituait une dot, dans l'opinion où elle était qu'elle se trouvait obligée de le faire, n'était pas admise à la répétition.

Examinons si les deux lois que nous venons de relater se réfèrent, comme on le prétend, à l'obligation naturelle :

A notre avis, elles ne concernent que l'obligation morale ou de conscience.

Notons, de prime-abord, que si l'affranchi est déclaré devoir *natura* les services *officiales* qu'il n'a point promis, cette locution réveille l'idée de la *pietatis causa*. Ces services constituent un *officium* dont l'affranchi est tenu par reconnaissance ou déférence. C'est ainsi que dans la loi 25, § 11, Dig., *de Hereditatis petitione*, il est mentionné que ceux qui donnent, ne gagnent pas : « Quamvis ad remunerandum sibi aliquem naturaliter obligaverunt. » Ce terme, *naturaliter*, n'a pas trait à une obligation naturelle, mais seulement à une obligation morale.

Quant au texte qui interdit la répétition de la dot fournie par l'ascendante qui croyait être tenue de faire cette constitution, l'on remarquera qu'il énonce lui-même la raison de décider, fondée sur un devoir moral : le paiement a été fait *pietatis causa* (1).

Peut-on dire d'ailleurs que la mère soit tenue natu-

---

(1) Cette loi ne dénomme pas la femme qui a constitué la dot, elle emploie l'expression générale *mulier*. Quelques auteurs, notamment M. de Savigny, t. IX, p. 100, croient que c'est l'épouse elle-même qui fournit la dot; d'autres, tels que Doneau, t. III, p. 430, édit. de Rome; et M. Machelard, p. 282, appliquent la loi à toute ascendante.

Nous sommes d'avis que ce texte comprend la femme, l'ascendante, la tante et la sœur. Toutes ces personnes ne sont-elles pas portées *causa pietatis* à fournir une dot.

Que l'on n'objecte pas que le jurisconsulte suppose que la femme s'imaginerait qu'elle était tenue civilement de constituer la dot, et qu'une pareille erreur n'a pu être commise par la tante et la sœur.—Nous répondons qu'il est facile de comprendre que ces personnes se soient méprises de la sorte. Il est vrai que d'après la loi *Julia*, l'ascendant investi de la puissance paternelle était seul dans la nécessité de doter (l. 19, Dig., *de Riptu nuptiarum*).—Mais l'on a soutenu, aussi, qu'antérieurement cette nécessité incombait aux parents consanguins les plus rapprochés, au frère et à la sœur. Cette observation historique est l'explication du § 3 de la loi 12, Dig., *de Administratione et periculo tutorum* : « ... Sed non dabit dotem sorori alio patre natæ, etiam si aliter ea nubere non potuit... » — Pourquoi interdire au tuteur de fournir la dot à la sœur qui n'est pas consanguine, si ce n'eut pas été une obligation pour le tuteur de constituer, pour le compte de son pupille, une dot à la sœur issue du même père? Nous trouvons là un vestige de l'ancienne jurisprudence.

rellement de doter sa fille lorsque, par exemple, le père a de la fortune ?

Cette prétendue obligation pourrait-elle être garantie par la fidéjussion et le gage? Ceux même qui voient en elle un lien naturel, sont forcés de répondre négativement; par conséquent, cette obligation ne produisant pas tous les effets de l'obligation naturelle, ne mérite pas cette qualification (1).

Nous avons dit que le signe qui met en évidence l'obligation naturelle est celui-ci : l'obligation naturelle fait partie des biens du créancier; or, nous le demandons, une fille pourrait-elle dire que l'obligation de doter, dont est tenue sa mère, augmente ses propres biens, qu'il ne dépend que d'elle de léguer ce droit, etc.?

Une dépense effectuée *pietatis causa*, quoique n'autorisant pas la répétition, ne saurait donc être transformée en obligation naturelle. Conformément à cette doctrine, la loi 14, § 7, Dig., *de Religiosis et sumptibus*, déclare que la dépense des funérailles faite *pietatis causa*, c'est-à-dire par affection et attachement, ne donne pas droit à la répétition ; cependant on ne saurait entrevoir dans cet acte l'accomplissement d'une obligation naturelle.

La loi 27, § 1, Dig., *de Negotiis gestis*, ajoute encore à ce qui nous semble une démonstration ; elle porte que lorsqu'un parent fournit, *pietatis respectu*, des aliments à celui qu'il n'est pas tenu de nourrir (1), il n'est pas écouté s'il veut se faire rembourser. Est-ce que l'on trouverait là une obligation naturelle?

Le *pietatis ratio* sert encore de base à une décision qui mérite d'être étudiée, et qui peut se référer à un intérêt assez considérable. La loi 17, Codice, *de Postliminio reversis*, nous apprend que la mère, qui paie le prix de la rançon de son fils tombé au pouvoir de l'ennemi, n'est pas recevable à demander son remboursement : « ..... Pro pietatis itaque ratione ab hostibus redempto filio, facti te pœnitere, ac de pretio quicquam tractare non convenit..... » — En retirant son fils de la condition fâcheuse dans laquelle il se trouvait, et en payant, la mère n'entendait pas sans doute faire ses réserves, elle n'était dominée que par le désir de posséder son fils. Toutefois, cette mère a suivi l'impulsion de sa tendresse; mais elle n'acquittait pas une obligation naturelle proprement dite.

Dans ces diverses espèces, la répétition sera déniée, alors même que ces personnes prétendraient qu'elles s'étaient imaginées être tenues légalement; car le législateur conjecture qu'elles se sont imposées volontairement le paiement, et qu'elles auraient agi de la

---

(1) De même, si l'enfant a des biens et que la mère ou l'aïeule fournissent des aliments *pietatis causa*, elles ne pourront pas répéter (l. 34, Dig., *de Negotiis gestis;* l. 11, Codice, *eodem*). Au reste, quand l'ascendante n'a point manifesté son intention, elle est censée, dans le doute, avoir agi *propter pietatem*.

même manière si elles avaient connu le Droit et le véritable état des choses; de sorte que leur erreur ne doit
pas être prise en considération, en vertu de la règle
suivant laquelle l'erreur de droit n'autorise pas la
répétition, qu'il s'agisse soit d'une obligation naturelle,
soit d'une obligation morale ou de convenance.

Cette théorie peut soulever une objection que nous
formulons de la manière suivante : Lorsqu'un capital a
été prêté sans convention d'intérêts, s'ils sont payés
par erreur, la répétition sera permise; la loi 18, Co-
DICE, *de Usuris*, est explicite à cet égard : « Indebitas
usuras, etiam si ante sortem solutæ non fuerint, ac
propterea minuere eam non potuerint, licet post sortem redditam creditori fuerint datæ, exclusâ veteris
juris varietate repeti posse perpensâ ratione firmatum est. » — Les doutes indiqués par cette constitution s'étaient élevés, parce que le débiteur ayant reçu
un bienfait, alors qu'il n'était pas astreint au paiement
d'intérêts, l'on pouvait croire qu'il s'était montré reconnaissant en soldant ensuite des intérêts. Dans les
temps modernes, où l'on est accoutumé à considérer
l'intérêt comme une sorte de fruit de l'argent, on pourrait soutenir que celui qui a fait cette prestation n'est
pas en droit de répéter parce qu'il a voulu reconnaître
un service; mais dans l'esprit de la jurisprudence romaine, qui s'est perpétuée pendant le cours du moyen-
âge, l'intérêt n'était pas une conséquence du prêt;
aussi n'était-on fondé à le réclamer qu'autant qu'il
était fixé par la stipulation.

Il reste à nous rendre compte de la loi 10, Dig., *de Jurejurando*, qui dispose que lorsque le serment a été prêté, le paiement qui serait effectué autoriserait la répétition. — Cependant, peut-on faire observer, le serment n'empêchant pas l'obligation morale ou le devoir de conscience de subsister, la répétition devrait être déniée.

Nous répondons que l'obligation morale ou de conscience empêche de répéter, pourvu qu'elle apparaisse; mais un serment ayant été prêté, l'on ne doit pas supposer qu'il y ait parjure; par conséquent, la loi estime avec raison que le serment est une démonstration complète de la non-existence de la dette. Le texte que nous avons cité, en disant *que solutum repeti potest*, a le soin d'ajouter le motif suivant : *utpote cum interposito eo, ab omni controversia discedatur;* par conséquent, l'on ne peut plus alléguer l'existence de la prétendue dette afin de retenir ce qui a été payé.

2. Ce cas diffère essentiellement de celui où l'obligation morale ou de convenance se montre d'elle-même, par exemple, dans l'hypothèse où l'on fait un paiement à celui qui a rendu des services; la reconnaissance constitue une obligation morale.

SECTION II.

L'obligation naturelle fait partie des biens du créancier.

SOMMAIRE.

1. L'obligation naturelle constitue une dette, il en est autrement de l'obligation morale.

2. Le créancier en vertu d'une obligation naturelle, devenant héritier de son débiteur, aura le droit de faire un prélèvement jusqu'à concurrence de son titre.

3. L'obligation naturelle est susceptible de transmission.

4. Le legs du *debitum naturale* fait au créancier lui-même est valable.

5. Quand un paiement intervient pour acquitter les intérêts, si les uns sont dus civilement et les autres naturellement, l'imputation sera faite indistinctement.

6. Les causes de révocation de la donation ne s'appliquent pas à l'obligation naturelle.

7. L'acquittement d'une obligation naturelle ne peut être critiqué à l'exemple des donations excessives, quand il s'agit de la fixation de la légitime.

8. L'acquittement d'une obligation naturelle est valable entre époux.

9. Explication de la loi 27, Dig., *de Donationibus*.

10. Sens dans lequel doivent être interprétés les textes desquels on infère que l'obligation naturelle n'est pas une dette.

1. A la différence de l'obligation morale, l'obligation naturelle implique nécessairement l'idée d'une dette.

Comme l'obligation naturelle est reconnue par le législateur, qui lui communique certains attributs de l'obligation civile, il ne faut pas s'étonner qu'elle entre en ligne de compte afin de composer ou augmenter l'actif du patrimoine. — Cette prérogative n'est pas accordée à l'obligation morale, qui n'est pas acceptée par le législateur, et qui est en quelque sorte livrée à elle-même.

Cette position différente, faite à l'obligation naturelle et à l'obligation morale, sert à expliquer pourquoi l'une porte avec elle une détermination, tandis que l'autre est ordinairement vague et indéterminée; le devoir de la reconnaissance se réduit difficilement à un chiffre. Comment celui qui prétendrait qu'une personne est grevée envers lui d'une telle obligation, pourrait-il préciser l'émolument qui en résulte pour ses biens?

Quand l'obligation morale ou de convenance est soldée, la répétition n'est pas admise, parce que le paiement a circonscrit l'obligation et a fait disparaître l'incertitude qui empêchait de lui assigner une estimation.

Que l'on n'objecte pas que l'obligation morale est admise par le législateur, puisque, en vue d'elle, il maintient le paiement qui a eu lieu. — Nous répondons que ce paiement n'est pas, aux yeux du législateur, la conséquence d'une véritable obligation, et qu'il ne constitue qu'une libéralité (1).

Comme nous l'avons déjà indiqué, l'obligation morale peut servir de motif à une nouvelle obligation; elle donne la possibilité d'acquérir un bien, mais elle n'est pas elle-même un bien.

Ces observations trouvent leur point d'appui dans divers textes.

La loi 16, § 4, Dig., de Fidejussoribus, que nous avons déjà envisagée sous un autre rapport, nous avertit que celui qui perçoit le montant d'une obligation naturelle, est censé *debitum sibi recepisse*.

Nous lisons dans la loi 40, Dig., ad Senat. Trebellianum, que l'obligation naturelle fait partie des biens qui sont restitués : « Quamvis Senatus de his actionibus transferendis loquatur, quæ jure civili, heredi et in heredem competunt : tamen honorariæ omnes transeunt. Nulla enim separatio est. Imo et causa naturalium obligationum transit. »

La loi 64, au même titre, rapporte un nouvel exemple qui est une nouvelle preuve. — L'héritier, chargé de rendre les biens, les restitue, ensuite il acquitte une obligation naturelle dont était tenu le testateur; le droit de répétition lui est dévolu parce qu'il ne dé-

(1) Nous regardons comme un point capital, dans notre travail, cette dissemblance entre l'obligation naturelle et l'obligation morale ou de conscience, que Weber et d'autres auteurs confondent.

tient plus le patrimoine, *naturalis obligatio translata intelligitur*.

2. Conformément à ce principe, le créancier, en vertu d'une obligation naturelle, héritier de son débiteur, aura le droit de retenir ce qui lui est dû, de faire un prélèvement sur l'hérédité : « Aditio hereditatis.... aliquando pro solutione cedit, si forte creditor, qui pupillo sine tutoris auctoritate nummos crediderat, heres ei extiterit; non enim quanto locupletior factus est, consequeretur, sed in solidum creditum suum ex hereditate retinet » (l. 95, § 2, Dig., *de Solutionibus et Liberat.*); car, pour évaluer la quotité de biens attribuée aux légataires, l'on déduit toutes les dettes, même celles dont le défunt était tenu envers son héritier : « In imponenda ratione legis falcidiæ omne æs alienum deducitur, etiam quod ipsi heredi mortis tempore debitum fuerit, quamvis aditione hereditatis confusæ sint actiones. » — (L. 6, Codice, *ad legem Falcidiam.*)

C'est un paiement que l'héritier est censé faire à lui-même; il continue la personne du débiteur, et, en cette qualité, il est supposé effectuer un paiement qu'il ne pourrait pas exiger comme créancier.

Celui qui invoquera une obligation morale ne pourra user de ce procédé. On lui opposera que son titre d'héritier ne l'autorise qu'à solder l'*æs alienum*, que l'obligation dont il excipe ne constitue pas une dette, qu'en se payant à lui-même il s'adresse une libéralité, et qu'il ne lui est pas permis de disposer de la sorte au préjudice des legs émanés de son auteur.

3. L'obligation naturelle faisant partie des biens du créancier, il s'évince de là que celui-ci peut la céder comme toutes les autres créances (l. 17, Dig., *de Hereditate vel actione vendita*). — Il est bien entendu que le cessionnaire ne peut avoir que les droits qui compétaient au cédant. — Au reste, celui qui reçoit, d'après le sénatus-consulte Trébellien, ci-dessus indiqué, n'est également qu'un cessionnaire (1).

Comme corollaire du même principe, l'on reconnaîtra que l'obligation naturelle peut être léguée. Sans doute, d'après la rigueur des principes, un *nomen* ne peut être l'objet d'un legs; cependant, il a été admis que le légataire obtiendrait des actions *utiles* (l. 18, Codice, *de Legatis*). C'est avec le même tempérament que la vente d'un *nomen* a été autorisée; mais il faut remarquer que le legs, ainsi que la vente d'un *nomen naturale*, ne peuvent conférer que les droits inhérents à l'obligation naturelle.

A l'inverse, l'obligation morale ne peut être ni trans-

(1) M. Schwanert (p. 165 et s.), pense, au contraire, que l'obligation naturelle ne peut pas être cédée, parce que le créancier n'ayant pas d'action, ne peut transférer son droit. Il repousse l'argument tiré des lois 40 et 64, *ad s.-c.* Trebell., en disant qu'il s'agit là de la transmission d'un *universum jus*, et que l'on ne peut rien en conclure pour la cession d'un droit particulier. — Il suffit, pour réfuter cette opinion, de faire remarquer qu'antérieurement au s.-c. Trébellien, c'est en vertu d'une cession volontaire que la restitution s'effectuait, que le sénatus-consulte a toujours supposé cette cession, et qu'il importe peu qu'elle s'applique à une universalité ou à un droit particulier.

mise, ni cédée, parce qu'elle n'est pas dans les biens et qu'elle ne produit que des effets volontaires.

4. Le *nomen naturale* peut être légué non-seulement à un tiers, mais encore au créancier lui-même.

Le legs fait par le débiteur à son créancier est valable, pourvu qu'il dérive du testament un avantage que ne renferme pas l'obligation primitive (Inst. Just., § 14, *de Legatis*). Le legs de l'obligation naturelle sera nécessairement utile au créancier, puisque dans cette hypothèse, et en vertu de la volonté du testateur, il aura le droit d'action (1. 40, § 3, Dig., *de Conditionibus et demonst.*)

Le légataire n'aura pas de réduction à subir pour parfaire le quart des biens réservé à l'héritier.

S'il était prouvé que ce legs, quoique qualifié d'obligation naturelle, n'est en réalité qu'une libéralité, il serait tenu à une réduction vis-à-vis de l'héritier; mais il primerait tous les autres legs à cause du caractère particulier que le testateur a entendu lui imprimer. L'on sait qu'il est loisible à celui-ci de dire qu'il veut qu'un legs déterminé obtienne la priorité sur les autres (1. 64, Dig., *ad legem Falcidiam*).

5. De ce que l'obligation naturelle constitue une véritable dette, il en résulte que lorsque le créancier fait vendre le gage (1) et affecte le prix aux intérêts d'une manière générale, si certains intérêts sont dus civilement, et les autres naturellement, l'imputation portera sur tous indistinctement; on remarquera que

_____

(1) La loi 101, § 1, Dig., *de Solutionibus*, renferme une décision analogue. (Voir p. 78.)

ceux qui sont dus civilement ne jouissent d'aucune prérogative (l. 5, § 2, Dig., de Solutionibus).

6. La nuance qui sépare l'obligation naturelle de la donation étant bien tranchée, l'on comprend facilement que le paiement d'une obligation naturelle ne peut être révoqué pour cause d'ingratitude, ni pour cause de survenance d'enfant, lorsque le patron a soldé une obligation naturelle (1).

7. Quand il s'agira de savoir si un père de famille laisse à ses enfants la part qui leur revient, si les donations qu'il a consenties sont excessives, il ne faudra point faire entrer en ligne de compte ce qui a été payé en conséquence d'une obligation naturelle (l. 9, Codice, de Inofficiosis donationibus. — Nov. 92, cap. 1).

8. Une personne ayant contracté une obligation naturelle envers celui qu'elle épouse plus tard. Le paiement de cette dette effectué pendant le mariage n'a pas le caractère des donations entre époux.

9. La doctrine qui vient d'être développée, et qui

(1) Nous mentionnons le patron parce que, à Rome, il n'y avait que la donation consentie par ce dernier à l'affranchi qui fût exposée à la révocation pour cause de survenance d'enfant. La loi 8, Codice, de Revocandis donationibus, est spéciale et exorbitante; il ne faut pas lui donner de l'extension.

considère l'acquittement de l'obligation naturelle comme le paiement d'une dette, et l'acquittement d'une obligation morale comme une donation, n'est pas contrariée par la loi 27, Dig., *de Donationibus*. Le rhéteur Nicostrate avait fait l'éducation d'Aquilius Regulus. Celui-ci, en constatant qu'il l'avait rendu meilleur, lui concéda l'habitation ; Papinien consulté écarta l'idée d'une donation : « Posse defendi, non meram donationem; verum officium magistri quadam mercede remuneratum Regulum. » — L'on remarquera que le jurisconsulte se garde bien de poser en principe qu'une donation rémunératoire, celle qui n'est que la conséquence d'une obligation morale, n'est pas soumise aux règles des donations proprement dites; mais il décide que les circonstances de l'espèce permettent de penser (*posse defendi*), que la disposition est l'acquittement d'une dette; en effet, diverses particularités militaient en faveur de cette interprétation. Les services rendus étaient de ceux qui, d'après l'usage, se rétribuent en argent. L'élève entendait non pas consentir une donation, mais satisfaire à une obligation qu'il considérait comme durant encore; en outre, la prestation n'était pas exagérée, elle se référait à l'habitation. Cette sorte de jouissance était ordinairement attribuée à des instituteurs et des serviteurs qui manquaient de ressources; voilà pourquoi ce droit ne s'éteignait pas par la *minima capitis diminutio.*

La disposition que nous venons d'analyser ne rentrant pas dans la catégorie des donations véritablement rémunératoires, n'était pas assujettie aux prescriptions de la loi *Cincia;* voilà pourquoi Papinien pensait qu'elle devait être protégée, quoique la *cessio in jure* n'eût pas été employée (1).

10. Le caractère de dette que nous imprimons à l'obligation naturelle n'est pas en contradiction avec les lois qui énoncent que l'obligation naturelle n'est pas une dette dans la véritable acception du mot (l. 5, § 2, Dig., *de Solutionibus; —* loi 10, Dig., *de Verborum signif.*)

Ces textes signifient seulement que les engagements dépourvus d'actions ne sont pas appelés obligations. Dans le langage romain, les actions étaient considérées comme des synonymes des obligations : pour annoncer que l'on était tenu de céder son titre, ses droits, l'on parlait de la nécessité de *præstare actiones* (l. 36, Dig., *de Fidejussoribus*).

SECTION III.

L'obligation naturelle admet la fidéjussion, le gage, la corréalité, le constitut.

Prenant place parmi les dettes proprement dites,

(1) Cette disposition n'aurait pas été non plus révocable pour cause d'ingratitude, au lieu que nous estimons que les donations véritablement rémunératoires sont révocables pour cette cause.

l'obligation naturelle se prête à la fidéjussion, au pacte de gage, à la corréalité et au constitut. — L'obligation morale ou de convenance n'admet pas de semblables combinaisons, parce qu'elle n'est pas elle-même une véritable dette.

Portons notre attention, dans un premier paragraphe, sur la fidéjussion, le gage, la corréalité ; et dans un deuxième, sur le constitut.

§ 1er.

De l'obligation naturelle considérée par rapport à la fidéjussion, au gage, et à la corréalité.

SOMMAIRE.

1. On n'élève guère de difficulté relativement à la fidéjussion.

2. Il n'en est pas de même par rapport au gage.

3. Quelquefois celui qui a cautionné n'est tenu que naturellement.

4. Quand l'un des débiteurs *corrées* a payé, il n'a point de recours contre l'obligé naturellement.

1. Quant à la fidéjussion, il ne s'élève guère d'objections. La loi 16, § 3, Dig., *de Fidejussoribus*, est très explicite : « Fidejussor accipi potest quoties est aliqua obligatio civilis vel naturalis cui applicetur. »

2. En ce qui concerne le gage, la loi 5, Dig., *de*

Pignoribus et Hypothecis, paraît aussi formelle que celle qui vient d'être citée par rapport à la fidéjussion : « Res hypothecæ dari posse sciendum est pro quacumque obligatione... vel pro civili obligatione, vel honoraria, vel tantum naturali. »

En conférant ce fragment avec d'autres, on (1) exprime quelques doutes : on les fait surgir de la loi 2, Dig., *Quæ res pignori,* et de la loi 13, *Quibus modis pignus solvitur.* Le premier texte décide que celui qui a donné un gage pour un prêt consenti à un fils de famille, a la faculté d'invoquer l'exception du sénatus-consulte Macédonien, et cependant le sénatus Macédonien laisse subsister l'obligation naturelle. — D'après le second texte, l'acquittement injuste du débiteur entraîne la perte du gage ; néanmoins, une sentence injuste laisse, dit-on, subsister l'obligation naturelle (l. 60, Dig., *de Condictione indebiti*).

L'argument puisé dans la première loi n'est que spécieux ; s'il amenait à cette conséquence que le gage ne tient pas alors même qu'il a été donné pour prémunir le créancier contre les exceptions du sénatus-consulte Macédonien, nous devrions abandonner le sentiment que nous avons émis. Mais il faut observer que, dans l'espèce, rien n'annonçait que l'on eût affecté le cautionnement à la garantie du vice dont était atteint l'engagement principal ; de telle sorte que la personne

(1) M. Holtius, *Revue de Législation,* année 1852, t. III, p. 14.

qui a promis le gage peut, comme tout obligé accessoire, s'appuyer sur les moyens qui appartiennent au
débiteur principal.

Le second texte nous arrêtera moins encore. Comme
nous l'exposerons plus tard avec détail(1), l'intérêt public doit faire attribuer à l'autorité de la chose jugée
une puissance telle, que l'obligation, même naturelle,
disparaisse.

On insiste, et l'on met en avant cette maxime,
que le créancier ne peut exiger le paiement du détenteur du gage lorsqu'il est dans l'impossibilité de consentir la cession des actions qui lui est demandée
(l. 19, Dig., *Qui potiores in pignore*). — Or, dans l'espèce, le créancier ne peut céder aucune action, puisque
la dette est naturelle. — Mais ce n'est pas par le fait
du créancier que la cession est irréalisable; quand il
y a eu affectation, le propriétaire du gage savait qu'il
lui serait impossible d'exiger cette sorte de transmission. La prestation des actions qui est imposée au
créancier signifie la prestation de son droit; c'est ce
que démontre même la loi 19 précitée, qui veut que
le créancier *compellendus sit jus nominis cedere*. —
Quand même ce texte aurait mentionné la prestation
des actions, nous l'aurions interprété de la même manière; c'est ainsi que nous avons entendu la loi relative à la fidéjussion (2).

(1) Voir chapitre IV.
(2) Voir page 49.

3. L'engagement du fidéjusseur produit-il une action (1), parce que celui qui s'oblige est censé vouloir être régi par le droit civil, que le législateur protège spécialement ?

Avant tout, il faut se pénétrer de l'intention du fidéjusseur. Quand l'obligation naturelle résulte d'un pacte, le fidéjusseur est présumé avoir consenti à donner une action contre lui. Lorsque, au contraire, le fidéjusseur aura simplement cautionné l'emprunt fait par un fils de famille, dont il pouvait ignorer la qualité, il ne sera pas présumé avoir eu la même intention.

Cependant le cautionnement d'une obligation naturelle est quelquefois lui-même réduit à ce terme d'engagement naturel, à cause de la personne qui traite : par exemple, lorsqu'un pupille cautionne sans l'autorisation de son tuteur.

4. L'obligation du fidéjusseur que nous venons de mentionner est corréale, puisqu'elle comprend une seule dette et plusieurs sujets, ou, pour employer l'expression des auteurs allemands, elle est unique objectivement, et multiple subjectivement.

Rien ne s'oppose à ce que les divers corréés étant débiteurs principaux, les uns soient tenus naturellement et les autres civilement. Il est alors bien entendu que si l'un des obligés naturellement consent à sol-

(1) Weber, § 114, réduit l'engagement du fidéjusseur à l'état d'obligation naturelle.

der la dette, tous les autres sont libérés; mais le créancier est dénué d'action contre lui.

On connaît la controverse qui s'est élevée sur le point de savoir si le corrée principal, qui a payé, jouit d'un recours contre ses co-débiteurs (l. 62, Dig., *ad legem Falcidiam*; — l. 2, Codice, *de Duobus reis*). — En restreignant la question au cas de l'obligation naturelle, il est aisé de comprendre que le corrée qui a payé n'a point d'action récursoire contre celui qui n'est astreint que naturellement; il prétendrait en vain avoir géré son affaire: on ne gère pas l'affaire d'une personne en l'aggravant.

§ 2.

L'obligation naturelle autorise le constitut.

SOMMAIRE.

1. Notion du constitut. — Il n'est pas valable si la dette préexistante n'est pas au moins naturelle.

2. L'obligation morale, ou de conscience, ne se prête pas au constitut.

3. Si la chose comprise dans le constitut est supérieure à celle qui était ramenée dans la dette précédente, quant à cet excédant il n'y aura pas obligation naturelle.

1. Les pactes ne produisent pas d'action; le Préteur déroge à cette règle en faveur du constitut, parce que l'équité demande cette innovation : « Hoc edicto Præ-

tor favet *naturali æquitati*, qui constituta ex consensu facta custodit, quoniam grave est fidem fallere » (l. 1, DIG., *de Pecunia constituta*). — C'est donc en considération de l'équité naturelle, c'est-à-dire du droit social, que le Préteur fortifie le constitut. — En effet, le constitut est une promesse purement consensuelle par laquelle on s'engage de plus fort à payer, à jour fixe, sa dette ou celle d'autrui.

Il est requis que la dette préexistante soit au moins naturelle : « Debitum autem vel natura sufficit » (l. 1, § 7, DIG., *de Pecunia constituta*).

2. L'obligation n'étant que morale ou de conscience, ne suffirait pas pour servir de base au constitut. La répétition n'étant pas admise à l'égard de l'obligation naturelle, et l'institution du constitut se rapprochant du paiement, l'on peut, jusqu'à un certain point, s'expliquer cette accession du constitut à l'obligation naturelle : mais la fiction ne saurait être confondue avec la réalité ; et comme, à l'égard de l'obligation morale ou de conscience, on ne trouve pas une obligation greffée sur une autre qui soit véritable, on aperçoit pourquoi l'obligation morale ne comporte pas le constitut.

3. Le constitut se rapproche de la fidéjussion en ce sens qu'il ne peut comprendre plus que la dette précédente. Si un excédant existe, celui qui a promis sera-t-il tenu naturellement ? La loi 24, DIG., *de Pecunia constituta*, s'exprime ainsi : « Remanserunt apud

me quinquaginta ex credito tuo, ex contractu pupillorum meorum, quos tibi reddere debebo idibus maii
probos; quod si ad diem supra scriptum non dedero,
tunc dare debebo usuras tot. Quæro an Lucius Titius
in locum pupillorum hac cautione... de constituta teneatur? Marcellus respondit in sortem teneri. » — Le
tuteur qui a promis, sans stipulation, de payer à une
époque déterminée le capital prêté à ses pupilles, et,
en outre, les intérêts, ne peut pas être recherché à
l'égard de ces mêmes intérêts. — Nous soutenons qu'ils
ne sont pas dus naturellement. Cette augmentation de
la dette est défectueuse, elle va contre l'essence du
constitut (1).

Toutefois, cette promesse d'intérêts renfermerait une
obligation morale. Le créancier a dû penser qu'ils seraient payés, puisque c'est spontanément que l'engagement en a été pris.

(1) Rigoureusement, l'on aurait pu dire que cette convention des intérêts paralyse entièrement le constitut; aussi la
loi 24 précitée, ne maintient le constitut pour le capital
que parce que cette décision est *humanior*. L'on fait dans
cette espèce l'application de la règle équitable, d'après laquelle le constitut qui comprend plus que la dette principale
est seulement réductible.

SECTION IV.

L'obligation naturelle peut être ratifiée.

SOMMAIRE.

1. La ratification de l'obligation naturelle ne nécessite pas le consentement du créancier, mais bien celui du débiteur.
2. De l'effet rétroactif de cette ratification.
3. Il n'y a pas lieu à ratification à l'égard de l'obligation morale.

1. Le constitut est une sorte de ratification quand il émane du débiteur lui-même; aussi rien ne s'oppose à ce que l'obligation naturelle soit ratifiée. La loi 2, CODICE, *ad senat. Macedoniano*, dispose que le fils de famille peut ratifier l'obligation naturelle. Il n'y a que les obligations entièrement réprouvées par la loi qui ne puissent être l'objet d'une ratification.

L'obligation naturelle porte avec elle le cachet de la véritable obligation. La ratification qui intervient tend moins à former un nouveau contrat qu'à ajouter au droit du créancier, ou plutôt qu'à le confirmer; dès-lors, l'intervention de ce dernier est inutile. On ne comprendrait pas qu'il pût rejeter un avantage qu'il a nécessairement ambitionné.

Au contraire, la conversion de l'obligation naturelle en obligation civile (1), peut aggraver la position du débiteur.

2. Il suit de là que la question de capacité, au mo-

(1) Il ne faut pas confondre la ratification avec la novation; celle-ci implique l'extinction de l'obligation primitive.

ment de la ratification, ne saurait s'élever à l'égard du créancier, tandis qu'elle exercera une influence toute puissante à l'égard du débiteur.

C'est pourquoi la ratification n'a pas d'effet rétroactif à l'égard du débiteur quand il s'agit d'apprécier sa capacité.

3. La ratification a pour effet de rendre plus efficace l'obligation, de la compléter; mais on ne donne pas un supplément de force à ce qui n'existe pas; or, l'obligation morale n'est pas en réalité une obligation (1).

SECTION V.

L'obligation naturelle donne lieu à la novation.

SOMMAIRE.

1. L'obligation naturelle peut être remplacée par une obligation civile, elle peut aussi remplacer elle-même une obligation civile. — L'obligation morale ne peut servir de fondement à la novation.
2. Dans le doute, l'obligation substituée à l'obligation naturelle sera réputée civile.
3. Un tiers s'obligeant civilement, et payant à la place du débiteur naturel, n'aura contre ce dernier que les droits du créancier primitif.

1. La novation est la substitution d'une dette à une autre; il faut donc qu'il existe une obligation primitive. Celle qui est naturelle suffira pour servir de base à la novation : « Illud non interest, qualis præcessit obligatio : utrum naturalis, an civilis... » (L. 1, § 1, Dig., de Novationibus.)

Le devoir moral, qui n'est pas une vraie obligation,

(1) Voir p. 244.

n'a pas la consistance nécessaire pour servir d'appui à
une novation, il pourra seulement être le motif d'une
obligation qui existera par elle-même, abstraction faite
de toute idée de novation.

L'obligation naturelle peut aussi remplacer une obligation civile : « Obligatio... quæ præcessit novari verbis potest : dummodo sequens obligatio aut civiliter
teneat, aut naturaliter. » (L. 1, § 1, Dig., *de Novationibus*.)

Au premier abord, l'on serait tenté de croire que
la novation d'une dette civile par une obligation naturelle est contredite par Gaius : « ... Non idem juris est
si a servo stipulatus fuero; nam tunc proinde obligatus tenetur, ac si postea a nullo stipulatus fuissem. »
(Comm. III, § 176.) — L'on remarquera que dans ce
texte, il s'agit d'une obligation greffée sur une autre,
et où l'intérêt de l'esclave ne joue aucun rôle, ce qui
pouvait motiver une restriction de sa capacité, ainsi que
le démontre la loi 30, § 1, Dig., *de Pactis* : « Qui pecuniam a servo stipulatus est, quam sibi Titius de-
bebat, si a Titio petat, an exceptione pacti conventi
summoveri et possit et debeat, quia pactus videatur,
ne a Titio petat : quæsitum est? Julianus ita summo-
vendum putat, si stipulatori in dominum istius servi
de peculio actio danda est : id est si justam causam
intercedendi servus habuit. Quod si quasi fidejussor
intervenerit, ex qua causa in peculium actio non
daretur, non esse inhibendum creditorem, quominus
a Titio petat. »

En outre, l'on remarquera que, dans ce passage des *Institutes* de Gaius, l'esclave est censé s'obliger par stipulation et en son nom, ce qui ne lui était point permis par le droit civil rigoureux auquel appartenait la stipulation. Que l'on ne dise pas que tout au moins cet acte devrait donner naissance à une obligation naturelle ; nous répondons en invoquant le principe d'après lequel l'obligation civile, que les parties ont voulu contracter et qui est nulle, ne survit pas comme obligation naturelle (1).

2. Quand l'obligation primitive est seulement naturelle, celle qui doit la remplacer sera civile, pourvu qu'elle soit formée d'après les prescriptions de la loi. On alléguerait en vain que la première obligation étant naturelle, celle qui est destinée à la nover sera réduite à la même condition. Assurément, dans le doute, on doit se déterminer pour la restriction de l'obligation du débiteur ; il en est ainsi quand il s'agit de quantités ; mais lorsque la difficulté ne porte que sur l'appréciation de l'obligation elle-même, il faut se décider pour le lien le plus efficace.

3. Quand l'obligation première n'était que naturelle, le nouveau débiteur qui s'est obligé civilement, et qui paie, aura-t-il l'action de la gestion d'affaire contre le débiteur primitif qu'il a dégagé et auquel il demande son remboursement ?

(1) Voir le Chapitre IV.

La négative ne saurait souffrir la moindre difficulté. Sans mandat d'un débiteur, il est permis d'éteindre son engagement; mais il n'est pas loisible d'aggraver sa position; or, dans l'espèce, aucune action ne pouvait être dirigée contre le débiteur, il n'a pu dépendre d'un tiers de le forcer à payer en opérant de lui-même une novation. Ce dernier ne peut avoir contre le débiteur des droits plus étendus que ceux qui compétaient au créancier. Nous avons donné une solution analogue quand nous avons décidé (1) que le détenteur du gage qui désintéresse le créancier, n'a pas cependant un recours contre le débiteur en vertu d'une obligation naturelle.

SECTION VI.

L'obligation naturelle autorise le droit de rétention et la compensation qui en est la conséquence.

SOMMAIRE.

1. Notion du droit de rétention; son utilité à l'égard de l'obligation naturelle.

2. L'obligation naturelle ne peut venir en compensation que tout autant que cette compensation rentre dans le droit de rétention.

3. Ainsi entendue, la compensation n'offre rien d'inique, lorsqu'elle est opposée à un incapable.

(1) Voir p. 52.

4. Les changements qu'a subis dans la suite la compensation, sont demeurés sans effet relativement à l'obligation naturelle.

1. La théorie de la compensation, combinée avec celle de l'obligation naturelle, mérite de fixer particulièrement notre attention. Bien des difficultés seraient aplanies si l'on se rendait raison de la connexité qui existe entre le droit de rétention et la compensation.

Le droit de rétention est fondé sur l'équité. Il repose sur ce double principe : — celui qui est créancier et qui doit à son tour prester une chose, n'est pas tenu de s'en dessaisir jusqu'à ce qu'il soit désintéressé, parce qu'une fois dénanti il lui serait plus difficile de se faire payer ; — ce créancier, en faisant des avances, était fondé à croire qu'il lui serait permis de retenir la chose, lorsque c'est à cause d'elle ou à son occasion que la dette dont il réclame le montant a pris naissance.

Entrons dans quelques détails : — Vous faites des impenses sur la chose d'autrui, vous aurez le droit de la retenir jusqu'à ce que vous soyez remboursé. — (Inst. Just., § 30, *de Rerum divisione ;* — l. 33, Dig., *de Condictione indebiti ;* — l. 15, § 1, Dig., *de Actionibus empti et venditi.*)

Ce droit de rétention est accordé au *procurator* à raison des dépenses qu'il a faites (l. 25 in fine, Dig., *de Procuratoribus*).

Nous découvrons encore dans la loi 31, § 8, Dig., *de Ædilitio edicto*, qu'un vendeur est admis à user de rétention, à l'égard de l'objet promis, jusqu'à ce que l'acheteur remplisse de son côté son engagement.

De ces citations il suit, premièrement : que le droit de rétention peut être opposé non-seulement au propriétaire, mais à celui qui n'est que créancier, puisque le vendeur garde par devers lui la chose dont il a encore la propriété; secondement, que ce droit de rétention s'exerce à cause des frais exposés soit sur la chose, soit à son occasion; il n'est pas nécessaire notamment que le *procurator* ait fait porter ses dépenses sur la chose même, pour que le droit de rétention lui soit dévolu.

Cependant il est requis, dans tous les cas, qu'il y ait connexité entre la chose retenue et la dette elle-même.

Cette faculté de retenir est surtout utile quand il s'agit d'obligation naturelle; car celui qui détient peut indirectement obtenir que l'obligation naturelle soit acquittée : ce droit de rétention supplée en quelque sorte au droit d'action.

La loi 7, § 1, Dig., *de Rescindenda venditione*, applique ce droit de rétention à l'égard du pupille qui achète sans l'autorisation du tuteur, et qui contracte une obligation naturelle : « Atque si ab initio sine tutoris auctoritate emisset, ut scilicet ipse non teneatur, sed agente eo retentiones competant... »

C'est encore à cause du droit de rétention que le créancier, auquel un gage a été livré, n'est tenu de s'en dessaisir que tout autant qu'il est désintéressé à l'égard même des dettes chirographaires : « ... At si in possessione fueris constitutus : nisi ea quoque pecunia tibi a debitore reddatur vel offeratur, quæ sine pignore debetur, eam restituere propter exceptionem doli mali non cogeris. Jure enim contendis, debitores eam solam pecuniam, cujus nomine ea pignora obligaverunt, offerentes audiri non oportere, nisi pro illa etiam satisfecerint, quam mutuam simpliciter acceperunt : quod in secundo creditore locum non habet : nec enim necessitas ei imponitur chirographarium etiam debitum priori creditori offerre. » (L. uniq., CODICE, *Etiam ob chirographariam*).

Ce texte dispose que c'est par l'exception du dol que le détenteur du gage repoussera la réclamation du débiteur qui ne s'est pas entièrement libéré, car il s'agit, dans l'espèce, de faire l'application du droit de rétention, qui a sa source dans l'équité. Le créancier investi de la possession d'une chose était autorisé à croire qu'elle serait une garantie pour toutes les dettes antérieures et postérieures. Cet objet, entre ses mains, lui attestait la solvabilité de ce débiteur; il ne faut pas que ce dernier ait la faculté de le retirer, de l'aliéner, et de nuire ainsi à son créancier.

On lit, dans cette même constitution, que ce droit de rétention ne peut être opposé à un autre créancier hypothécaire; car le droit de rétention n'opère que vis-à-vis du débiteur et des créanciers qui ne peuvent s'appuyer sur un privilége (1).

(1) Le droit de rétention nous paraît devoir produire

Au reste, nous allons jusqu'à penser que l'on se
conforme à l'esprit de cette constitution en appliquant
le droit de rétention aux obligations chirographaires
qui seraient purement naturelles. C'est surtout dans ce
cas que le débiteur blesserait la délicatesse en reprenant la chose sans payer, et alors qu'il sait qu'aucune
action ne l'atteindra.

2, Cela posé, nous n'accepterons la compensation

son effet à l'encontre des créanciers chirographaires, qui ne
peuvent avoir plus de prérogatives que le débiteur.

Au reste, c'est une question controversée que celle de
savoir si le droit de rétention est opposable même aux
créanciers qui ont une hypothèque. La loi unique au Code,
Etiam ob chirographariam, que nous avons déjà citée,
nous semble décisive.

Vainement l'on objecte la loi 29, § 2, Dig., *de Pignoribus et Hypothecis :* « ..... Sed bona fide possessores non
aliter cogendos creditoribus œdificium restituere, quam
sumptus in exstructione erogatos, quatenus pretiosior res
facta est, reciperent. » — Ce fragment se borne à permettre aux possesseurs de bonne foi de retenir le fonds sur
lequel ils ont construit. Mais il faut considérer que ces possesseurs ont ajouté aux biens de leur débiteur, il est juste
que les autres créanciers ne puissent pas les primer quant à
ces améliorations, et quant à cette plus value.—Voir Cujas,
sur cette loi 29, t. vi, p. 530, édit. de Naples.

De même le vendeur, ne recevant pas le prix, retiendra
la chose promise, sans avoir à craindre le concours des
créanciers de l'acheteur, quels que soient leurs titres, car il
a conservé la propriété, le prix ne lui étant pas soldé.

5

à l'égard des obligations naturelles que tout autant qu'elle se confondra avec le droit de rétention.

Par là nous établirons un principe général, et nous laisserons de côté les doctrines flottantes de la plupart des jurisconsultes qui ont hésité à formuler une règle et qui ont admis ou rejeté la compensation suivant les cas.

Si l'on consulte les textes nombreux qui autorisent la compensation soit dans les contrats de bonne foi, soit dans les contrats de droit strict, on voit que l'institution de la compensation repose sur deux motifs :

a. La compensation prévient l'action que celui qui l'oppose pourrait exercer plus tard, et, par ce moyen, elle évite un circuit inutile (l. 3, Dig., *de Compensationibus*); mais ce motif est sans force à l'égard de l'obligation naturelle qui, dépourvue d'action, ne donnerait pas lieu à ces complications de procédure.

b. La compensation arrête une manœuvre indélicate : « Dolo facit qui petit quod redditurus est. » (L. 8, Dig., *de Doli mali et metus exceptione.* — Inst. Just., *de Actionibus*, § 30). — Mais cette observation est sans portée à l'égard de l'obligation naturelle, car elle ne donne pas ouverture à une action, et après avoir triomphé dans la demande intentée, l'on n'a pas à redouter une restitution.

Comment les jurisconsultes romains, qui étaient des hommes pratiques et de bon sens, auraient-ils permis que la personne qu'ils déclaraient incapable de contracter civilement eût la facilité de se ruiner en se

liant par des obligations naturelles? — Un mineur de
vingt-cinq ans est créancier pour des sommes considérables envers un tiers vis-à-vis duquel il s'oblige
ensuite lui-même; on reconnaît généralement que,
s'il se fait restituer, il demeure néanmoins tenu naturellement; dès-lors le débiteur pourrait lui opposer
la compensation et se dispenser de payer ce qu'il doit
civilement.

Le débiteur d'un père de famille prête une forte
somme d'argent à son fils; le sénatus-consulte Macédonien n'envisage l'obligation du fils que comme une
obligation naturelle; mais le père venant à mourir,
le fils héritier sera désarmé à l'égard de celui qui devait à son auteur, il ne pourra point le rechercher, la
compensation l'arrêtera.

De même si l'on admet, avec beaucoup d'auteurs,
que le *pupille* qui traite sans l'autorisation de son tuteur
s'oblige naturellement, il lui sera loisible de perdre
toute sa fortune par des promesses que la compensation
rendra funeste.

Mais ce n'est pas assez d'exposer les principes, il faut
encore les mettre en harmonie avec les textes. La loi 6,
Dig, *de Compensationibus*, est ainsi conçue: « Etiam
quod natura debetur venit in compensationem. » —
Les jurisconsultes (1) infèrent de là que l'obligation
naturelle amène la compensation comme l'obligation

(1) M. de Savigny, t. ix, p. 48. — M. Mühlenbruch,
Doctrina Pandectarum, t. i, p. 223.

civile; ce résultat serait bien désastreux, car, d'après le système formulaire, toute condamnation étant pécuniaire (Gaius, Comm. iv, § 52), toute demande aurait pu être amortie par la compensation.

Nous ne craignons pas de le dire, la compensation n'avait point cette puissance en ce qui concerne les obligations naturelles. L'histoire nous l'apprend : Dès le principe, la compensation n'était admise que *ex eadem causa*, c'est-à-dire lorsque les deux dettes provenaient de la même source, lorsque, par exemple, il s'agissait des obligations réciproques du vendeur et de l'acheteur. Nous noterons même que Gaius, dans ses *Institutes,* ne mentionne que cette sorte de compensation (Comm. iv, § 61).

Plus tard, la compensation fut autorisée *ex dispari causa,* à l'égard des actions de bonne foi, c'est-à-dire alors même que les deux demandes avaient une origine différente; ainsi le vendeur qui réclame le prix pouvait être arrêté dans sa prétention, parce qu'il était, lui-même, débiteur en vertu d'un contrat de société, d'un mandat, etc. — La compensation fut ensuite étendue aux contrats de droit strict (Inst. Just., *de Actionibus,* § 30), bien entendu, lorsque l'obligation dont on excipait pouvait donner lieu à une action, c'est-à-dire lorsqu'il ne s'agissait pas d'une obligation naturelle.

La loi 6, *de Compensationibus,* ne nous paraît s'appliquer qu'à la compensation *ex eadem causa.* L'on remarquera que ce fragment d'Ulpien fait partie d'un commentaire sur Sabinus; or, à l'époque où ce dernier jurisconsulte écrivait, la compensation n'existait que *ex eadem causa*. Il est très possible qu'Ulpien se soit borné à répéter ce que disait Sabinus à l'égard de l'obligation naturelle, et qui n'avait trait qu'à la compensation *ex eadem causa*.

3. En ramenant la compensation à ces limites, nous la réduisons au droit de rétention, avec lequel elle s'identifie dans la législation primitive. Il est facile de concevoir que l'on pouvait arguer d'un pareil droit même à l'égard d'un incapable. S'il est vrai que celui-ci n'est pas lié par son contrat, tandis qu'il a action contre ceux qui se sont engagés envers lui, c'est sous la condition qu'il remplira, de son côté, les obligations qui forment la contre partie de celles qu'il entend imposer et faire subir à ses adversaires. La loi 7, § 1, Dig., *de Rescindenda venditione*, vient à l'appui de ces idées : elle veut que le pupille achetant sans l'autorisation de son tuteur, *ipse non teneatur, sed agente eo retentiones competant*. Si l'on pouvait opposer à l'incapable la compensation *ex alia causa*, alors il ne serait pas vrai de dire qu'il ne serait pas tenu de son contrat malgré sa volonté, il serait exposé à une foule de surprises contre lesquelles se révolte le sens commun.

Si l'on opposait à l'incapable la compensation dérivant *ex dispari causa*, ce ne serait pas, à proprement parler, un droit de rétention qui serait exercé, puisqu'il n'existe qu'à l'égard des obligations qui sont connexes.

On comprend que lorsqu'une convention donne naissance à une obligation naturelle pour l'une des parties, et civile pour l'autre (1), et que des actions ou exceptions respectives naissent du contrat lui-même ou à son occasion, l'incapable ne puisse agir qu'en subissant telle déduction que de droit. En argumentant d'un contrat, on doit l'accepter en totalité. Ainsi entendue, la compensation se recommande comme une mesure conforme à l'équité et à la raison.

4. La compensation n'étant dans le principe qu'un droit de rétention, cela explique pourquoi elle n'opérait pas de plein droit, et pourquoi le juge devait toujours la prononcer.

A cause de cette identité, l'on n'avait pas non plus à s'occuper de la question de savoir si la demande, objet de la compensation, était liquide et d'une démonstration aussi facile que la demande principale.

Le même principe d'équité s'opposait à la restitution de la chose, si le revendiquant ne satisfaisait pas aux

_____

(1) Lorsqu'un pupille s'oblige, nous ne pensons pas, comme certains auteurs, qu'il dépende de lui de dire que le contrat sera nul ou valable. Le contrat se soutiendra quelles que soient les allégations de l'incapable, mais il n'engendrera qu'une obligation naturelle respectivement à l'incapable, et une obligation civile respectivement à l'autre partie.

prétentions légitimes que le détenteur pouvait élever à l'occasion de cette même chose.

Il est à propos d'observer que si dans le *Recueil* de Justinien il ne se rencontre qu'un petit nombre de passages afférents au droit de rétention, c'est parce que la compensation ayant successivement pris une grande extension, a presque absorbé le droit de rétention; mais en remontant aux premières époques de la jurisprudence, l'on découvre que la compensation émane du droit de rétention.

En ce qui concerne l'obligation naturelle, il est essentiel de se rappeler la portée du droit de rétention, et la communauté qui existe entre ce droit et la compensation primitive. Les développements que celle-ci a reçus n'ont pu atteindre l'obligation naturelle, parce que le droit de rétention est resté le même.

De son côté, l'obligation naturelle étant du droit des gens, n'a pu se modifier, se transformer suivant la progression du temps; elle diffère, sous ce rapport, de l'obligation civile qui est plus spécialement dans le domaine du législateur; celle-ci est plus exposée à subir les changements qui résultent des institutions modernes; dès-lors, il n'est pas étonnant que la compensation, élargie par les lois récentes, n'ait pas embrassé l'obligation naturelle.

Nous croyons avoir fait ressortir de la loi 6, *de Compensationibus*, le véritable sens qu'elle renferme. L'examen de la loi 20, § 2, Dig., *de Statuliberis,* doit aussi nous arrêter (1). « Quod si heredi dare jussus est decem, et eam summam heres debeat servo : si velit servus eam pecuniam compensare, erit liber. » — Au premier aspect, on croirait entrevoir un cas de compensation. L'héritier devant dix à l'esclave qui ne peut avoir qu'une créance naturelle, ce serait une obligation naturelle qui viendrait en compensation.

Nous pourrions accepter cette interprétation comme exacte, en faisant remarquer qu'il s'agit d'une question de liberté, et par conséquent de l'application d'un *jus singulare*. Il n'est pas rare que les principes du droit fléchissent en faveur de la liberté. Le paragraphe suivant, de la même loi, nous en offre un exemple, il porte que si l'esclave a été gratifié de la liberté à condition qu'il compterait dix à une personne, celle-ci venant à décéder avant d'avoir reçu cette somme, alors que l'esclave était prêt à la remettre, la liberté sera acquise à ce dernier : « Favore libertatis, constituto jure hunc ad libertatem perventurum. » — Immédiatement après, il est ajouté que la décision serait différente, si le legs était autre que celui de la liberté (2).

---

(1) M. de Savigny invoque ce texte, tandis que, ordinairement, on n'argumente que de la loi 6, *de Compensationibus*.

(2) Le donataire ou légataire ne peut se prévaloir de la disposition si la condition vient à défaillir, alors même qu'il a fait tout ce qui était en son pouvoir pour qu'elle s'accomplît.

Toutefois, même en faisant abstraction du *jus singulare*, cette loi se concilie avec notre système; en effet, la compensation dont il est fait mention dans l'espèce ne concerne pas une obligation naturelle : aux termes de la loi, l'héritier devait dix à l'esclave : comment l'esclave peut-il, en son nom, avoir une créance contre un tiers? N'est-ce pas le maître qui est le véritable créancier? Que l'esclave s'oblige naturellement, on le comprend, mais il n'acquiert même une créance naturelle que pour le compte de son maître (Inst. Just., § 3, *Per quas personas nobis adquiritur; —* § 1, *de Stipulatione servorum*) (1).

La loi que nous analysons nous semble poser l'espèce où l'esclave s'étant fait promettre, le maître profitait de l'engagement.

Le maître ayant donné la liberté à l'esclave à condition qu'il compterait dix à l'héritier, l'esclave aura la faculté d'imputer ces dix sur la créance qui entrait dans son pécule, alors que ce pécule lui a été légué. Il faut admettre que la liberté et le pécule sont donnés à l'esclave par le même testament. S'il n'en était pas ainsi, l'on ne concevrait pas que la créance contre l'héritier fût acquise à l'esclave. Ce cas ressemble à celui qu'expose la loi 8, § 3, Dig., *de Peculio legato :* « Item quæritur, si servo libertas data sit, si decem dedisset heredi, peculiumque ei legatum sit : an decem quæ dedisset heredi debeant de peculio decedere? Et est

_____

(1) Voir Chap. IV.

verum quod Sabino placuit, hoc minus esse in peculio legato. »

Ce qui nous paraît encore démontrer que dans la loi 20, § 2, *de Statuliberis*, la créance de l'esclave se réfère à la créance du pécule, c'est que dans la loi 5, *de Peculio legato*, la même expression est employée dans le même sens : « Peculio legato, constat heredem nomina peculiaria persequi posse, et insuper ipsum, si quid debeat servo, reddere legatario debere. » —L'on ne s'étonnera point de la concordance qui existe entre ces deux fragments, quand on remarquera qu'ils dérivent de la même source, de la plume du jurisconsulte Paul.

Puisque la dette dont l'esclave réclame le bénéfice faisait partie de son pécule, le maître avait le droit d'intenter l'action, et, conséquemment, l'obligation naturelle ne jouait aucun rôle.

En terminant cette discussion, nous tâcherons de réfuter une objection qui est plus spécieuse que solide ; elle se résume ainsi : La compensation appartient au droit des gens ; or, l'obligation naturelle se reliant au droit des gens, doit subir l'influence de la compensation. — Nous répondons que la compensation *ex eadem causa* découle du droit des gens ; mais nous contestons qu'il en soit ainsi de la compensation *ex dispari causa* ; la première est une sorte de droit de rétention qui fait partie du droit des gens ; chacun, d'après cette législation, doit remplir ses engagements, et il n'est point permis de scinder un traité dans son exécution.

— La seconde compensation a été imaginée pour la prompte expédition des affaires, elle se rattache à la procédure, c'est-à-dire à un système tout-à-fait étranger à l'obligation naturelle ; elle tend d'ailleurs à confondre ce que les contractants ont eux-mêmes distingué.

CHAPITRE III.

Des modes d'extinction de l'obligation naturelle.

Le législateur s'est spécialement occupé des causes d'extinction de l'obligation civile : cette dernière ayant plus de force que l'obligation naturelle, on doit en conclure que les modes d'extinction qui la concernent opèrent avec plus de raison à l'encontre de l'autre.

Notre intention n'est pas de faire un exposé des différentes manières dont les obligations prennent fin. Nous nous contenterons de montrer les nuances que l'obligation naturelle est appelée à créer.

L'on distingue les extinctions de plein droit et celles par voie d'exception. Cette double classification, qui n'est que l'ouvrage de la loi civile, ne présente ni intérêt, ni utilité dans le droit des gens, et spécialement pour la connaisance de l'obligation naturelle ; qu'elle cesse d'une manière ou de l'autre, le résultat est identique.

SECTION PREMIÈRE.

Du paiement, de la novation, de la compensation.

SOMMAIRE.

1. Le paiement, la novation et la compensation ne doivent être ici considérés que comme modes d'extinction des obligations.

2. Lorsque le paiement, qui est le mode le plus ordinaire d'extinction de l'obligation naturelle, ne suffit pas pour éteindre les diverses dettes, dont l'une est naturelle, comment s'effectuera l'imputation?

3. S'il n'est que partiel, il n'a point pour effet d'attribuer une action pour le restant de la dette.

4. Par la novation cesse l'obligation naturelle.

5. La compensation *ex dispari causa* sert-elle à éteindre deux dettes naturelles?

1. En analysant les effets de l'obligation naturelle, nous avons parlé de la répétition qui n'est point autorisée, et par conséquent du paiement qui est intervenu. Nous avons indiqué la novation comme l'un des signes auxquels se reconnaît l'obligation naturelle. Nous avons disserté sur le droit de rétention et sur la compensation, qui nous paraît être circonscrite dans les limites assignées au droit de rétention ; dès-lors il n'est pas besoin d'insister de nouveau sur le paiement, la novation et la compensation ; nous nous bornerons à les envisager ici comme causes d'extinction des obligations.

2. Lors de la formation de l'obligation soit naturelle, soit civile, le paiement est le mode d'extinction de l'engagement que les parties ont surtout en vue.

Celui qui a contracté plusieurs dettes, dont l'une est naturelle, et qui ne compte qu'une somme insuffisante pour l'acquittement intégral, est maître de diriger l'imputation ainsi qu'il le juge convenable.

S'il ne s'explique pas, le droit d'imputer est dévolu au créancier ; mais celui-ci ne jouit pas de la même latitude. La loi 1re, Dig., *de Solutionibus et Liberat.*, s'oppose à ce qu'il dirige l'imputation sur la dette à terme, qui n'est pas échue (1), et nous ajoutons, sur l'obligation naturelle, qui n'est jamais exigible (2).

(1) Le texte de cette loi est évidemment altéré, il doit être rétabli de la sorte : « ... Dummodo in id constituat solutum, in quod ipse si deberet, esset soluturus; id est non in id debitum quod est in controversiâ, aut in illud quod pro alio quis fidejusserat, aut cujus dies nondum venerat. Æquissimum enim, etc... »

(2) Toutefois, le créancier gagiste qui ne reçoit pas le paiement du débiteur, mais qui se paie à lui-même avec l'argent provenant de la vente du gage, est maître d'affecter le prix du gage à celle des dettes qu'il veut indiquer, ne fût-elle que naturelle.

Comme le créancier fait le paiement, il jouit de la faculté d'imputer, qui est la conséquence du paiement qu'il effectue lui-même : « Paulus respondit, aliam causam esse debitoris solventis, aliam creditoris pignus distrahentis. Nam cum debitor solvit pecuniam, in potestate ejus esse commemorare, in quam causam solveret; cum autem creditor pignus distraheret, licere ei pretium in acceptum referre, etiam in eam quantitatem, quæ natura tantum debebatur; et ideo deducto eo debitum peti posse. » (L. 101, § 2, Dig., *de Solutionibus et Liberat.*)

Ce texte est une nouvelle preuve du principe que nous avons établi précédemment, à savoir : que l'obligation naturelle constitue une véritable dette; s'il n'en était pas ainsi, l'imputation ne pourrait pas lui être appliquée.

Quand le débiteur et le créancier gardent le silence, la loi, qui opère elle-même l'imputation, veut également qu'elle n'ait lieu sur l'obligation naturelle qu'à défaut d'obligation civile (l. 94, § 3, Dig., de Solutionibus et Liberat.)

3. Le débiteur, ne pouvant être contraint de solder le montant d'une obligation naturelle, voudra quelquefois ne faire qu'un paiement partiel. A l'égard de l'obligation civile, l'on se demande si le créancier peut être forcé d'accepter une fraction de ce qui lui est dû. Cette question est oiseuse lorsqu'il s'agit d'une obligation naturelle.

Quand celui qui est tenu d'une dette naturelle l'acquitte en partie, il n'accorde point par cela même une action pour le restant. Les obligations naissent à Rome de certaines formes spécifiées, le paiement d'une portion de la dette n'est pas un des modes qui serve à créer l'obligation civile.

4. L'obligation naturelle cesse, soit parce qu'une obligation civile ou bien une autre obligation naturelle lui est substituée.

La substitution de l'obligation civile à l'obligation naturelle devrait être facilement conjecturée. — En effet, quand on forme une obligation, l'on est censé vouloir qu'elle soit parfaite et conforme au vœu du législateur. L'obligation naturelle, nous en avons déjà fait la remarque (1), est plutôt tolérée qu'acceptée par

(1) Voir p. 6.

le législateur; elle ne dérive pas de l'intention des parties contractantes qui, en pleine connaissance de cause adhérant à des accords, n'ont pu se proposer de les rendre à moitié inefficaces. — Nous comprenons l'obligation naturelle quand elle résulte de la force des choses, et qu'elle ne peut être autre; par exemple, l'engagement est pris par un pupille sans l'autorisation de son tuteur, ou bien l'obligation consentie par un mineur de vingt-cinq ans, qui se fait restituer, est ramenée à l'état d'obligation naturelle (INST. JUST., § 3, *Quibus modis tollitur obligatio.* — L. 19, DIG., *de Novationibus*).

Que l'on n'allègue pas que la première obligation étant naturelle, la seconde doit avoir le même caractère. — Par le procédé de la novation, une obligation toute autre apparaît; celle qui précède était-elle sanctionnée par une clause pénale, des intérêts avaient-ils été convenus? la nouvelle ne jouira pas de ces avantages s'ils n'ont pas été stipulés (l. 15, l. 18, DIG., *de Novationibus*). Or, comme les garanties de la première obligation ne passent pas à la seconde, il doit en être de même quant aux défectuosités.

L'on considérera que la seconde obligation est principale, qu'elle ne subit pas l'influence de la première, qu'elle peut être moindre ou plus forte. En cela, elle diffère de la fidéjussion, qui nécessite des distinctions délicates (1).

(1) Voir p. 53.

L'obligation naturelle sera remplacée par une autre obligation naturelle quand, par exemple, on stipulera du pupille non autorisé (1). Si la deuxième obligation n'avait pas la forme de la stipulation, mais simplement celle du pacte, elle engendrerait une action, elle deviendrait un constitut (Inst. Just., *de Actionibus*, § 8 et 9). — Le Préteur accorde une force particulière à ce pacte, qui était une promesse réitérée. Voilà pourquoi il disait, dans ce cas, *grave est fidem fallere* (Dig., l. 1, *de Pecunia constituta*).

5. La compensation *ex eadem causa* se produit moins comme opérant l'extinction d'une obligation que comme assurant l'exécution absolue d'un contrat (2). La compensation *ex dispari causa* doit-elle être rangée au nombre des modes d'extinction des obligations naturelles? Au premier abord, on serait porté à se prononcer pour l'affirmative; mais en y réfléchissant, on ne tarde pas à s'apercevoir qu'une compensation *ex dispari causa* implique l'idée d'une action dirigée pour arrêter une autre action, ce qui ne peut s'adapter aux allures de l'obligation naturelle. Les cautions données à l'occasion de l'une de ces obligations ne pourraient pas s'appuyer sur l'obligation naturelle de

(1) Il ne peut être question d'un constitut dans cette espèce, puisqu'il ne résulte que d'un pacte (l. 1, § 4, Dig., *de Pecunia constituta*).

(2) Voir p. 68.

l'autre partie pour se dire libérées. Ainsi que nous l'avons déjà déclaré (1), la compensation est quelque chose d'artificiel, elle ne tient qu'à une question, ou, si l'on veut, à un progrès de la procédure.

Au surplus, à Rome, la compensation n'avait pas lieu de plein droit, il était nécessaire que le juge la prononçât, et il aurait fallu intenter un procès alors que l'obligation naturelle n'exposait à aucune action.

SECTION II.

De la confusion.

SOMMAIRE.

1. Nature de la confusion. — Que décider lorsque la dette principale étant naturelle, et la caution s'étant obligée civilement, le débiteur hérite de la caution?

2. Que statuer lorsque dans l'espèce qui précède le débiteur a hérité du créancier?

3. *Quid juris*, si le créancier devient héritier de la caution qui était obligée civilement, tandis que le débiteur principal n'était tenu que naturellement?

1. L'on a beaucoup disserté pour déterminer la nature de la confusion, nous ne passerons pas en revue les divers systèmes qui ont été proposés; nous n'avons à considérer la confusion que d'une manière

(1) Voir p. 75.

secondaire, et en tant qu'elle s'adapte à l'obligation
naturelle.

La confusion, qui est la réunion sur la même tête
des qualités de créancier et de débiteur, doit nécessairement modifier le lien juridique ; elle n'occasionne pas,
à proprement parler, l'extinction de la dette, elle dégage seulement le débiteur ; en empruntant le langage
des auteurs allemands, nous dirons que l'obligation
cesse subjectivement et non pas objectivement. — De
là il suit que le paiement éteignant la dette, si l'un
des débiteurs corrées paie, le créancier n'a plus rien
à demander aux autres ; au lieu que si l'un des corrées
devenait héritier du créancier, il pourrait agir contre ses
corrées. La loi 71, Dig., de *Fidejussoribus*, fait remarquer que, dans cette espèce, la dette n'est pas éteinte,
mais que le débiteur est exempt. — En un mot, la
confusion nous paraît avoir de l'analogie avec le pacte
de non petendo, qui serait *in personam*, il affranchit le
débiteur, sans anéantir la dette. Peu importe que la
confusion opère de plein droit, tandis que le pacte n'a
lieu que par voie d'exception; cette distinction ne tient
qu'à la procédure et non pas à la nature des choses.

L'on aurait tort d'invoquer la loi 95, § 2, Dig., de
Solutionibus et Liberationibus, pour soutenir que la confusion est un paiement : « Aditio hereditatis..... aliquando *pro solutione cedit*. » (1) Ce texte nous apprend

_____

(1) Cujas, t. iv, p. 724, édit. de Naples, prévient que la
confusion s'applique aux obligations civiles et non à celles

que le créancier, en vertu d'une obligation naturelle faisant addition de l'hérédité de son débiteur, pourra prélever le montant de ce qui lui est dû et le soustraire à l'action des légataires. Comme nous l'avons expliqué plus haut (1), l'adition permet au créancier de se payer, elle lui procure cette facilité, mais elle n'est pas un paiement. Dès qu'il y a eu adition, le créancier n'est pas désintéressé, la dette n'est pas véritablement éteinte, elle ne le sera que lorsque le créancier se sera fait à lui-même le paiement.

Au moyen de la confusion, le débiteur qui est seul et principal obligé étant dégagé, les cautions éprouvent le même sort, parce qu'elles ne peuvent être liées lorsqu'il n'existe pas un débiteur principal.

Le gage étant également un accessoire de la dette principale, disparaît dès que celle-ci vient à manquer (2).

qui sont naturelles; il nous semble que la confusion doit étendre ses effets aux obligations naturelles. Lorsqu'il y a deux corréés tenus naturellement, si l'un succède au créancier, le droit social, conforme en cela au droit civil, ne proclame pas l'extinction de la dette, mais seulement l'exemption de l'un des débiteurs.

(1) Voir p. 44.

(2) Nous ne saurions approuver la distinction que fait Cujas, t. vii, p. 517, édit. de Naples, il pense que la confusion éteint l'obligation du fidéjusseur, parce qu'elle est personnelle; mais il fait remarquer qu'elle ne produit pas le même résultat à l'égard du gage, qui est un droit réel. Cet

Qu'arrivera-t-il si, à l'occasion d'une dette naturelle, une caution s'est obligée civilement, et que le
débiteur hérite de la caution, ou réciproquement? Dans
cette hypothèse, on comprend que les juristes ont dû
s'efforcer de détruire les conséquences qu'amenait la
confusion, et surtout l'application des principes suivant
lesquels nul ne peut être caution pour soi-même. — Le
cautionnement n'étant intervenu que pour donner à
l'obligation naturelle la vigueur qui lui manquait, il
est rationnel de penser qu'en cas de confusion l'une
des obligations n'ait pu absorber l'autre, comme elle
l'aurait fait si les deux obligations avaient été civiles;
aussi la loi 21, § 2, Dig., *de Fidejussoribus*, décide-t-
elle que les deux obligations subsistent avec leur ca-

auteur invoque la loi 59, Dig., *ad Senat. Trebellianum.*
(Voir page 99.)

Il faut faire attention que si dans l'espèce de cette loi le
créancier, institué par son débiteur à la charge de transmettre l'hérédité, conserve le droit de gage, c'est parce
que le Préteur contraint le créancier à faire adition, et
que si ce dernier ne profite pas de l'hérédité, il n'est pas
juste qu'il en résulte du préjudice pour lui. — Le rigorisme
du droit, comme nous l'avons annoncé page 10, n'empêche
pas l'obligation naturelle de se produire.

Au reste, quoique l'on comprenne généralement le droit
de gage parmi les droits réels, il importe de bien remarquer que le gage ne constitue pas un droit réel dans la véritable acception du mot; et, dès-lors, l'argument de Cujas
pèche par sa base.

ractère propre, dans la personne du débiteur héritier
de la caution, ou réciproquement. « ..... Quod si hic
servus manumissus, fidejussori suo heres existat durare causam fidejussionis putavit; et tamen nihilomi-
nus naturalem obligationem mansuram; ut si obligatio
civilis pereat, solutum repetere non possit. Nec his
contrarium esse, quod cum reus fidejussori heres
existat, fidejussoria obligatio tollatur; quia duplex
obligatio civilis cum eodem esse non potest. Retro quoque si fidejussor servo manumisso heres extiterit, ca-
dem adversus eum obligatio manet; quamvis et naturaliter teneatur, nec pro se quis fidejubere possit. »

2. Imaginons que, dans l'espèce précédente, ce soit
le débiteur principal qui succède au créancier : alors la
fidéjussion s'évanouit, puisque la dette principale est
effacée. Que l'obligation principale soit civile ou naturelle, l'on fera l'application de la règle d'après laquelle
le fidéjusseur est libéré lorsque le débiteur l'est lui-
même.

3. Prévoyons actuellement le cas où le créancier
devient héritier de la caution, laquelle était tenue civilement, tandis que le débiteur principal n'était assujetti qu'à une obligation naturelle; nous déciderons
que la confusion empêche qu'il existe un cautionnement, mais l'obligation principale se conservera avec
son caractère.

SECTION III.

De l'acceptilation et du pacte DE NON PETENDO.

SOMMAIRE.

1. L'acceptilation a pour effet d'éteindre l'obligation naturelle.

2. Le pacte *de non petendo* fait cesser l'obligation naturelle.

3. Par le pacte *de non petendo*, sont libérés de plein droit non-seulement le débiteur principal, qui est tenu naturellement, mais encore les cautions obligées civilement.

1. Il est de principe que chaque contrat peut être dissous de la manière dont il est formé (l. 35, Dig., *de Diversis regulis juris*). L'acceptilation est destinée à détruire l'obligation qui se forme par les paroles. Elle consiste dans une stipulation en vertu de laquelle le créancier, interrogé par le débiteur, voulant faire remise, déclare tenir pour reçu ce qui lui est dû (Inst. Just., § 1, tit. *Quibus modis obligatio tollitur*).

L'acceptilation consentie à l'égard d'une obligation naturelle, entraînera son extinction ; peu importe que l'obligation naturelle prenne sa source ailleurs que dans une stipulation ; car la stipulation emportant remise, aura du moins l'effet d'un pacte *de non petendo*. La loi 19, Dig., *de Acceptilatione*, statue en ce sens dans une espèce analogue : « Si accepto latum fuerit ei, qui non verbis, sed re obligatus est ; non liberatur quidem, sed exceptione doli mali, vel pacti conventi se tueri potest. »

Le créancier se déclarant satisfait, consent à être considéré comme ayant reçu la chose ; par conséquent, même à l'égard de l'acceptilation qui se réfère à une obligation naturelle, on ne serait pas admis à soutenir que le paiement n'a pas été effectué, et que l'obligation se maintient. Il faut avoir le soin de distinguer l'acceptilation d'une quittance ordinaire : « Inter acceptilationem et apocham hoc interest, quod acceptilatione omnimodo liberatio contingit, licet pecunia soluta non sit ; apocha non alias, quam si pecunia soluta sit. » (L. 19, § 1, Dig., de Acceptilatione.)

2. Nous avons déjà posé ce principe que, par rapport au droit social, il n'y a pas lieu de distinguer l'extinction de l'obligation qui s'effectue de plein droit ou par voie d'exception ; il est logique que la cause qui crée un lien serve à le dénouer ; or, le consentement seul, qui donne naissance à l'obligation naturelle, doit suffire pour la faire éteindre. Aussi ne faut-il pas s'étonner que le pacte *de non petendo* anéantisse l'obligation de plein droit ; « Naturalis obligatio, ut pecuniæ numeratione, ita justo pacto, vel jurejurando, ipso jure tollitur ; quod vinculum æquitatis, quo solo sustinebatur, conventionis æquitate dissolvitur.... » (l. 95, § 4, Dig., de Solutionibus et Liber.)

3. Puisque le pacte *de non petendo* produit son effet

de plein droit à l'égard du débiteur principal, il en est de même à l'égard des cautions. Que l'on n'objecte pas que le fidéjusseur s'étant lié conformément aux prescriptions du droit civil ne peut, quant à son obligation qui est civile, être dégagé de plein droit par un pacte ; il est aisé de répondre que puisque l'obligation principale, qui est naturelle, se trouve éteinte de plein droit au moyen d'un pacte, celle du fidéjusseur doit expirer en même temps. Sans obligation principale, la fidéjussion ne peut subsister.

L'espèce qui vient d'être énoncée ne se confond pas avec celle où le pacte *de non petendo* n'aurait été consenti que dans l'intérêt et pour le compte du fidéjusseur ; pour libérer de plein droit ce dernier, il faudrait, dans ce cas, recourir à un mode établi par le droit civil ; cependant le pacte lui serait utile, mais il n'opérerait que par voie d'exception.

SECTION IV.
De la prescription.

Nous allons déterminer la puissance de la prescription sur l'obligation naturelle isolée, et sur l'obligation résultant d'un contrat du droit des gens sanctionné par le droit civil.

§ Ier.
Effet de la prescription par rapport à l'obligation naturelle isolée.

SOMMAIRE.

1. Motifs par lesquels on peut soutenir que l'obligation naturelle échappe à la prescription.

2. Raisons qui portent à décider que l'obligation naturelle est soumise à la prescription.

1. Au premier abord, on est porté à penser que la prescription ne s'applique pas à l'obligation naturelle, et telle est même la doctrine généralement professée (1). Elle se fortifie par l'argumentation suivante : Aucune action n'étant octroyée pour réclamer l'exécution d'une obligation de cette catégorie, le créancier qui ne peut exercer des poursuites, ne mérite aucun reproche, et ne saurait être puni en perdant son droit. En outre, la dette naturelle n'étant pas exigible, c'est-à-dire ne conférant pas un moyen de contrainte, quel serait le point de départ de la prescription ? Enfin, le créancier en vertu de l'obligation naturelle, est appelé à faire valoir des exceptions ; or, il est de règle que les exceptions sont perpétuelles.

2. Nous n'avons pas cherché à dissimuler la force des motifs qui viennent en aide au système contre lequel nous croyons devoir nous élever, nous allons les passer en revue, les combattre, et développer ensuite ceux qui militent en faveur de notre doctrine.

La prescription n'est pas seulement et principalement une peine infligée au créancier qui est resté dans l'inaction, mais elle est surtout une institution d'intérêt social, elle tend à diminuer le nombre des procès et à mettre fin à de vieilles querelles, toutes choses qui

(1) M. de Savigny, tom. v, p. 394; tom. ix, p. 96.

s'appliquent à l'obligation naturelle, quoiqu'elle ne produise pas d'action, comme à l'obligation civile. D'ailleurs, si le créancier en vertu d'une obligation naturelle ne veut pas être dépouillé, il pourra intenter une action, non pour demander à être payé, mais pour que le débiteur ait à reconnaître son droit ; et par là, il aura la facilité de le sauvegarder.

Nous n'admettons pas que la prescription atteigne seulement l'action, nous soutenons qu'elle s'étend jusqu'au droit lui-même. Ne serait-il pas étrange que le lien de l'obligation naturelle, qui est moins efficace que celui de l'obligation civile, eût néanmoins plus de durée ?

Quant au délai à partir duquel courra la prescription, ce sera le jour de l'échéance, qu'il ne faut pas confondre avec l'exigibilité de la dette (1).

La maxime *quæ temporalia sunt ad agendum sunt perpetua ad excipiendum*, n'est pas applicable dans l'espèce. L'on comprend que le défendeur, par exemple, qui peut avoir à se plaindre de manœuvres frauduleuses, au lieu d'intenter l'action du dol, qui est temporaire, ait la faculté d'attendre qu'il soit poursuivi, et il sera toujours à temps de se protéger par l'exception, qui est perpétuelle. Mais le créancier en vertu d'une obligation naturelle, n'est pas défendeur, il n'est pas obligé ; au contraire, le titre est établi en sa faveur ; par conséquent, il ne peut alléguer qu'il use d'une exception. Sans doute, s'il reçoit le paiement et si le

(1) Voir page 257.

débiteur cherche à répéter, il opposera qu'il n'y a pas lieu de recourir à la *condictio indebiti*, parce qu'une dette a été soldée. Mais cette défense ne sera point fondée sur une véritable exception.

Nous compléterons cette réfutation par l'observation suivante : L'institution de la prescription appartient au droit des gens; or, en principe, l'obligation naturelle peut subsister à l'encontre du droit civil, mais non pas à l'encontre du droit des gens; comme l'obligation naturelle est elle-même le produit de ce dernier droit, elle doit en subir l'autorité.

C'est le moment de signaler de nouveau la distinction de l'obligation naturelle et de l'obligation morale, ou de conscience. Celle-ci est à l'abri de la prescription, parce qu'elle ne revêt pas le caractère d'une véritable obligation, au lieu qu'il en est tout autrement de l'obligation naturelle, que le législateur admet comme obligation.

Ce qui vient d'être dit n'empêche pas que l'obligation morale ne produise quelque effet, en ce qui concerne notamment la non-répétition des choses payées (1).

§ 2.

De l'effet de la prescription par rapport à l'obligation qui a son fondement dans le droit des gens, et qui est sanctionnée par le droit civil.

SOMMAIRE.

1. Raisons par lesquelles nous décidons que cette obligation naturelle se prescrit.

(1) Voir p. 5 et 33.

2. Réfutation des motifs présentés en faveur de l'opinion
contraire.

1. Cette question, relative à la prescription de l'o-
bligation naturelle alors que l'obligation civile est
prescrite, a fait naître de sérieuses difficultés; aussi
mérite-t-elle certains développements (1).

Puisque nous décidons que la prescription absorbe
l'obligation naturelle, nous n'hésiterons pas à décider
que l'obligation acceptée par le droit civil et dérivant
du droit des gens, comme dans le cas de la vente, est
éteinte par la prescription. Il arrive alors que la prescription exerce son influence sur une double obligation:
celle qui provient du droit civil, et celle qui descend
du droit des gens; l'obligation naturelle, qui se trouve
jointe à une obligation civile, ne saurait être plus favo-
risée que celle qui est isolée.

A Rome, la prescription était une exception qui
libérait après un certain laps de temps écoulé.

Le Préteur introduisit la prescription pour venir en
aide aux possesseurs des biens provinciaux. Ces hé-
ritages ne pouvant être usucapés, ce magistrat voulut
que les détenteurs ne fussent pas inquiétés alors que
leur jouissance était ancienne. Le Préteur, qui avait
pour mission d'accréditer le droit des gens, est-il censé
avoir voulu que la prescription laissât entière l'obli-

(1) M. de Savigny, t. v, p. 406, soutient que l'obligation
naturelle subsiste nonobstant la prescription encourue.
Weber, § 114, adopte ce sentiment.

gation naturelle? Comment d'ailleurs concevoir cette obligation naturelle opposable à celui qui avait la bonne foi, un juste titre, une longue possession, et qui, par conséquent, était dans une position favorable.

Ces considérations sont corroborées par la loi 37, Dig., *de Fidejussoribus :* « Si quis, postquam tempore transacto liberatus est, fidejussorem dederit, fidejussor non tenetur; quoniam erroris fidejussio nulla est. » Le débiteur, ignorant que la dette fût prescrite, donne un fidéjusseur : ce cautionnement est de nul effet. Il est nécessaire de mentionner l'erreur dans laquelle est tombé le débiteur; car s'il avait fourni sciemment une caution, il aurait renoncé à la prescription.

L'on oppose que ce texte, s'appliquant aussi bien à la prescription de la procédure qu'à la prescription de l'action, ne saurait être pris en considération (1).

Si l'on admet que la prescription de la procédure amène l'extinction de l'obligation, nous ne voyons pas pourquoi l'on soutiendrait que la prescription de l'action n'amène pas le même résultat, surtout si l'on considère que, pour la prescription de l'action, les constitutions ont exigé un long délai, au lieu que la procédure était prescrite par un laps de temps restreint : aussi, tout en reconnaissant que la prescription de l'action anéantit l'obligation naturelle, nous décidons autrement par rapport à la prescription de la procédure (2).

(1) M. de Savigny, t. v, p. 426.
(2) Voir p. 10.

2. Voici les arguments proposés en faveur du système contraire.

L'obligation naturelle étant imprescriptible, il serait inconséquent de placer le créancier en vertu d'une obligation civile, dans une position plus désavantageuse que celle réservée à celui qui serait créancier en vertu d'une obligation naturelle.

Nous nous contenterons de répondre que, d'après nous, l'obligation naturelle est prescriptible ; nous venons de soutenir cette doctrine ; ainsi, nous ne tombons pas en contradiction.

Les textes que l'on invoque méritent un sérieux examen.

« Intelligere debes vincula pignoris durare, personali actione sub mota. » (L. 2, CODICE, *de Luitione pignoris*). — La traduction que l'on donne est celle-ci : L'action personnelle étant prescrite, le gage dure néanmoins.

Ces termes, *actione personali submota*, signifient que l'action personnelle est mise à l'écart ; à notre avis, ils ne désignent pas la prescription, mais bien diverses autres hypothèses ; — par exemple, une demande qui est repoussée parce qu'il y a plus pétition, ou bien l'espèce où il y a péremption d'instance (Gaius, *Comm*. IV, § 104 et 105.) Il est encore possible d'admettre qu'un mineur de 25 ans s'oblige et qu'un tiers fournit un gage ; le mineur se faisant restituer, le gage sera maintenu (1).

_____

(1) Cujas, qui enseigne que la prescription ne laisse pas

Il est un autre texte qui fournit une objection que nos adversaires regardent comme décisive (1). Elle se formule de la manière suivante :

L'action hypothécaire dirigée contre le débiteur ou ses héritiers dure quarante années, tandis que l'action personnelle ne dure que trente années ; cela prouve que la prescription de l'action personnelle laisse subsister l'obligation naturelle, car le gage ne peut se concevoir que tout autant qu'il se relie à une obligation au moins naturelle (2). « Quamobrem jubemus hypothecariam per-

subsister l'obligation naturelle, explique la loi 2 précitée, au moyen de l'indivisibilité de l'hypothèque. L'un des héritiers du débiteur acquittant sa part, sera affranchi de l'obligation personnelle, mais il sera tenu hypothécairement pour le tout (t. ix, p. 1237, édit. de Naples).

Cette interprétation de la loi 2 mérite d'autant plus de fixer l'attention, que la loi précédente pose une espèce semblable ; dès-lors la loi 2 ne serait que la conclusion de la loi 1re.

Du rau, t. ix, p. 1201, édit. de Rome, déclare que le contexte de cette loi 2 a été corrompu, et qu'une négation doit y être insérée.

Ce n'est là qu'une conjecture qui n'a pour elle l'autorité d'aucun manuscrit. Nous avons déjà fait remarquer, p. 28, qu'il n'est guère convenable de recourir à de pareils expédients.

(1) M. de Savigny, t. , p. 416.

(2) L'usucapion ne portait pas atteinte à l'existence des hypothèques, parce qu'elle s'accomplissait par un laps de temps très restreint : une année pour les meubles, et deux années pour les immeubles ; il ne fallait pas que le créancier

secutionem, quæ rerum movetur gratia, vel apud debitores consistentium, vel apud debitorum heredes,
non ultra quadraginta annos, ex quo competere cœpit,
prorogari, nisi conventio, aut ætas sicut dictum est
intercesserit : ut diversitas utriusque rerum persecu-
tionis, quæ in debitorem, aut heredes ejus, quæque
movetur in extraneos, in solo sit annorum numero :
verum in aliis omnibus ambæ similes sint : in actione
scilicet personali his custodiendis, quæ prisca consti-
tutionum sanxit justitia. » (L. 7, § 1, CODICE, *de Præscriptione triginta vel quadraginta annorum.*)

Nous ne dirons pas, avec certains jurisconsultes (1),
que si l'action hypothécaire se prolonge pendant quarante années, c'est parce que la prescription a été interrompue à l'égard de l'obligation personnelle, soit par
les poursuites dirigées par le créancier, soit par un acte
récognitif émané du débiteur. Cette explication ne nous
parait pas satisfaisante. S'il y avait eu interruption de

hypothécaire, qui n'était pas en contact avec la chose, qui
n'avait pas le droit d'en jouir, subit les conséquences fâcheuses d'une aliénation qu'il ignorait. En outre, l'usucapion
avait été aussi introduite pour le cas où une chose *mancipi*
avait été seulement livrée par le propriétaire, sans recourir
à la *mancipatio* ou à la *cessio in jure*. Celui qui avait été
mis en possession de la chose en acquérait le domaine quiritaire par l'usucapion; mais il est évident que, dans cette
circonstance, il n'entendait acquérir la chose que telle qu'elle
avait appartenu à son auteur, par conséquent, grevée des
mêmes hypothèques.

(1) Doneau, (IX) p. 1204, édit. de Rome.

7

prescription à l'égard de l'obligation personnelle, la prescription aurait été interrompue en même temps par rapport à l'hypothèque, et par conséquent cette hypothèque aurait pu durer non-seulement quarante années, mais encore cinquante ou soixante, en supposant que l'interruption ou la reconnaissance surviennent plusieurs années après la formation du contrat.

Si l'on prétend que les quarante années ne compteront que du jour de l'interruption ou de la reconnaissance, comment se fait-il que ces actes, qui ne sont destinés qu'à conserver l'obligation telle qu'elle avait été primitivement contractée, aient néanmoins pour effet de lui attribuer une nouvelle durée, qui sera plus longue que celle qu'elle avait dès le principe?

Nous ne croyons pas, non plus, devoir embrasser la doctrine qui s'est propagée dans ces derniers temps (1), et qui, tout en prononçant l'extinction de l'obligation naturelle par la prescription, admet cependant que si une hypothèque a été donnée, elle ne cesse que par la satisfaction offerte au créancier; d'où la conséquence que, dans le cas de prescription, l'hypothèque a la vertu de laisser subsister à côté d'elle une obligation naturelle; car il faut nécessairement que l'hypothèque se rattache à une obligation principale.

La loi 59, Dig., *ad Senat. Trebellianum*, sert de point d'appui à ce sentiment : « Debitor sub pignore, creditorem heredem instituit, eumque rogavit resti-

_____

(1) M. Wangerow, t. I, p. 179. — M. Molitor, t. I, p. 58. — M. Machelard, *Textes expliqués*, p. 174.

tuere hereditatem filiæ suæ, id est testatoris : cum nolletadire ut suspectam, coactus jussu prætoris adiit et restituit,..... Videamus autem, ne et pignus liberatum sit sublata naturali obligatione... Verum est non esse solutam pecuniam..... igitur non tantum retentio sed etiam petitio pignoris nomine competit, et solutum non repetetur. Remanet ergo propter pignus naturalis obligatio. »

Cette manière de voir ne nous parait pas exacte. D'abord, nous demandons pourquoi l'hypothèque aurait la prérogative d'échapper à la prescription ? Est-ce parce qu'elle est d'institution prétorienne ? Mais les autres actions que le Préteur a créées sont soumises à la prescription. Nous trouvons même, dans les *Instilutes* de Justinien, tit. *de perpetuis et temporalibus actionibus*, la preuve que les actions prétoriennes étaient plus exposées à la prescription que celles qui dérivaient du droit civil.

Abordant ensuite la loi 59 ci-dessus transcrite, nous remarquerons qu'elle statue pour l'espèce où le créancier, institué héritier par son débiteur et chargé de restituer l'hérédité, fait adition, parce qu'il y est contraint par le Préteur. L'équité commande qu'il conserve son gage. Aucun émolument ne lui advient de l'hérédité, il est juste qu'il soit maintenu dans les droits qu'il avait antérieurement, et qu'il n'a pas entendu abandonner, puisqu'il a été forcé d'accepter. C'est là un des cas où le rigorisme du droit rend nécessaire l'existence d'une obligation naturelle.

Les effets ordinaires de la confusion seront donc évités. La créance ne laisse pas que de subsister en tant que naturelle ; elle est conservée en cette qualité ; elle redeviendra civile quand la restitution sera effectuée ; aussi Justinien nous apprend-il que cette adition de l'héritier ne peut lui causer aucun dommage : « ..... Et necessitas heredi imponatur, si ipso nolente adire fidei-commissarius desiderat restitui sibi hereditatem, nullo nec damno nec commodo apud heredem remanente. » (Inst., § 7, de Fidei-commissariis hereditatibus.)

La loi 13, § 1, Dig., ad Senat. Velleianum, ne prouve pas non plus que le gage ait, nonobstant la prescription, le pouvoir de créer une obligation naturelle. Une femme qui avait répondu pour autrui, se faisant restituer contre son engagement, le créancier, qui avait primitivement reçu un gage du débiteur que la femme a remplacé, sera en droit de le conserver.

Cette solution se justifie par ce motif : avant que le créancier recouvre l'obligation civile, il existe une obligation naturelle ; car le législateur autorisant ce créancier à reprendre son premier titre, lorsque la femme aura fait rescinder sa promesse; il est évident qu'avant que cette formalité soit accomplie, le débiteur est tenu au moins naturellement.

Reste à rendre compte du § 1 de la loi 7, Codice, de Prœscriptione, 30 vel 40 annorum. Il faut distinguer si le gage est détenu par un tiers ou par le débiteur lui-même et ses héritiers. Dans le premier cas, l'action hypothécaire dure trente années, et dans le second, elle

sera exercée pendant quarante années. De là il ne faut
pas conclure que l'obligation civile se prescrivant par
trente années, le gage persiste pendant dix années de
plus, parce que l'obligation civile descend à l'état
d'obligation naturelle. Cette transformation nous semble
inadmissible; d'ailleurs, nous avons soutenu que l'obligation naturelle tombe sous le coup de la prescription,
comme celle qui est civile. Pourquoi le gage ne de-
meurerait-il affecté que pendant dix années à partir de
l'expiration de l'obligation personnelle? Pourquoi celle-
ci ne se prolongerait-elle pas indéfiniment, puisqu'il
existerait une obligation naturelle non soumise à la
prescription, d'après le sentiment de nos adversaires?
Par conséquent, la durée de l'action hypothécaire à
quarante années serait quelque chose d'arbitraire.

D'après nous, cette loi précitée signifie : L'obligation
considérée en elle-même et isolément, sera exposée à la
prescription; mais étant jointe à un gage, elle deviendra imprescriptible par la constitution du gage et se
conservera jusqu'à concurrence de la valeur du gage :
ainsi, un *mutuum* est intervenu et il a été accompagné
d'une constitution de gage dont la valeur n'égale pas le
chiffre de l'emprunt : si, après trente années à partir de
l'échéance, le créancier intente l'action hypothécaire,
il sera en droit de réclamer ce qui lui est dû, mais seulement jusqu'à concurrence de la valeur du gage. La
tradition de ce gage, qui était autrefois nécessaire,
rendait, en effet, la dette imprescriptible jusqu'à concurrence de la valeur du gage, il en était ainsi dans

l'ancien droit ; mais dans la nouvelle jurisprudence, il a été admis que le gage pourrait se constituer par le seul consentement, et dès-lors il a été admis que cette constitution aurait pour effet de conserver la dette jusqu'à concurrence de la valeur de la chose hypothéquée, le débiteur et ses héritiers étant censés détenir le gage pour le compte du créancier.

Mais toutes les actions étant soumises à la prescription, on a appliqué, dans ce cas, l'une des prescriptions les plus longues.

Abordons une dernière objection : elle dérive de l'analogie que l'on établit entre la prescription de la propriété et la prescription des obligations; elle s'étaye sur la loi 8, § 1, CODICE, *de Præscriptione, 30 vel 40 annorum,* qui édicte de la manière suivante : Celui qui possède de mauvaise foi, et pendant trente ans, l'immeuble d'autrui, a le droit d'en conserver la possession; mais s'il vient à la perdre, il n'aura point la revendication, qui sera dévolue au propriétaire primitif; par conséquent, la prescription n'a pas annihilé le droit primitif.

Notons d'abord que cette constitution ne concerne que la prescription de la propriété; même dans ce cas, la bonne foi existant, l'obligation naturelle cesserait d'exister, puisque celui qui a prescrit aurait même la revendication. En appliquant à la prescription des obligations la règle faite pour la prescription de la propriété, il faudrait scruter si celui qui veut s'en prévaloir a été de bonne ou de mauvaise foi, c'est-à-dire il faudrait engager des procès relatifs à des faits anciens. De sorte que la prescription, qui a pour but de mettre un terme aux contestations judiciaires, leur donnerait un nouvel aliment et un nouvel essor.

Au surplus, cette application de la bonne foi à la prescription des obligations, ne peut guère se concevoir: à quel moment faudra-t-il que ce débiteur soit de bonne foi? est-ce au commencement de la prescription?

Au reste, la propriété est unique, et l'on ne peut logiquement distinguer celle à laquelle est attaché le droit de revendication, et celle qui en est privée (1). Justinien, dans la mesure indiquée par le texte que nous venons de citer, tombe dans une sorte de contradiction avec lui-même, car c'est le même empereur qui a fait disparaître, avec raison, toute différence entre le domaine quiritaire et le domaine bonitaire.

Tout ce que l'on peut dire en faveur de la ligne de démarcation que Justinien trace, par rapport à la prescription de la propriété et la prescription des obligations, c'est que l'on pourrait voir, dans l'abandon de la détention, par celui qui avait acquis de mauvaise foi, au moyen de la prescription trentenaire, une sorte de renonciation à cet avantage; et c'est en se

(1) Dans le chap. IV, en discutant la question de savoir si le pupille qui traite seul s'oblige naturellement, nous constaterons que le droit de propriété ne comporte pas la classification qui sépare l'obligation naturelle de l'obligation civile.

basant sur cette conjecture, plutôt que dans le maintien d'un prétendu droit de propriété naturelle, que
l'empereur a pu refuser la revendication. — D'un
autre côté, qui ignore que les conventions sont plus
nombreuses que les changements de propriété; d'où il
suit que, pour arrêter les procès, on doit être plus
radical quant aux effets de la prescription applicable
aux unes, que pour les effets de la prescription applicable aux autres.

En résumé, nous croyons avoir résolu ces trois
points : 1° La prescription anéantit l'obligation natuturelle; 2° la loi 7, § 1, CODICE, *de Præscriptione*, 30
vel 40 *annorum*, ne prouve pas que l'obligation naturelle survive à l'obligation civile; 3° enfin, l'on se
méprendrait en généralisant la disposition de la loi 8,
§ 1, du même titre, et en l'étendant à toute espèce de
prescription.

SECTION IX.

La chose jugée détruit-elle l'obligation naturelle ?

SOMMAIRE.

1. Importance de la question. — L'obligation dont demeure
   tenu celui qui, injustement, obtient gain de cause, ne
   réunit pas les conditions essentielles à l'obligation naturelle.

2. La chose jugée laisse intact le devoir de conscience.

3. Examen des textes favorables à cette doctrine.
   La chose jugée passe pour la vérité.

4. Réfutation des arguments que l'on déduit de quelques
textes.

Il ne faut pas confondre le cas où le créancier succombe après examen, et celui où *causa cadit*.

1. La question que nous abordons est l'une des
plus intéressantes qu'offre cette matière. Elle divise
les jurisconsultes qui ont écrit sur les diverses législations anciennes et modernes.

Nous nous mettons du côté de ceux qui, en Droit
romain, enseignent la négative. Dans la seconde partie
de ce travail, nous aurons à examiner si la même
solution doit être accueillie en Droit français.

Faisons valoir d'abord des motifs, et parcourons
ensuite les textes.

La controverse qui a surgi n'aurait peut-être pas été
aussi vive, le débat n'aurait pas été si animé, si l'on
s'était bien pénétré des effets de l'obligation naturelle,
que nous avons cru devoir exposer avec étendue.

Ces effets principaux peuvent être réduits à deux :
l'obligation naturelle fait partie des biens du créancier; elle admet le cautionnement. Ces effets se rencon-
trent-ils dans l'obligation que le jugement a proscrite?

Quand le débiteur est mal à propos renvoyé de la
demande, et que cette décision est passée en force de
chose jugée, peut-on dire qu'il y a dette? — Supposons que celui qui a perdu un procès relatif à une
somme d'argent, fasse ensuite un legs d'argent à la
personne qui avait eu gain de cause; soutiendra-t-on
que ce legs pourra ne pas être exigé parce que ce

légataire, ayant triomphé injustement, est passible à son tour d'une obligation naturelle? — Un individu ayant succombé dans une contestation judiciaire contre son parent, est appelé à succéder à ce dernier; serait-il écouté s'il prétendait qu'avant d'accorder aux légataires ce qu'ils réclament, il a le droit de prélever le montant de ce qui compose sa prétendue créance naturelle? On ne saurait évidemment aller jusques-là.

La fidéjussion répugne également à l'idée d'une obligation que l'autorité judiciaire a déniée. Comment reconnaître une obligation comme ayant sa source dans un contrat dont les organes de la justice ont repoussé les effets?

Des discussions s'élevant sur le point de savoir si la dette dont il s'agit fait partie des biens de celui qui se dit créancier, ou si elle peut être garantie par un cautionnement, les juges ne tomberaient-ils pas en contradiction avec eux-mêmes en validant, jusqu'à un certain point, un acte antérieurement réprouvé? L'ordre public exige que cette sentence soit respectée; n'est-ce pas faire naître de la défiance dans l'esprit des justiciables que d'admettre que cette prétendue obligation, repoussée d'abord, conserve néanmoins de la valeur? N'est-ce pas encore porter atteinte à la considération des magistrats, qui exercent une sorte de sacerdoce?

2. Ce cas diffère essentiellement de celui où le débiteur acquitté consentirait à payer le montant de la

dette, car le jugement n'infirme pas l'obligation de conscience, qui suffit pour mettre obstacle à la demande en répétition. Lors même que ce débiteur aurait pensé que le droit l'astreignait à solder, cette méprise juridique ne serait pas un motif qui lui permît de répéter.

3. Si nous promenons nos regards sur les textes, nous nous apercevrons bientôt qu'ils s'accordent avec ces raisonnements : « Post rem judicatam.... nihil quæritur. » (L. 56, Dig., de Re judicata.) — « Res judicata pro veritate accipitur. » (L. 25, Dig., de Statu hominum.) — Or, supposons que le litige soit agité précisément sur la question de savoir si une obligation vaut comme naturelle, et que les juges lui aient refusé ce titre ; ira-t-on jusqu'à penser que l'obligation naturelle continue aux yeux du législateur ? Aller jusques-là, ce serait ne tenir aucun compte du jugement spécial qui a été rendu, ce serait ébranler de fond en comble l'institution de l'autorité de la chose jugée.

Les textes que nous avons cités se complètent par la loi 13, Dig., *Quibus modis pignus vel hypotheca solvitur* : « ..... Si a judice, quamvis per injuriam, absolutus sit debitor, tamen pignus liberatur. » — Le gage, comme la fidéjussion, n'étant qu'un contrat accessoire, doit crouler lorsque la dette principale ne porte pas au moins le sceau d'obligation naturelle.

4. Les lois que l'on oppose sont loin d'être décisives, elles ne paralysent nullement la force de celles

que nous avons invoquées. Arrêtons-nous d'abord à la loi 60, Dig., *de Condictione indebiti* : « Julianus verum debitorem post litem contestatam, manente adhuc judicio, negabat solventem repetere posse : quia nec absolutus sit, nec condemnatus repetere posset. Licet enim absolutus sit, natura tamen debitor permanet.... » — Cette loi se borne à déclarer que celui qui a payé après la *litis contestatio* et avant la sentence, ne peut ensuite répéter, quelle que soit la décision judiciaire qui sera portée ; en effet, s'il est condamné, c'est à bon droit, puisqu'il se trouvait véritablement débiteur, et s'il est acquitté, cela n'empêche pas qu'il ne fût débiteur en conscience. — L'on prétend que ce refus de répétition est une démonstration de l'existence de l'obligation naturelle. Nous nous sommes efforcés antérieurement d'établir que la défense de répéter n'est pas l'un des signes caractéristiques de l'obligation naturelle (1), et que si l'on paie, croyant devoir civilement tandis que l'on ne doit qu'en conscience, l'on ne sera pas écouté en voulant répéter.

Les partisans du maintien de l'obligation naturelle, après la sentence du juge, insistent et s'appuient sur la loi 28, Dig., *de Condictione indebiti* : « Judex si male absolvit, et absolutus sua sponte solverit, repetere non potest. »

On fait remarquer (2) que le juge a condamné

----

(1) Voir p. 7 et 33.
(2) M. de Savigny, tom. ix, p. 91.

male, et que si la répétition est prohibée, c'est à cause de l'obligation naturelle ; car s'il a prononcé exactement, et que le paiement soit fait en connaissance de cause, on ne serait pas admis à répéter, parce que, dans ce cas, une libéralité apparaîtrait.

Nous croyons, au contraire, que le juge s'est trompé, et le débiteur qui a payé ne peut user de répétition, parce que son obligation primitive s'est convertie, aux yeux de la loi, en une simple obligation morale et de conscience ; or, l'acquittement d'une obligation morale ne réalise qu'une libéralité.

Nous donnons la même interprétation au fragment 8, § 4, Dig., *Ratam rem haberi*. Il suppose que l'on paie à un tiers qui promet l'approbation du créancier ; ce dernier intente une action contre le débiteur, et il échoue ; le paiement est maintenu, parce que nous rencontrons là un devoir de conscience. Quoique ce texte dise, *naturale debitum manet*, ces expressions n'ont pas trait nécessairement à l'obligation naturelle, elles désignent aussi le devoir de conscience, ainsi que nous l'avons exposé plus haut (1).

Enfin, l'on met en avant la loi 27, Dig., *de Pignoribus et Hypothecis* : « Servum, quem quis pignori dederat, ex levissima offensa vinxit, mox solvit ; et quia debito non satisfaciebat, creditor minoris servum vendidit ; an aliqua actio creditori in debitorem constituenda sit, quia crediti ipsius actio non sufficit ad id quod deest,

---

(1) Voir page 35.

persequendum? Quid si cum interfecisset, aut elus-
casset ?.... Fingamus nullam crediti nomine actionem
esse, quia fortè causa ceciderat, non existimo indignam
rem animadversione et auxilio prætoris. » Ce texte
prévoit le cas où le débiteur a tué ou blessé l'esclave qu'il
avait donné en gage ; le créancier aura-t-il un recours
à l'occasion de ce gage, alors qu'il ne peut intenter
l'action personnelle résultant du contrat *quia forte causa
ceciderat?* Le jurisconsulte répond affirmativement; et
par cela même ne semble-t-il pas décider qu'alors
même qu'un jugement a proscrit la demande, l'obligation naturelle persiste et le gage se maintient.

Ces expressions *causa cadere,* ne nous semblent pas
désigner un jugement qui prononce sur la contestation
et absout le défendeur. Ils signifient seulement que le
demandeur a commis une irrégularité en introduisant
son action, il a agi avant l'échéance du terme, ou en
un lieu différent, il a réclamé plus que ce qui lui était
dû. Dans ces diverses hypothèses, nous admettons que
le gage subsiste. Ce n'est pas la sentence du juge qui
prononce l'acquittement, mais c'est la loi qui inflige
une peine; si le demandeur est repoussé, ce n'est
pas après examen du fonds du procès, car il n'y a
pas eu jugement absolutoire. Quand nous disons que
le jugement qui, mal à propos, décharge le débiteur,
a pour effet d'anéantir l'obligation naturelle, nous
nous fondons même sur le droit des gens, qui doit vouloir qu'il en soit ainsi.

Il n'en est pas de même de l'extinction de l'obligation résultant d'une procédure imparfaite, les diverses nations n'admettent pas notamment cette peine exorbitante de la plus pétition. Dans ce cas, le mérite de la demande n'est pas même débattu; par conséquent, la sentence n'est pas rendue en connaissance de cause.

Les auteurs dont nous venons de combattre la doctrine sont un peu embarrassés quand ils examinent si l'obligation naturelle, subsistant malgré la sentence, amène la compensation; ils sont aussi forcés de recourir à un procédé ingénieux (1). Ils disent que la compensation est opposable, puisqu'elle constitue l'un des avantages de l'obligation naturelle; mais ils ajoutent que lorsque l'on voudra en faire usage pour éteindre en tout ou en partie une autre dette qui sera civile, alors celui qui aura été absous opposera la réplique déduite de la chose jugée.

Nous ne pouvons accepter ce raisonnement. Si l'on reconnaît que, nonobstant la sentence, il existe une obligation naturelle, l'on doit lui attribuer tous les effets de l'obligation naturelle. On adopte le principe de la compensation et on en arrête l'exécution au moyen de la réplique de la chose jugée; mais cette réplique elle-même n'est que de droit civil, d'après la théorie de nos adversaires, et dès-lors il serait surprenant qu'elle détruisît une obligation naturelle.

Au surplus, si l'on adhère à notre système (2) con-

---

(1) M. de Savigny, t. ix, p. 81.
(2) Voir p. 65.

cernant la compensation, l'on n'aura pas à en redouter les effets, puisque nous la réduisons à un droit de rétention.

SECTION X.

La prestation du serment porte-t-elle atteinte à l'obligation naturelle ?

SOMMAIRE.

1. Le serment est déféré par la partie ou par le juge.

2. Le serment déféré par la partie fait disparaître l'obligation naturelle.
   Il a plus de force que le jugement.

3. Ce serment ne permet pas d'exciper de l'obligation morale, ou de conscience.

4. Le serment déféré par le juge empêche l'obligation naturelle de se produire.

5. Il est permis de prouver la fausseté de ce serment.

1. Nous distinguerons deux sortes de serments : l'un déféré par la partie, l'autre déféré par le juge.

2. Le serment peut être déféré par la partie, soit judiciairement, soit extra-judiciairement.

Il a plus d'énergie que le jugement, et, à plus forte raison, il fait disparaître l'obligation naturelle : « Jusjurandum speciem transactionis continet ; majorem que habet auctoritatem, quam res judicata. » (L. 2, DIG., de *Jurejurando.*)

L'autorité du serment est plus grande que celle du jugement : « Jurejurando dato, vel remisso, reus quidem adquirit exceptionem sibi, aliisque, actor vero actionem adquirit, in qua hoc solum quæritur, an juraverit, dari sibi oportere. » (L. 9, § 1, Dig., de Jurejurando.) « Quod si, deferente me, juraveris, et absolutus sis; postea perjurium fuerit adprobatum; Labeo ait, de dolo actionem in eum dandam; Pomponius autem per jusjurandum transactum videri quam sententiam et Marcellus, libro viii, Digestorum, probat; stari enim religioni debet. — Nam sufficit perjurii pœna. » (L. 21, l. 22, Dig., de Dolo malo.)

La portée du serment est plus grande que celle du jugement, car le jugement frappe ceux qui n'ont pas consenti à le subir; au lieu que le serment est le résultat de la volonté des parties.

Le parjure n'est pas un motif pour affaiblir la puissance du serment. C'est en vain que l'on alléguerait que le dol ne doit point nuire à celui qui réclame, car il n'y a point dol dans le fait nuisible auquel on a donné par avance son adhésion.

3. Non-seulement ce serment supprime toute obligation naturelle, mais encore il empêche qu'il existe, aux yeux de la loi, une obligation morale (1); c'est pour-

(1) Nous n'approuvons pas l'explication donnée par M. de Savigny, tom. vii, p. 71. Ce jurisconsulte estime que la loi 2, Dig., de Jurejur., veut dire que le serment détruit l'obligation naturelle, tandis qu'il en est autrement de la

quoi, si le paiement est intervenu, la répétition sera accordée; car le serment est un acte de conscience, et en le déférant, l'on a promis de reconnaître sa vérité s'il était prêté; par conséquent, l'on ne peut prétexter ensuite qu'il existe un devoir de conscience. — De là il suit que si la personne qui a fait le serment venait à payer avec la conviction que, d'après la loi, elle était obligée, la répétition lui serait accordée (1); et cependendant s'il y avait obligation morale, la répétition serait déniée nonobstant cette erreur de droit (2).

4. Quand le serment a été déféré seulement par le juge, il emporte aussi l'obligation naturelle, il n'y a pas transaction des parties, mais il existe un jugement. Or, nous croyons avoir établi que l'autorité de la chose jugée faisait cesser toute obligation naturelle : «... Solent enim sœpe judices in dubris causis, exacto jurejurando, secundum eum judicare, qui juraverit. » (L. 31, Dig., de Jurejurando.)

5. Comme la partie adverse n'a pas elle-même déféré le serment, elle n'est liée par aucune espèce de transaction, et, par conséquent, elle est recevable à établir la fausseté du serment; si elle fait cette preuve,

sentence. Nous croyons avoir établi, p. 105, que l'autorité de la chose jugée efface l'obligation naturelle.

(1) Voir nos observations, p. 40.

(2) Voir p. 33.

l'obligation renaît telle qu'elle était antérieurement, naturelle ou civile. « Admonendi sumus interdum etiam post jusjurandum exactum permitti constitutionibus principum, integro causam agere.... sed hæ constitutiones tunc videntur locum habere, cum a judice aliquis absolutus fuerit..... » (L. 31, DIG., *de Jurejurando.*)

SECTION XI.

De la capitis deminutio.

SOMMAIRE.

1. Celui qui encourt la *maxima* et *media capitis deminutio*, cesse d'être obligé naturellement.

2. La *minima capitis deminutio* laisse subsister l'obligation naturelle.

1. Par la *maxima* et *media capitis deminutio*, le citoyen romain perd sa personnalité extérieure ; par là, on lui enlève les moyens sur lesquels il avait compté pour satisfaire à ses engagements qui, dès-lors, cessent de le concerner et doivent peser seulement sur les personnes qui sont substituées à sa place : « Si debitori deportatio irrogata est, non posse pro eo fidejussorem accipi, scribit Julianus ; quasi tota obligatio contra eum extincta sit. » (L. 47, DIG., *de Fidejussoribus.*) (1)

(1) Ce texte démontre, de plus fort, ce que nous avons avancé page 4, que l'obligation naturelle ne découle pas du droit naturel, mais bien du droit social ou des gens, tel que l'envisage un certain peuple déterminé.

De ce qu'un fidéjusseur ne peut accéder à cette obligation, cela prouve qu'elle n'est pas même réputée naturelle. La loi 19, Dig., *de Duobus reis*, ne contrarie pas cette solution : « Cum duo eamdem pecuniam debent, si unus capitis deminutione exemptus est obligatione, alter non liberatur ; multum enim interest, utrum res ipsa solvatur, an persona liberetur. Cum persona liberatur, manente obligatione ; alter durat obligatus. Et ideo si aqua et igni interdictum est, alicujus fidejussor postea ab eo datus tenetur. » Ce texte signifie que la *maxima* et la *media capitis deminutio* déchargent la personne sans éteindre la dette ; c'est là un effet analogue à celui de la confusion ; il dispose encore que deux corrées existant, l'un encourant la *media capitis deminutio*, un fidéjusseur peut ensuite être donné ; nous le comprenons parfaitement ; la dette n'est pas éteinte, puisqu'il reste un corrée. Dès-lors il ne faut pas être surpris que la fidéjussion soit possible.

Cette décision, renfermée dans la loi 47, Dig., *de Fidejussoribus*, met de nouveau en relief la différence qui existe entre l'obligation naturelle et l'obligation morale. Quoiqu'un individu ait subi la *maxima* ou *media capitis deminutio*, il n'est pas moins tenu en conscience d'acquitter ses dettes, alors que les biens qu'il a délaissés sont insuffisants.

2. La *minima capitis deminutio* n'opère pas un changement aussi radical dans la personne. Elle est l'œuvre de la volonté plus ou moins réelle de celui qui la subit ;

on comprend dès-lors que les conséquences du changement d'état aient été tempérées par l'équité ; le droit civil a pu mettre fin à l'action personnelle, mais non pas aux cautionnements qui étaient intervenus. Ces garanties se soutiennent par la continuation de l'obligation naturelle (1) : « Hi, qui capite minuuntur, ex his causis, quæ capitis deminutionem præcesserunt manent obligati naturaliter. » (L. 2, § 2, Dig., de Capite minutis.)

Nous rencontrons ici une nouvelle application du principe d'après lequel le rigorisme du droit, qui emporte l'obligation civile, laisse néanmoins l'obligation naturelle.

Il est essentiel de noter que le droit civil prononçait la cessation des dettes et non pas celle des créances. L'émancipation laissait les créances sur la tête de l'émancipateur, et l'adrogation les transférait à l'adrogateur (2).

_____

(1) Le droit prétorien était allé plus loin : il accordait, dans ce cas, la restitution en entier. (L. 2, § 1, Dig., de Capite minutis.)

(2) M. Pellat, *Textes sur la Dot*, p. 50.

SECTION XII.

Celui qui fait cession de biens continue-t-il à être obligé civilement, ou ne l'est-il que naturellement?

SOMMAIRE.

1. Par la cession de biens, on ne cesse pas d'être obligé civilement, mais le montant de la condamnation ne dépasse pas la valeur des biens du débiteur.

1. Le débiteur de bonne foi qui, pour échapper aux poursuites de ses créanciers, a fait cession de biens, se protège par l'exception *nisi bonis cesserit;* c'est là un avantage qui ne profite pas aux cautions, qui ont été choisies précisément pour garantir le créancier contre l'insolvabilité du débiteur ; par conséquent, celui qui a recours à l'expédient de la cession de biens, ne cesse pas d'être obligé ; mais sera-ce dans l'ordre civil ou dans l'ordre naturel ?

Il nous paraît certain que l'obligation conserve la qualification qu'elle avait antérieurement ; aussi les lois 4 et 7, Dig., *de Cessione bonorum,* permettent au créancier de poursuivre son débiteur qui a fait cession, alors qu'il acquiert de nouveaux biens. Il fallait qu'il en fût ainsi, parce que l'institution de la cession de biens n'avait pour but que de préserver le débiteur de la contrainte personnelle et des conséquences de l'infamie (1. 11, Codice, *Ex quibus causis infamia irrogatur*).

C'est pourquoi l'obligation demeure civile, mais la condamnation ne dépasse pas la limite des biens dont peut disposer le débiteur. C'est ainsi que l'esclave qui reçoit un pécule oblige son maître, en vertu du mandat qu'il est censé avoir reçu de ce dernier; cependant la condamnation est restreinte aux bornes du pécule. Néanmoins, l'obligation civile subsiste pour le surplus.

CHAPITRE IV.

Des espèces dans lesquelles se rencontre une obligation naturelle.

En exposant les principes généraux, nous avons indiqué un certain nombre de cas particuliers ; mais il en est plusieurs que nous avons dû réserver, parce qu'ils nécessitaient des détails qui auraient dérangé notre travail d'ensemble.

SECTION PREMIÈRE.

Le pupille qui traite sans l'autorisation de son tuteur, s'oblige-t-il naturellement ?

Cette question est l'une des plus épineuses que présente cette matière. Elle a suscité une vive controverse parmi les jurisconsultes anciens et modernes ; ils ne se sont pas bornés à embrasser l'affirmative ou la négative, ils ont eu encore recours à une foule de distinctions ; car il faut observer que la difficulté consiste non pas à soutenir une opinion nettement formulée, mais à concilier les textes qui semblent se contredire.

Dans un premier paragraphe, nous passerons en revue les divers systèmes qui ont été proposés ; dans un second paragraphe, nous tâcherons de justifier celui que nous adoptons.

D'abord, il faut indiquer les limites dans lesquelles doivent se renfermer nos investigations. Nous aurons à peser la valeur d'un engagement qui se forme par la volonté. Dans l'hypothèse où il se forme *re ipsa*, c'est-à-dire indépendamment du désir de contracter que peut avoir le sujet, l'on ne saurait disconvenir que le pupille ne soit obligé ; ainsi, le pupille copropriétaire d'un objet avec une autre personne qui fait des impenses, sera tenu de supporter sa part (l. 46, Dig., *de Obligationibus et Act.*) De même le pupille s'oblige, par la nature de l'affaire, lorsque le tuteur fait des dépenses pour le compte de celui dont la personne lui est confiée (l. 1, Dig., *de Contraria tutelæ*).

L'on se tromperait si l'on croyait que le pupille subit toutes les obligations résultant *quasi ex contractu ;* il est soumis à celles dérivant de la communauté ou de la tutelle, parce que son intérêt même le commande.

Notre intention n'est pas non plus de raisonner dans l'hypothèse où le pupille a commis un délit, alors on se contente de voir s'il est *doli capax* (Inst. Just., § 18, tit. *de Obligationibus quæ ex delicto*).

§ 1er.

Des divers systèmes concernant l'obligation du pupille.

SOMMAIRE.

1. La thèse d'après laquelle le pupille ne s'oblige pas naturellement quand il traite seul, ne doit pas être admise.

2. Il ne paraît pas exact de dire que l'obligation de ce pupille est seulement morale et non pas naturelle.

3. Les glossateurs n'ont nullement résolu la difficulté en distinguant le cas où le pupille est *infans, infantiæ proximus*, et le cas où il est *pubertati proximus*.

4. L'opinion d'après laquelle ce n'est que lorsqu'il devient plus riche que le pupille s'oblige naturellement, ne semble pas devoir être acceptée.

5. En scindant les effets de l'obligation naturelle, en les admettant d'une manière générale à l'égard des tiers et non pas à l'égard du pupille, l'on propose une doctrine qui n'est pas exacte.

6. Il n'est pas non plus juridique d'admettre que le pupille ne s'oblige sous aucun rapport, et que son engagement ne produit d'effet que tout autant qu'il intervient des fidéjusseurs et par rapport à ces fidéjusseurs.

7. Réfutation du sentiment de ceux qui soutiennent que le pupille s'obligerait naturellement et aurait le moyen extraordinaire de la restitution en entier pour sauvegarder ses intérêts.

1. On a contesté que le pupille pût s'obliger naturellement ; cette assertion s'appuie principalement sur les deux textes suivants : « Quod pupillus sine tutoris auctoritate stipulanti promiserit, solverit, repetitio est ; quia nec natura debet. » (L. 41, Dig., *de Condictione indebiti*.) — « Pupillus mutuam pecuniam accipiendo, ne quidem jure naturali obligatur. » (L. 59, Dig., *de Obligationibus et Act.*)

Le premier de ces textes ne saurait être pris en considération; il déclare, en effet, que le pupille aliénant sans l'autorisation de son tuteur peut répéter, car il est frappé d'une incapacité absolue par rapport aux aliénations qu'il consent.

Cependant la loi ne pouvait entrer dans tous les détails, examiner si, dans le cas d'échange, par exemple, l'objet reçu était préférable à celui qui avait été donné ; c'est pourquoi elle statue d'une manière générale, et réprouve entièrement tout acte emportant aliénation.

De là il suit que le pupille n'aurait pas le pouvoir d'aliéner ses écus ; s'il achetait, et s'il comptait l'argent, il en conserverait la propriété, il ne lui était point permis de la transférer.

Il est vrai que dans la loi 41 précitée, le jurisconsulte, en permettant la répétition au pupille, donne ce motif: *quia nec natura debet*. Mais l'on considérera que l'espèce qu'il avait à traiter se référait à la validité de l'aliénation, et non pas à l'existence de l'obligation naturelle ; par conséquent ce qu'il dit de l'obligation naturelle n'a pas dû frapper principalement son attention.

Si ayant à se prononcer sur l'efficacité d'une fidéjussion, accédant à la promesse du pupille non autorisé, l'auteur de cette loi avait décidé que le pupille ne doit pas naturellement, ce motif ferait plus d'impression, parce qu'il se rattacherait à la question de l'obligation naturelle, qui était principalement et nécessairement débattue.

Le second fragment appartient à Ruffinus, qui a vécu après Antonin, à une époque où il était de jurisprudence que l'obligation civile existait quand le pupille était devenu plus riche. Quoique cet extrait porte sommairement que le pupille, en recevant une somme à titre de *mutuum*, n'est pas obligé par le droit naturel, l'on doit nécessairement supposer que la somme a été dissipée; alors on comprend parfaitement qu'il n'est pas obligé en vertu d'un *mutuum*, c'est-à-dire qu'il n'est pas obligé de restituer, car le *mutuum* expose l'emprunteur à une action. Le jurisconsulte, en exprimant que le pupille *non obligatur jure naturali*, fait allusion à l'action découlant du droit naturel ou des gens, car la loi civile a laissé à ce contrat toute son étendue et son efficacité. C'est ce que nous apprend Justinien dans ses Institutes, § 2, *de Jure naturali*, etc : « ..... Ex hoc jure gentium omnes pene contractus introducti sunt, ut emptio venditio, locatio conductio, societas, depositum mutuum..... » C'est en ce sens que Gaïus déclare que : numeratio autem pecunia jure naturali facit obligationem,.... quod genus obligationis juris gentium est. (COMM. III, §§ 131 et 132.) — Ainsi l'on aurait tort de conclure de là que le pupille n'est pas tenu naturellement (1), c'est-à-dire n'a pas contracté

(1) En nous occupant du § 4 de la loi 16, DIG., *de Fidejussoribus*, nous avons soutenu, page 37, que le jurisconsulte, en parlant des obligations naturelles qui produisent quelquefois une action, n'a pas entendu faire allusion aux contrats

l'obligation imparfaite que l'on nomme naturelle (1).

L'on insiste en puisant un nouvel argument dans le § 189, Comm. 1 de Gaius : « Sed impuberes quidem in tutela esse omnium civitatum jure contingit ; quia id naturali rationi conveniens est, ut qui perfectæ ætatis non sit, alterius tutela regatur.... » Nous ne disconvenons pas que l'intelligence du pupille ne laisse à désirer ; mais cela n'empêche pas qu'alors surtout qu'il approche de la puberté, il ne puisse contracter un engagement qui aura une certaine valeur, quoiqu'il ne revète pas la perfection qu'il aurait obtenue de l'assistance du tuteur. En un mot, Gaius ne décide pas que les actes émanés du pupille seul soient toujours radicalement nuls.

du droit des gens, que la loi civile accepte avec leur action même.

(1) M. Schultze, *de Naturali obligatione pupillorum*, page 46, donne une autre explication. Il estime que Rufinus a déclaré que le pupille qui reçoit de l'argent prêté ne s'oblige point, parce qu'il serait tenu de rendre ensuite, et qu'il ne peut pas aliéner sans l'autorisation de son tuteur. D'après nous, il ne faut pas se référer au cas où le pupille voudrait payer. Si ce paiement était effectué avec l'autorisation du tuteur, assurément il ne pourrait pas réclamer postérieurement ; ce qui prouve qu'il est obligé naturellement. Cette obligation constitue une créance par rapport à celui qui a fourni les fonds, elle pourrait être novée. Le pupille est donc lié par une obligation naturelle ; au lieu que si l'on se préoccupe de l'aliénation qui est interdite au pupille, l'on reconnaît que celui-ci n'est pas retenu même par les liens d'une obligation naturelle.

Ce système présente peu de chances de succès, il a l'inconvénient d'aller à l'encontre d'une foule de textes que nous citerons plus tard, et qui proclament l'obligation naturelle du pupille. Ce n'est pas le moment de les énumérer, puisque, avant de mettre en relief la théorie qui a notre adhésion, nous devons nous attacher à combattre les théories opposées.

2. Pour faire concorder les textes qui sont embarrassants, quelques docteurs (1) ont pensé qu'il fallait avoir le soin de distinguer les obligations naturelles des obligations morales ou de convenance. La locution, obligation naturelle, indiquerait ces deux sortes d'obligations ; et, par rapport à l'engagement du pupille, le terme obligation naturelle, ne rappellerait que l'idée d'une obligation morale.

Il est aisé de se convaincre que l'obligation que contracte le pupille rentre dans la catégorie de celles qui sont véritablement naturelles ; aussi est-elle susceptible de fidéjussion (l. 42, DIG., de Jurejur.) Comment expliquer en outre que l'obligation du pupille qui ne serait que morale aurait la force de nover ? (INST. JUST., § 3, Quibus modis obligatio tollitur.)

3. Certains glossateurs (2) ont imaginé une autre distinction qui ne nous paraît pas plus exacte ; elle tend à diviser en deux périodes l'âge du pupille. Est-il in-

(1) M. Vidal, Revue étrangère, tom. IV, p. 325.
(2) Ad legem 1, DIG., de Novationibus.

fans ou *infantiæ proximus?* il ne s'oblige pas naturellement. — Est-il *pubertati proximus ?* il est tenu naturellement.

Comment supposer que les jurisconsultes romains, hommes d'expérience et de pratique, se soient préoccupés d'espèces entièrement factices, qu'ils aient disserté sur ce qui était purement chimérique ? Comment croire qu'ils aient admis que *l'infans* qui est entièrement dépourvu d'intelligence, figure dans un contrat, et qu'il se trouve des personnes qui traitent sérieusement avec lui ?

Quant à l'*infantiæ proximus,* les jurisconsultes ne le distinguaient pas de celui qui était *infans ;* son incapacité était la même, puisqu'il touchait à cet âge où il était sans discernement.

Avec le temps, une *benigna interpretatio* a permis de séparer l'*infans* de l'*infantiæ proximus,* quoique l'intelligence se trouvât défectueuse dans l'un et l'autre (INST. JUST., § 10, *de Inutilibus stipulationibus*). Cette *benigna interpretatio* a été introduite *propter utilitatem eorum ;* elle se référait surtout aux cas où les pupilles *infantiæ proximi* stipulaient ; par conséquent, on leur reconnaissait une certaine aptitude, et l'on était dès-lors forcé d'accepter leurs promesses comme des obligations naturelles. D'ailleurs, s'ils étaient parties dans une convention produisant des obligations réciproques, et qui, en somme, leur était avantageuse, il fallait bien maintenir l'obligation naturelle par rapport à eux, si l'on voulait qu'ils profitassent de l'obligation civile qui leur avait été consentie. De là il suit que les jurisconsultes qui ont nié que le pupille s'obligeât naturellement, ne se référaient pas même à l'hypothèse où il était *infantiæ proximus*, puisque ce pupille devait être considéré comme l'*infans* lui-même ; et si ces jurisconsultes avaient voulu prendre en considération la *benigna interpretatio*, ils auraient admis l'obligation naturelle.

4. Nous arrivons au sentiment d'après lequel le pupille ne s'oblige naturellement que lorsqu'il devient plus riche. Bien des savants (1) se sont prononcés de la sorte ; ils s'étayent sur des textes qui, sans être péremptoires, ne laissent pas que d'avoir une certaine portée. Nous allons les apprécier.

« Si quis pupillo solverit sine tutoris auctoritate id, quod debuit, exque ea solutione locupletior factus sit pupillus ; rectissime dicitur, exceptionem petentibus nocere. Nam et si mutuam acceperit pecuniam, vel ex quo alio contractu locupletior factus sit ; dandam esse exceptionem..... » (L. 4, § 4, Dig., *de Doli mali* et *Metus exceptione.*)

Dans la première partie de ce fragment l'on voit qu'un paiement étant fait au pupille non autorisé, ce dernier pourra réclamer de nouveau s'il n'est pas devenu plus riche, car le paiement reçu implique une alié-

_____

(1) Cujas, t. i, p. 1246 ; t. viii, p. 391, édit. de Naples. — M. Puchta, *Pandectes*, § 237.

nation de la créance ; par conséquent, il n'opérera point libération, à moins que le pupille ne se trouve plus riche :
« Itaque si debitor pecuniam pupillo solvat, facit quidem pecuniam pupilli, sed ipse non liberatur, quia nullam obligationem pupillus sine tutoris auctoritate dissolvere potest, quia nullius rei alienatio ei sine tutoris auctoritate concessa est ; sed tamen si ex ea pecunia locupletior factus est, et adhuc petat, per exceptionem doli mali summoveri potest. — Gaius, Comm. II, §84. — Inst. Just., § 4, tit. *Quibus alienare licet vel non.*

La seconde partie de la loi que nous analysons, énonce que si le pupille a reçu le montant d'un prêt, ou s'il est enrichi par suite d'un autre contrat, il sera en butte à l'exception de dol. — On peut dire que cette seconde partie du fragment offre le même sens que la première. Il s'agit dans l'une et l'autre de l'aliénation que fait le pupille : en recevant ce qui lui est dû, il aliène sa créance ; et ces termes, *si mutuam acceperit pecuniam,* signifient que le pupille a reçu la somme dont il était créancier en vertu d'un *mutuum.* Ces autres expressions, *vel ex alio contractu locupletior factus sit,* se réfèrent au cas où le pupille a substitué à un contrat primitif un autre contrat qui lui a procuré quelque émolument ; s'il veut agir en vertu du premier, l'exception de dol l'arrêtera. — Puisque une exception est donnée contre le pupille, il faut reconnaître qu'il agit en vertu d'un titre antérieur, sans tenir compte de celui qui a été formé après coup ; le pupille ayant profité de celui-ci, sera repoussé par l'exception de dol.

9

Toutefois, nous croyons que l'explication suivante doit être préférée. — L'on reconnaîtra que si le pupille, en empruntant ou en participant à un autre contrat, devient plus riche, *dandam esse exceptionem ;* c'est-à-dire que s'il est poursuivi et s'il oppose qu'il n'est pas tenu parce qu'il a traité sans l'autorisation de son tuteur, on lui répondra, par *une réplique,* qu'il est devenu plus riche ; de sorte que *l'exception* mentionnée dans le texte n'est qu'une réplique. Tout le monde sait que la *réplique* est comprise dans le terme *exception.*

D'après cette interprétation, le pupille est condamné à payer, quand il est devenu plus riche ; mais cela ne prouve pas qu'il ne soit pas tenu naturellement s'il ne s'est pas enrichi.

Le second texte, par lequel on donne de la consistance à l'opinion d'après laquelle le pupille ne s'oblige naturellement que lorsqu'il devient plus riche, s'exprime de la sorte : « Item quod pupillus sine tutoris auctoritate mutuum accepit, et locupletior factus est, si pubes factus solvat, non repetit. » (L. 13, § 1, Dig., de Condictione indebiti.)

De ce que le pupille qui a reçu une somme qui lui profite ne peut répéter, s'il paie après qu'il est arrivé à l'âge de puberté, il ne s'ensuit nullement qu'il ait la faculté de répéter s'il ne s'est pas enrichi. Voici le motif pour lequel le jurisconsulte a énoncé l'enrichissement, il traitait de la nature de la condiction qui est fondée sur l'équité : Toutes les fois qu'une personne s'enrichit injustement aux dépens d'une autre, il y a lieu à condiction; c'est ce que nous apprend la loi qui vient immédiatement après celle qui est l'objet de notre examen : « Nam hoc natura æquum est, neminem cum alterius detrimento fieri locupletiorem. » Il était donc nécessaire qu'un cas d'enrichissement fût imaginé dans une question qui devait être résolue d'après les principes de la condiction.

Au surplus, la loi 42, DIG., *de Jurejurando*, montre que l'engagement du pupille a la valeur d'une obligation naturelle, alors même qu'il ne s'est pas enrichi : « ..... Sin vero creditor quidem se mutuam dedisse contendebat, pupillus autem hoc solo defendebatur, quod tutor ejus non intervenisset, et hoc tale jusjurandum interpositum est; hoc casu fidejussore.. praetor non tuebitur. »

Il faut nécessairement supposer, dans ce texte, que le pupille ne s'est pas enrichi; car, en profitant du prêt, il aurait été exposé à une condamnation, la condiction aurait été dirigée contre lui avec succès. Le fidéjusseur est néanmoins recherché parce que le pupille a contracté une obligation naturelle.

5. Dans ces derniers temps, on paraît généralement apprécier l'obligation du pupille de la manière suivante (1): Le pupille qui traite sans l'autorisation de

(1) Glück, t. IV, p. 64. — M. Molitor, *Traité des Obligations*, t. I, n° 23.—M. Ducaurroi, t. II, p. 257, édit de 1841. — Doneau avait émis cet avis, t. II, p. 1547, édit. de Rome.

son tuteur n'a pas à redouter les conséquences de cet engagement s'il ne s'est pas enrichi; mais cet acte produira toujours des effets à l'égard de toutes personnes autres que lui, à l'égard des cautions, et de ceux qu'il libère en se mettant à leur place au moyen d'une expromission. — L'on ajoute même que cet acte sera opposable aux héritiers.

Nous ne saurions admettre cet ordre d'idées; nous ne comprenons pas qu'en accédant à une obligation l'on soit enchaîné quand il n'y a point un débiteur principal. Il est notamment de l'essence de la fidéjussion qu'elle ne s'étende pas au-delà de la dette principale; aussi plusieurs juristes romains enseignaient-ils que la fidéjussion, embrassant une somme plus forte que celle de la dette principale, n'était pas valable jusqu'à concurrence du chiffre contenu dans cette dernière. Cette décision se fondait sur ce motif que la fidéjussion n'existe et ne peut se concevoir que tout autant qu'elle forme un contrat accessoire.

Il nous paraît étonnant que les héritiers du pupille soient plus liés que le pupille lui-même, car ils n'empruntent leurs droits que de ce dernier; ils sont la continuation de sa personne.

Le mineur de vingt-cinq ans qui contracte et éprouve un préjudice, peut non-seulement demander lui-même le bénéfice de la restitution, mais il transmet encore ce droit à ses héritiers (l. 18, § 5, Dig., de *Minoribus viginti quinque annis*). Comment les héritiers du pupille qui a moins d'expérience ne seraient-ils pas

protégés aussi bien que lui-même, à l'égard d'un acte
qu'il a souscrit et qui ne peut qu'être préjudiciable?

6. Récemment un auteur (1) a écrit que l'obligation
du pupille n'était pas réputée naturelle et n'avait pas
d'effet, à moins qu'elle ne fût corroborée par des fidéjusseurs, auquel cas elle ne pouvait être opposée qu'à
ces derniers.

Cette manière de voir conduirait à penser que l'expromission du pupille, qui se mettrait au lieu et place
d'un débiteur avec l'intention de nover, serait dépourvue de toute efficacité (Insr. Just., § 3, *Quibus modis
obligatio tollitur*).

Si l'on se préoccupe de l'intérêt du pupille, pourquoi maintenir l'obligation naturelle à l'égard des fidéjusseurs, et la rejeter à l'égard de toutes autres personnes?

Cette thèse offre aussi cette anomalie que nous avons
signalée tout-à-l'heure, c'est que l'obligation accessoire
est conservée quand l'obligation principale est mé-
connue.

7. Puisqu'il existe une si grande divergence entre
les auteurs qui ont envisagé l'obligation naturelle du
pupille, on ne sera point surpris que l'on vienne
d'écrire (2) que les jurisconsultes romains eux-mêmes

(1) Brinzius, *Journal critique de Droit*, n° 3, p. 15.
(2) M. de Savigny, t. ix, p. 61.

n'étaient pas d'accord. L'on ajoute que Justinien s'est prononcé pour l'obligation naturelle du pupille, et que cette jurisprudence, compromettante pour les intérêts du pupille, aurait dû être repoussée.

Pour atténuer les résultats de cette obligation naturelle, notamment en ce qui concerne la compensation, l'on prévient que le pupille aura la faculté de recourir au bénéfice de la restitution en entier.

Que le mineur de vingt-cinq ans, qui n'est plus en tutelle, ait recours à la restitution en entier, il est facile de s'en rendre raison. Ayant la capacité pour s'obliger, s'il veut se dégager, il devra faire rescinder l'engagement; mais que celui qui est en tutelle, qui a moins d'expérience, et dont l'obligation, en supposant qu'elle existe, a moins de force que celle du mineur, soit dans la nécessité de se défendre de la même manière, cela répugne à concéder. — Nous comprenons que l'on ait étendu le bénéfice de la restitution en entier aux actes émanés du tuteur, alors que le recours contre ce dernier est insuffisant (l. 45, § 1, Dig., *de Minoribus*). Ces actes sont valables civilement, tandis que ceux émanés du pupille manquent de cette efficacité. La restitution en entier étant un moyen extraordinaire de corriger le rigorisme du droit civil et de le mettre d'accord avec l'équité, s'applique aux obligations civiles; mais elle ne saurait s'étendre aux obligations naturelles, qui ont leur source dans l'équité.

Au reste, le droit civil nous paraîtrait se contredire

si, d'une part, il exigeait l'autorisation du tuteur, et si, de l'autre, il accordait aux actes émanés du pupille seul des effets désastreux pour lui.

§ 2.

Opinion qui paraît devoir être adoptée relativement aux obligations émanées du pupille seul.

SOMMAIRE.

1. L'aliénation est interdite au pupille non autorisé.

2. Le pupille qui traite sans aliéner, contracte une obligation naturelle.

3. En s'obligeant naturellement, le pupille n'a pas à craindre les effets de la compensation proprement dite.

1. La réfutation que nous avons donnée successivement de divers systèmes, fait entrevoir la solution que nous allons présenter.

L'aliénation est interdite au pupille sans restriction, car elle est compromettante pour ses intérêts, ainsi que nous l'avons déjà fait observer (1); aussi ne s'oblige-t-il pas naturellement quand il dispose de la sorte (Inst. Just., § 2, *Quibus alienare licet*).

Nous ajouterons que l'aliénation, proprement dite, opère d'une manière absolue, *in rem*, elle ne se prête pas à toutes les appréciations auxquelles on peut soumettre une obligation qui est un lien relatif entre deux

(1) Page 123.

personnes; ce lien peut être plus ou moins fort, sanctionné par le droit des gens seul, ou le droit civil. Au contraire, l'aliénation est une; le fait qui l'a réalisée est tout ou rien, c'est-à-dire que dans la personne de l'incapable il est inefficace et n'opère que lorsqu'il échappe à toute critique. Ces idées sont mises en saillie quand la transmission de la propriété s'effectue; supposons, en effet, que celui auquel l'incapable aurait livré sa chose l'ait à son tour transmise à un autre; comment concevrait-on que ce tiers subit les exceptions qui lui sont étrangères? Ses droits à la propriété, il les exerce d'une manière absolue et indépendante, tandis que le cessionnaire d'une créance est dans une position toute différente, il n'argumente que des droits de son auteur, et, dès-lors, il est exposé à toutes les exceptions qui pourraient être opposées à ce dernier, dont il n'est que le *procurator in rem suam*.

Cette opinion sur la propriété est en opposition avec celle qui est consignée dans plusieurs ouvrages. L'on y établit un rapprochement entre l'obligation naturelle et le domaine bonitaire, que l'on regarde comme la propriété naturelle. Nous repoussons entièrement cette comparaison. Le droit de propriété ne peut être scindé de la sorte; celui qui est propriétaire a la faculté de jouir d'une manière exclusive; aussi nous ne pouvons admettre deux propriétés qui se contrebalancent : on est propriétaire ou on ne l'est pas. La distinction entre le domaine bonitaire et quiritaire n'existait pas d'abord à Rome (Gaius, Comm. ii, § 40). Elle fut proscrite avec raison par Justinien. Au reste, elle n'empêchait pas que celui qui était investi du domaine bonitaire ne fût, en définitive, propriétaire ; les produits de la chose lui appartenaient (Gaius, Comm. i, § 54).

2. En dehors de l'aliénation, nous estimons que le pupille traitant sans l'autorisation du tuteur contracte une obligation naturelle, même quand il ne s'enrichit pas (1). Les lois nous paraissent bien explicites sur ce point.

Nous invoquerons d'abord la loi 7, § 1, Dig., *de Rescindenda venditione*, et la loi 3, § 4, Dig., *de Negotiis gestis*. Nous avons déjà cité la première en dissertant sur le droit de rétention (2); puisque cette loi accorde cette ressource à celui qui traite avec le pupille non autorisé, cela prouve que l'obligation naturelle est nécessairement admise. La seconde loi est aussi péremptoire : « Pupillus sane, si negotia gesserit : post rescriptum divi Pii (3) conveniri potest in id, quod factus

_____

(1) M. Vangerow, tom. i, p. 448.

(2) Voir page 69.

(3) M. de Savigny pense qu'antérieurement à cet empereur, celui qui traitait avec le pupille, pouvait réclamer ce dont celui-ci était devenu plus riche, que la condiction était suffisante à cet effet, et que le rescrit précité n'a fait que confirmer un précepte légal.

Selon nous, ce rescrit était utile, il faisait cesser des doutes qui s'élevaient par rapport à la condiction. Des difficultés surgissaient, notamment quand un ouvrage avait été

est locupletior : agendo autem, compensationem ejus, quod gessit, patitur. »

L'obligation du pupille est ainsi reconnue, qu'il subisse soit l'action, soit l'exception : dans un cas, il est tenu civilement et jusqu'à concurrence de l'enrichissement; dans l'autre, il est tenu naturellement, mais jusqu'à concurrence de la dette.

Aussi apercevons-nous dans l'engagement qu'il souscrira le signe caractéristique de l'obligation naturelle ; en payant, alors qu'il n'est plus en tutelle, le pupille aura éteint une dette, ce n'est pas une donation qu'il aura effectuée : « Si quis servo pecuniam crediderit deinde is liber factus eam expromiserit ; non erit donatio, sed debiti solutio. Idem in pupillo qui sine tutoris auctoritate debuerit, dicendum est, si postea tutore auctore promittat. » (L. 19, § 4, Dig., de Donationibus).

La novation sert encore de démonstration par rapport à l'obligation naturelle ; or, nous lisons dans les Insti-

fait et avait amélioré un fonds; l'on se demandait si la condiction était applicable dans cette circonstance, parce que l'amélioration ne pouvait être détachée de l'immeuble pour en faire l'objet d'une restitution. Dans les derniers temps, il est vrai, on avait autorisé la condiction, même pour ce cas.

Le rescrit d'Antonin renferme cet autre avantage : il attribue l'action du contrat qui est indépendante de la condiction ; ainsi, le pupille achetant et devenant plus riche parce qu'il a reçu la chose, le vendeur pourra intenter l'action de la vente, qui est de bonne foi.

tutes de Justinien, que l'obligation du pupille non autorisé suffit pour créer la novation.

3. Nous avons combattu par avance l'objection qui
consiste à dire que l'obligation naturelle compromettrait
les intérêts du pupille, puisqu'elle occasionnerait la
compensation (1).

Nous avons soutenu en effet que, par rapport aux
obligations naturelles, elle n'avait lieu que *ex pari
causa*, et qu'elle se confondait avec le droit de rétention ; par conséquent la fortune du pupille ne courra
point de risque, et l'on obviera d'une manière certaine
à tout inconvénient (2). Il faut remarquer que dans la
loi 3, § 4, Dig., *de Negotiis gestis*, que nous venons de
transcrire, la compensation opposée au pupille concerne la même affaire, la gestion d'affaire qui comprend, il est vrai, plusieurs opérations, mais qui ne
forme qu'un engagement unique : *agendo compensationem ejus quod gessit patitur.*

Nous avons tâché de constater que le pupille ne pouvait effectuer aucune aliénation sans l'autorisation de
son tuteur, que, par conséquent, il ne pouvait aliéner
sa créance en recevant un paiement. Si l'on accueillait

(1) MM. Vangerow et Schultze, p. 48, admettent l'obligation naturelle du pupille ; mais ils ne réfutent pas l'argument tiré de la compensation. Ce dernier même, en éta-
blissant l'obligation naturelle du pupille, mentionne la
compensation avec les effets qu'elle entraîne en général.

(2) Voir p. 65.

la compensation *ex dispari causa* par rapport à l'obligation qu'il aura consentie, voici l'inconvénient dans lequel on tomberait : Le pupille est créancier, il ne lui est point permis d'aliéner sa créance, mais il aura recours à un moyen détourné : il s'obligera envers son débiteur sans y être autorisé, et il provoquera une compensation.

SECTION II.

Dérive-t-il une obligation naturelle de l'engagement pris par le pupille vis-à-vis de son tuteur ?

SOMMAIRE.

1. Le tuteur ne peut fournir l'*auctoritas* dans sa propre cause.

2. Cela n'empêche pas que le pupille s'obligeant envers son tuteur ne soit tenu naturellement.

1. Il est de principe que la même personne ne peut jouer en même temps le rôle de créancier et de débiteur. Si le tuteur agit seul, prétendant représenter le pupille, il ne lui est pas possible, au nom de ce même pupille, de se reconnaître débiteur envers lui-même. Mais la question est toute différente quand le tuteur traite avec le pupille.

2. Sans doute le tuteur ne peut fournir l'*auctoritas* dans un acte qui l'intéresse; toutefois, la loi 1, Dig., *de Auctoritate et consensu tutorum,* nous apprend que c'est là

une règle de droit civil qui ne doit pas avoir la force d'empêcher l'obligation naturelle d'apparaître.

Nous avons décidé que le pupille traitant seul avec un tiers s'obligeait naturellement, parce qu'il n'est pas dépourvu de toute intelligence, et que l'on ne doit pas croire facilement que son inexpérience ait été mise à contribution.

Ces deux idées acceptées, nous sommes portés à déclarer que la convention intervenue avec le tuteur n'est pas frappée d'une réprobation entière. Si le pupille prétend qu'elle lui est avantageuse, ne serait-il pas étrange de répondre qu'elle se trouve radicalement nulle?

Cette doctrine nous semble implicitement confirmée par la loi 5, DIG., de *Auctoritate et consensu tut.* : « Pupillus obligari tutori eo auctore non potest....... Sed et cum solus sit tutor mutuam pecuniam pupillo dederit, vel ab eo stipuletur, non erit obligatus tutori : naturaliter tamen obligabitur, in quantum locupletior factus est; nam in pupillum non tantum tutori, verum cuivis actionem, in quantum locupletior factus est dandam, divus Pius rescripsit. » — Il est vrai que ce texte mentionne l'obligation naturelle pour le cas d'enrichissement ; mais l'on considérera que, puisque l'obligation naturelle est proclamée même avec cette restriction, cela démontre que le pupille n'est pas absolument incapable de contracter une obligation naturelle à l'égard de son tuteur. — En envisageant l'obligation du pupille à l'égard d'un tiers, nous avons fait remarquer

que le pupille était tenu naturellement, même quand
il ne devenait pas plus riche ; nous pensons qu'il doit
en être de même quand le pupille traite avec son tuteur, et qu'il ne s'est pas enrichi. Si, dans le fragment
que nous venons de transcrire, le jurisconsulte s'occupe
de l'enrichissement, c'est qu'il a voulu prévoir l'hypothèse où, d'après le rescrit d'Adrien, une action
fortifie l'obligation naturelle et lui donne une vie nouvelle (1).

SECTION III.

Quand le mineur de vingt-cinq ans se fait restituer, son obligation reste-t-elle naturelle ?

SOMMAIRE.

1. Le mineur de vingt-cinq ans, pourvu d'un curateur, ne
   peut seul consentir aucune aliénation.

2. L'obligation que consentirait ce mineur sans l'assentiment du curateur vaudrait, d'après le droit civil, sauf
   le bénéfice de la restitution.

   Mais l'obligation subsiste comme naturelle, nonobstant la restitution.

3. Si le mineur n'a pas de curateur, l'aliénation et l'obligation en général qu'il consent sont valides civilement,

(1) La glose sur la loi 189, Dig., *de Diversis regulis
juris antiqui*, décide, au contraire, que l'engagement du
pupille envers son tuteur n'a pas la consistance d'une obligation naturelle.

sauf le recours à la restitution en entier. Quoiqu'il obtienne la restitution, il sera obligé naturellement.

1. Si le mineur de vingt-cinq ans est pourvu d'un curateur, il ne peut faire seul une aliénation.

En agissant de la sorte, il n'est pas tenu naturellement. La loi 3, CODICE, *de in integrum restitutione*, ne contrarie nullement cette décision : « Si curatorem habens minor quinque et viginti annis post pupillarem ætatem res vendidisti, hunc contractum servari non oportet; cum non assimilis ei habeatur minor curatorem habens, cui a prætore curatore dato, bonis interdictum est. »

L'on a prétendu que dans ce texte il s'agit d'un contrat souscrit par le mineur, et que, par conséquent, ce n'est pas seulement l'aliénation qui se trouve entièrement inhibée, mais encore toute obligation émanée du mineur.

Nous croyons que l'aliénation seule est frappée de réprobation. Le contrat de vente est mentionné pour désigner l'aliénation. D'un autre côté, la loi 101, DIG., *de Verborum obligationibus*, semble trancher toute difficulté : « Puberes sine curatoribus suis possunt ex stipulatu obligari. » — Ainsi, le simple engagement pris par le mineur, sans l'intervention du curateur, est de nature à le lier; il en est différemment par rapport à l'acte d'aliénation (1).

(1) Cette doctrine, conforme à celle de M. Vangerow, *Pand.*, t. i, p. 454, est combattue par un grand nombre de

2. Quand nous avons examiné si le pupille qui traite seul s'oblige naturellement, nous croyons avoir démontré qu'il ne faut pas mettre sur la même ligne l'aliénation et l'engagement proprement dit ; nous employons à présent la même distinction.

L'aliénation consentie par le mineur de vingt-cinq ans, sans le consentement du curateur, nous paraît dénuée de toute efficacité, et ne donnant pas naissance à une obligation naturelle.

jurisconsultes, notamment Muhlenbrüch, *Doctrina Pandectarum*, § 391 ; — M. Ducaurroi, t. i, p. 193 ;—Vinnius, liv. iii, tit. 20, § 9. — Doneau, t. xi, p. 1414.

Godefroi est embarrassé par la loi 101, que nous avons citée. Aussi croit-il devoir corriger le mot *obligari*, et il lit *obligare*. Cette interpolation amènerait une idée qu'il était tout-à-fait inutile d'exprimer, à savoir : que le pubère qui a un curateur n'a pas besoin de son concours pour obliger les autres. Nous avons déjà annoncé, page 96, qu'il fallait être très sobre de ces remaniements à faire, et c'est à l'occasion d'une correction proposée par Doneau, jurisconsulte d'ailleurs éminent, que nous nous sommes exprimé de la sorte. — Vinnius interprète le texte de façon que l'obligation souscrite d'abord par le mineur seul, a été ensuite confirmée par le curateur ; mais cette explication est tout-à-fait divinatoire, elle ne repose sur aucun terme employé dans le fragment. Au reste, si l'on assimile l'obligation à l'aliénation, la loi 3 précitée, Codice, *de in integrum*, déclarant que l'aliénation n'a pas plus d'efficacité que si elle émanait de celui auquel l'administration a été interdite, il en résulte que ni l'aliénation ni l'obligation ne peuvent être ratifiées.

L'obligation souscrite par le mineur de vingt-cinq ans, non assisté de son curateur, a pour elle la sanction civile, sauf le recours extraordinaire de la restitution en entier.

Quand même le mineur a obtenu le bénéfice de la restitution en entier, son obligation subsiste comme naturelle; c'est pourquoi le fidéjusseur demeure astreint, comme le prouve la loi 7, Dig., *de Exceptionibus* : « Rei autem cohærentes exceptiones etiam fidejussoribus competunt ;.... idem dicitur, et si pro filio familias contra senatus-consultum quis fidejusserit, aut pro minore viginti quinque annis circumscripto. Quod si deceptus sit in re, tunc nec ipse ante habet auxilium, quam restitutus fuerit, nec fidejussori danda est exceptio. » Ce fragment nous paraît offrir ce sens : Si un dol a été commis, le fidéjusseur se prévaut de la loi *Plætoria ;* si le mineur de vingt-cinq ans a été seulement *lésé*, le fidéjusseur reste sans exception ; *si deceptus sit in re,* si le mineur a été trompé seulement par la chose et non par la personne. — C'est ainsi que l'on voit, dans le § 4 des Instituts de Justinien, titre *de Replicationibus*, que le fidéjusseur de celui qui a fait cession de biens n'est pas libéré, et que l'exception accordée au débiteur principal ne s'étend pas jusqu'à lui, parce que c'est pour avoir une sécurité et pour remplacer le débiteur principal que le fidéjusseur a promis.

3. Jusqu'à présent nous avons raisonné dans l'hy-

10

pothèse où le mineur, pourvu d'un curateur, s'engageait sans sa participation. Supposons qu'il n'a point
de curateur : la loi 3, Codice, *de in integrum restitu-*
tione, ne servira de règle que dans cette seconde espèce :
« ..... Si vero sine curatore constitutus contractum
fecisti ; implorare in integrum restitutionem, si nec
dum tempora præfinita excesserint, causa cognita non
prohiberis. » — Par conséquent, l'aliénation ne donnera ouverture qu'à la restitution en entier ; il en sera
de même de la simple obligation qui sera prise par le
mineur. Alors l'aliénation et l'obligation sont placées
au même rang ; et si le bénéfice de la restitution est
impétré, dans l'un et l'autre cas il laissera intacte
l'obligation naturelle.

Il faut observer que les cas d'aliénation donnant
lieu à restitution pour cause de minorité, ne se sont
guère présentés depuis la constitution de Constantin,
puisqu'un décret du magistrat devait autoriser l'aliénation des objets qui étaient de nature à être conservés
(l. 22, Codice, *de Administratione tutorum et curat.*).
— L'aliénation non accompagnée de cette formalité est
nulle, et, par conséquent, le moyen extraordinaire
de la restitution devient inutile.

Avant cette constitution, une vente ayant eu lieu
par rapport notamment aux biens de la ville, qui pouvaient être aliénés sans décret, si le mineur se faisait
restituer, il était tenu d'une obligation naturelle. Mais
il faut observer que le mineur, reprenant la chose
aliénée, en redevenait propriétaire véritable, et que,

dans cette hypothèse, l'on ne pouvait dire que l'acheteur conservait une propriété naturelle, il n'avait plus
qu'une créance naturelle. En parlant de l'aliénation
faite par le pupille seul, nous avons tâché d'établir
que le droit de propriété ne se prête pas à de pareilles
combinaisons, et qu'il ne peut être ainsi mutilé (1).

SECTION IV.

**Quelle est la force de l'obligation contractée par le mineur
de vingt-cinq ans à l'égard de son curateur ?**

SOMMAIRE.

1. Le mineur de vingt-cinq ans qui s'engage à l'égard de
son curateur contracte une obligation civile.

2. Dans ce cas, le mineur pourra se prévaloir du moyen de
la restitution en entier. — S'il se fait restituer, pour
cause de lésion, son engagement se résumera en une
obligation naturelle.

1. Nous venons d'exposer que le mineur de vingt-
cinq ans, même pourvu d'un curateur, s'oblige civilement sans l'intervention de ce dernier, sauf le recours à la restitution en entier, le cas y échéant. En
prenant un engagement à l'égard de son curateur, il
ressemble à celui qui traite avec un tiers en l'absence
du curateur. La loi 1re, § 1, Dig., *de Minoribus 25 annis*,
qui est conçue en termes généraux, devient applicable.

(1) Voir p. 135.

2. En parlant du pupille, nous avons décidé qu'il s'obligeait naturellement envers son tuteur, parce qu'il n'a de capacité que pour se lier de la sorte. De même nous dirons que le mineur de vingt-cinq ans ayant l'aptitude pour s'obliger civilement, même quand il traite sans l'adhésion de son curateur, sera réputé avoir formé un lien de cette espèce lorsqu'il aurait fait une convention avec son curateur. Il est bien entendu qu'il pourra, dans ce cas, se prévaloir du moyen extraordinaire de la restitution en entier (1). — Si elle est demandée, l'influence que le curateur a pu exercer, d'après ses fonctions, sera nécessairement prise en considération, et l'on n'exigera pas que la lésion soit aussi importante que dans les cas ordinaires (2).

Comme nous l'avons dit à la section précédente, quand le mineur obtient le bénéfice de la restitution

(1) La glose sur la loi 189, Dig., *de Diversis regulis juris*, compare au pupille, traitant seul, le mineur de vingt-cinq ans pourvu d'un curateur, et qui s'oblige sans son consentement.—De là il résulterait que l'engagement formé entre le mineur de vingt-cinq ans et son curateur n'aurait que la portée d'une obligation naturelle; nous rejetterons cette conclusion, parce que nous contestons le principe dont on l'a fait découler. D'après nous, le mineur précité s'oblige civilement.

(2) Pour obtenir la restitution en entier, il faut, en principe, constater un dommage qui ait de l'importance (l. 49, Dig., *de Minoribus viginti quinque annis*).

en entier, parce qu'il est seulement lésé, son engagement ne disparaîtra point, mais se réduit à la condition de l'obligation naturelle.

SECTION V.

La cession de droits sur le pupille ou le mineur de vingt-cinq ans, que les tiers consentent au tuteur ou curateur, a-t-elle l'effet d'une obligation naturelle nonobstant la Novelle de Justinien ?

SOMMAIRE.

1. Motifs qui ont servi de fondement à la Novelle de Justinien.

2. La cession faite par les tiers au profit du curateur a pour résultat d'affranchir le mineur même de l'obligation naturelle.

1. Justinien, persuadé que les achats de créance s'effectuant pour un prix inférieur à celui du titre, fournissaient au tuteur et au curateur les moyens de réaliser pour eux des bénéfices qu'ils auraient dû réserver pour ceux qui étaient placés sous leur protection, voulant empêcher des trafics devenus faciles à ces administrateurs par la suppression des quittances qui étaient en leur possession, eut recours à un moyen énergique, et décréta que la cession produirait la libération du pupille et du mineur, sans que ces derniers eussent rien à débourser : « Et non solum donec fuerit curator, prohibemus eum ab hujus modi cessione; sed

neque postea gerere concedimus : ne forsan hoc con-
siderans, abscondat rem, et præordinans illud male,
postmodum dum a cura cessaverit, et latere fecerit,
quod maligne egerit, forte jam nunc non curator exis-
tens cessionem accipiat, et rem maligne disponat.
Tunc enim infirmum esse volumus quod agitur, et non
posse ullam actionem valere cessam adversus eum, cujus prius curam administraverat, sed pro non facto id
esse, et lucrum fieri adolescentis : licet hæc cessio pro
veris causis facta sit : non ut remeet rursus ad eum qui
cessit, tanquam si nihil quasi in medium contra legem
visum fuerit actum; sed cadat ab eis, quæ ex hoc
sunt quæsita propter transgressionem nostræ legis. »
(Novelle 72, cap. v, § 1.)

2. Le mineur s'enrichissant par suite d'une pénalité, l'on peut se demander s'il n'est pas tenu par une
obligation naturelle?

Nous répondons négativement. Comme nous l'avons
déjà exprimé (1), le législateur est maître d'empêcher
que l'obligation naturelle se produise; or, telle a été sa
volonté dans cette circonstance, il veut que le pupille
ou le mineur réalise un lucre, alors que la cession
serait faite avec sincérité et bonne foi; par là, il se
propose d'intimider ceux qui se proposeraient de trans-
gresser sa défense. Il est certain que le pupille ou le
mineur ne recueillera pas le bénéfice annoncé, si une

(1) Page 4.

dette naturelle était admise, puisque l'on sait que, dans certains cas donnés, l'obligation naturelle produit les effets de l'obligation civile, notamment dans le cas prévu par la loi 101, § 1, Dig., *de Solutionibus et Liberal.*

Justinien sévit contre ces sortes de cessions, parce qu'il appréhende que le tuteur ou le curateur ne fasse disparaître les quittances; mais la prévision de cette éventualité est incompatible avec l'idée d'une obligation naturelle qui survivrait.

C'est encore le moment de rappeler la distinction qui sépare l'obligation naturelle de l'obligation de conscience. Que le mineur soit tenu en conscience de payer, c'est là un autre ordre d'idées. Le législateur n'a pas le pouvoir de supprimer l'obligation de conscience, et quoiqu'il puisse en réglementer les effets, ce n'est que dans des cas extraordinaires qu'il la prive de toute efficacité (1).

---

(1) M. de Pforten, *de Obligatione civili in naturalem transitu*, p. 40, décide que l'obligation naturelle subsiste, et que, en conséquence, le paiement fait par celui qui était mineur n'autoriserait pas la répétition.

M. Wangerow, t. iii, p. 113, n'admet pas l'obligation naturelle et permet de répéter.

Il nous semble que toute difficulté s'aplanirait en ayant le soin de séparer l'obligation naturelle de l'obligation de conscience. — Quoique la faculté de répéter ne soit pas accordée, cela ne prouve pas que l'obligation soit naturelle.

SECTION VI.

De l'obligation naturelle résultant de l'emprunt fait par le fils de famille.

SOMMAIRE.

1. Le fils de famille qui emprunte contracte une obligation naturelle.

2. On décide généralement que le fidéjusseur qui a cautionné le fils de famille peut se prévaloir de l'exception du sénatus-consulte Macédonien.

3. Différence entre le fidéjusseur qui accède à l'emprunt effectué par le fils de famille, et le fidéjusseur qui intervient dans le contrat souscrit par le mineur de vingt-cinq ans.

4. Quand l'intention des parties ne se découvre pas, dans le doute, le fidéjusseur pourra-t-il invoquer le sénatus-consulte ?

1. Quoique le fils de famille ait la capacité de s'obliger civilement, il lui est défendu néanmoins d'emprunter. Le législateur veut le mettre à l'abri des usuriers, et le préserver d'une position qui l'aurait excité à former des vœux parricides ; aussi le Préteur n'accorde pas d'action contre lui ; le *mutuum* se réduit à une obligation naturelle (l. 10, Dig., *de Senat. Macedoniano*). En conséquence, le paiement étant effectué, il n'y a pas lieu à répéter (l. 9, § 5, Dig., *de Senat. Maced.*). Au premier abord on pourrait croire

qu'il en est autrement, d'après la loi 20, Dig., *de Senat. Maced.* : « Si is, cui, dum in potestate patris esset, mutua pecunia data fuerat, pater familias factus, per ignorantiam facti, novatione facta, eam pecuniam expromiserit, si petatur ex ea stipulatione, in factum excipiendum erit. »

Celui qui, croyant par erreur de fait être encore sous la puissance de son ascendant, consent une novation relative à l'emprunt qu'il avait souscrit, alors qu'il était fils de famille, ne sera point tenu d'après ce nouvel engagement; en admettant même que la novation soit réputée un paiement, l'on reconnaîtra que le paiement intervenu dans ces circonstances serait défectueux. La loi 19, Dig., *de Novationibus*, disposant que l'exception du sénatus-consulte, qui pouvait être opposée au prêteur de deniers, ne préjudicie pas au créancier auquel le fils de famille a été délégué, ne contrarie nullement la loi 20 précitée : « Doli exceptio quæ poterat deleganti opponi, cessat in persona creditoris, cui quis delegatus est. Idemque est et in cæteris similibus exceptionibus; imo et in ea, quæ ex senatus-consulto filio familias datur. Nam adversus creditorem, cui delegatus est ab eo, qui mutuam pecuniam contra senatus-consultum dederat, non utetur exceptione : quia nihil in promissione contra senatus-consultum fit... »

Il faut observer toutefois que, dans l'espèce prévue par la loi 20, Dig., *de Senat. Macedoniano*, le sujet contracte, bien qu'il soit persuadé qu'il est encore fils de famille; par conséquent, aucune action ne peut en naître. Il lui sera permis d'invoquer l'erreur dans laquelle il est tombé, parce qu'elle se réfère à un fait. Si, au contraire, elle concernait le droit, l'obligé ne serait pas recevable à en exciper, car le paiement accompagné d'une erreur de droit ne donne pas lieu à la répétition, quand il a pour effet d'éteindre une obligation naturelle (1).

Quant à la loi 19, *de Novationibus*, il est aisé de montrer qu'elle statue pour un autre ordre d'idées, pour le cas où la novation n'intervient pas entre les mêmes personnes : il s'agit d'une délégation, le tiers n'a rien à s'imputer, il reçoit un engagement pour tenir lieu d'un autre qui lui avait été consenti régulièrement. Dans la loi 20, *de Senat. Macedoniano*, la novation est stipulée entre les mêmes personnes, elle serait en opposition flagrante avec la loi, si le fait ignoré du débiteur n'était pas réalisé.

Puisque l'emprunt effectué par le fils de famille renferme une obligation naturelle, il pourra être garanti par une fidéjussion.

2. Nous devons à cette occasion aborder une difficulté qui se rattache à la loi 7, § 1, Dig., *de Exceptionibus*, et à la loi 9, § 3, Dig., *de Senat. Maced*. La première dispose, d'une manière générale, que l'exception du sénatus-consulte Macédonien profite aux fidéjusseurs ; voici le contexte de la seconde : « Non solum filio familias et

(1) La glose sur la loi 20, précitée, suppose que le fils de famille ignorait que son ascendant était mort.

patri ejus succurritur, verum fidejussori quoque et mandatori ejus ; qui et ipsi mandati habent regressum, nisi forte donandi animo intercesserunt ; tunc enim, cum nullum regressum habeant, senatus-consultum locum non habebit. »

En présence de ces deux textes, l'on décide généralement que l'exception du sénatus-consulte n'est pas seulement inhérente à la personne du débiteur principal, mais encore qu'elle s'applique au fidéjusseur. Cependant nous avons soutenu que le débiteur se faisant restituer pour cause de minorité, la caution ne profite pas de ce bénéfice (1). Pourquoi en serait-il autrement quand l'intercession se réfère à l'emprunt du fils de famille ? Est-ce que, dans les deux cas, il ne se découvre pas une dette naturelle ?

3. Toutefois il existe entre eux cette différence : Quand le fils de famille a opéré un emprunt, le créancier n'est point aussi facilement présumé avoir voulu se mettre à couvert en se ménageant un recours contre la caution ; il est possible qu'il ne soupçonnât point que celui auquel il comptait son argent fût fils de famille, tandis qu'il est vraisemblable que l'accession de la caution a été exigée à cause de l'âge du débiteur. L'état de minorité se remarque ; la qualité de fils de famille peut ne pas être soupçonnée.

Si le créancier a exigé l'engagement de la caution

(1) Voir p. 145.

précisément pour se mettre à l'abri des conséquences
de l'action qu'intenterait celui qu'il savait être fils de
famille, alors cette caution ne sera pas recevable à
exciper du sénatus-consulte ; elle s'est offerte pour
payer à la place du débiteur principal ; elle a renoncé
à tout recours contre celui-ci ; elle est intervenue *donandi animo*.

4. Quand l'intention des parties ne se dévoile pas,
nous admettrions, dans le doute, que le fidéjusseur sera
en droit de se prévaloir du sénatus-consulte. Le fidéjusseur n'est pas censé vouloir s'engager de manière à
ne pas avoir de recours contre le débiteur principal, il
n'est point présumé avoir voulu se lier *donandi animo;*
car *nemo censetur jactare suum.*

Ces considérations s'accordent avec celles que nous
avons déjà présentées (1), en traitant de la fidéjussion
comme effet de l'obligation naturelle.

SECTION VII.

De l'engagement pris par une personne privée de l'usage de ses facultés intellectuelles.

SOMMAIRE.

1. Celui qui n'est pas sain d'esprit ne contracte pas une
   obligation naturelle.

2. Que décider à l'égard du furieux interdit qui traite dans
   un intervalle lucide ?

1. Celui qui étant privé de l'usage de ses facultés

(1) Voir p. 53.

intellectuelles figure néanmoins dans une convention, n'est pas tenu même naturellement ; car, d'après le droit social, une promesse n'a de valeur que lorsque le sujet a la conscience de ce qu'il fait ; aussi la loi 40, Dig., *de Diversis regulis juris*, déclare-t-elle que *furiosi..... nulla voluntas est*. La loi 5 du même titre, tirant la conséquence de cette vérité, déclare que le furieux, *nullum negotium contrahere potest*.

C'est pourquoi le furieux ne pourrait pas même traiter avec l'assistance de son curateur ; car pour approuver un acte, il faut que cet acte existe, l'autorisation ou l'adhésion n'est que quelque chose d'accessoire.

2. Il est possible que l'agent ne soit pas continuellement dépourvu de raison, il a des intervalles lucides ; ce qui n'empêche pas de lui donner un curateur. Il traite dans un moment où ses facultés intellectuelles ne sont point paralysées. Son engagement aura-t-il quelque valeur ?

Ce changement, cette amélioration opérée en l'état de la personne, paraissent devoir ajouter à sa capacité.

Les jurisconsultes se demandaient si les actes passés dans cette circonstance étaient valables. La loi 9, Co-DICE, *Qui testamenta facere possint*, nous révèle la controverse qui s'était élevée à cet égard : « Furiosum in suis induciis ultimum condere elogium posse, licet ab antiquis dubitabatur, tamen et retro principibus et nobis placuit. »

Cette constitution, qui appartient à Justinien, est en harmonie avec la loi 6, Codice, *de Curatore furiosi*, etc. Dans ce texte, le même empereur décrète que les conventions formées dans les intervalles lucides seront obligatoires, sans qu'il soit besoin de l'intervention du curateur ; en même temps Justinien fait part de la dissidence qui se référait à la question de savoir si le curateur cessait de l'être, lorsque la personne dont les intérêts lui étaient confiés se trouvait éclairée de nouveau par les rayons plus ou moins durables de son intelligence.

Cet aperçu historique nous donnera la clé de la loi 25, Dig., *de Fidejussoribus* : « Si quis pro..... furioso fidejusserit : magis esse ut ei non subveniatur : quoniam his mandati actio non competit. »

D'après ce que nous avons exposé plus haut, concernant la nullité radicale de l'obligation souscrite par celui qui est en démence, nous ne pouvons admettre l'accession d'un fidéjusseur à un pareil engagement : nous devons supposer que le jurisconsulte prévoit l'hypothèse où il a été conclu dans un intervalle lucide. Ulpien maintient la fidéjussion sans accorder aucun recours contre l'obligé principal ; il considère ce dernier comme n'étant lié que naturellement : voilà pourquoi il le met sur la même ligne que le pupille qui traite sans autorisation. Quelques jurisconsultes pensaient que l'obligation était complètement nulle, d'autres qu'elle était parfaite ; Ulpien a choisi un terme moyen, en la restreignant aux proportions de l'obligation naturelle.

SECTION VIII.

De l'obligation émanée du prodigue interdit.

SOMMAIRE.

1. Le prodigue interdit ressemble plus au pupille *pubertati proximus*, qu'à celui qui est insensé.

   Il peut s'obliger naturellement.

2. Dans quelles circonstances le fidéjusseur sera-t-il tenu par suite de l'engagement consenti par le prodigue.

1. L'administration des biens est enlevée au prodigue, parce que les dépenses auxquelles il s'est livré dénotent que son jugement est imparfait.

Le prodigue interdit a plus d'analogie avec le pupille *pubertati proximus* (1), qu'avec celui qui est insensé. En effet, la loi 6, Dig., *de Verborum obligationibus*, déclare que le prodigue : « stipulando sibi adquirit, tradere vero non potest, vel promittendo obligari, » —La loi 9, § 7, Dig., *de Rebus creditis*, compare formellement cet interdit au pupille. D'après cela nous n'hésitons pas à dire que le prodigue a capacité pour contracter une obligation naturelle.

Le mineur de 25 ans qui a accepté, sans l'approbation de son curateur, des engagements onéreux, et qui les fait rescinder, ne peut rompre les liens de l'obligation naturelle ; comment le prodigue prétendrait-il

---

(1) Aussi serait-il responsable des obligations résultant *ex delicto vel quasi ex delicto*.

que , par rapport à lui , ces mêmes liens ne se forment
jamais ?

2. Cette loi 6, Dig., *de Verborum obligationibus*, qui
vient d'être citée, ajoute : « Nec fidejussor pro eo inter-
venire poterit, sicut nec pro furioso... » Cependant la
loi 25, Dig., *de Fidejussoribus*, dispose que le fidéjusseur se lie valablement à l'occasion de la dette du prodigue.

Ces deux textes se concilient, en examinant si le
fidéjusseur est ou n'est pas intervenu, précisément
pour garantir le créancier contre le risque qu'il courait
à raison de l'état du débiteur interdit.

Nous avons eu occasion de poser une distinction
analogue par rapport à la responsabilité de la caution
qui intervient dans l'emprunt souscrit par un fils de
famille (1). — Ce qui prouve que l'interprétation donnée aux deux lois précitées doit prévaloir, c'est d'abord
qu'elles émanent du même auteur, qui ne peut être en
contradiction avec lui-même ; d'un autre côté, on remarquera dans le dernier texte que si le cautionnement
est maintenu, c'est parce que l'engagement de la caution ne peut amener aucune obligation indirecte contre
l'interdit, que seul on a voulu protéger. Il est clair,
d'après cela, que si la caution ne s'était pas engagée
en vue de l'interdiction , elle pourrait repousser l'action dirigée contre elle, par les moyens accordés à l'interdit.

(1) Voir page 155.

Cette précision faite à l'égard de la caution du prodigue n'est pas applicable à celle qui garantirait l'obligation de l'insensé. Nous avons déclaré que l'engagement pris par celui qui n'a pas de volonté est réputé
non avenu, et, n'existant pas, il ne peut ni donner
de la consistance à la fidéjussion, ni en recevoir
d'elle. Le prodigue, au contraire, n'est pas, d'après le
droit social, incapable de formuler une volonté.

S'il y a incertitude sur le point de savoir si le fidéjusseur a été exigé par le créancier afin de le garantir
contre les conséquences de l'interdiction, nous déciderons que le fidéjusseur sera dégagé, alors que le
débiteur principal évitera une condamnation en argumentant de l'interdiction dont il est frappé. C'est ainsi
que nous avons statué quand il s'agit du fidéjusseur
qui figure dans l'emprunt contracté par le fils de fa-
mille(1). L'on doit être porté à reconnaître que la caution ne sera point poursuivie quand le débiteur principal
est à couvert.

SECTION IX.

La femme répondant pour autrui ne contracte pas une obligation naturelle.

SOMMAIRE.

1. La femme en répondant pour autrui ne contracte pas
   une obligation naturelle.
2. Il eut été plus rationnel de statuer que cet engagement
   contient une obligation naturelle.

(1) Voir page 156.

11

1. Le sénatus-consulte Velléien a voulu prémunir la femme contre la facilité qu'elle aurait à intervenir pou. autrui. Ne se privant pas dans le moment de sa fortune, l'on appréhendait qu'elle ne fût disposée à participer à un contrat de cette nature, et qu'elle ne devînt victime de son peu d'expérience des affaires; c'est pourquoi son intercession a été réputée non avenue.

L'on s'est demandé si les cautions qui accèdent à cette sorte d'engagement de la femme pourront être inquiétées? Il a été répondu négativement, parce que cette obligation de la femme est sans aucune efficacité : « Si ab ea muliere, quæ contra senatus-consultum intercessisset, fidejussorem accepissem ; Gaius Cassius respondit, ita demum fidejussori exceptionem dandam, si a muliere rogatus fuisset. Julianus autem recte putat, fidejussori exceptionem dandam, etiam si mandati actionem adversus mulierem non habet; quia totam obligationem senatus improbat; et a prætore restituitur prior debitor creditori. » Loi 16, § 1, Dig., ad Senat. Velleianum.

En présence de ce texte on est forcé de reconnaître que l'obligation est infirmée en totalité, et que l'engagement du fidéjusseur s'évanouit; mais l'on regrette (1) que la femme ayant promis volontairement, il n'existe pas une obligation naturelle, de manière à ce que la caution soit responsable sans avoir de recours contre la femme.

(1) M. de Savigny, t. ix, p. 119.

2. Pour expliquer cette thèse l'on peut dire que la femme est présumée avoir été trompée, et que, par conséquent, son obligation doit défaillir en totalité : « Æquum autem visum est, ita mulieri succuri, ut in veterem debitorem, aut in eum, qui pro se constituisset mulierem ream, actio daretur ; magis enim ille, quam creditor, mulierem decepit. » L. 1, § 2, Dig., ad Senat. Velleianum. — De même nous voyons dans la loi 2, § 3 du même titre, qu'un recours est accordé à la femme parce qu'elle est trompée.

Si un dol était pratiqué à l'égard de la femme, nous aurions rendu l'obligation entièrement inefficace ; mais lorsqu'il n'y a pas eu de manœuvres frauduleuses, nous croyons qu'il aurait fallu maintenir l'engagement comme obligation naturelle. La promesse d'un mineur de 25 ans qui se fait restituer vaut toujours comme obligation naturelle ; comment ne pas statuer de la même manière à l'égard de la femme ?

SECTION X.

Les donations qui avaient lieu entre époux, malgré la prohibition de loi, étaient privées de l'efficacité de l'obligation naturelle.

SOMMAIRE.

1. Antérieurement aux empereurs Septime Sévère et Caracalla, les donations entre vifs que s'adressaient les époux étaient de nul effet ; par conséquent, elles ne pouvaient produire une obligation naturelle.

2. Ces donations n'auraient pu être confirmées.

3. Si les époux cachaient une libéralité sous la forme d'un contrat intéressé de part et d'autre, il ne résulterait pas de là une obligation naturelle.

4. Dans le nouvel état du droit, la donation entre vifs vaudra comme donation à cause de mort.

Si le donateur change de volonté, il ne demeure pas lié par une obligation naturelle.

1. Il n'entre pas dans notre plan de faire l'historique de la jurisprudence, d'indiquer les exceptions au principe qui prohibait les donations entre époux, et d'énumérer les effets de cette défense.

Nous examinerons seulement si ces donations renferment une obligation naturelle.

Les motifs qui ont dicté la prohibition, les commentaires des juristes, tout se réunit pour écarter toute idée d'obligation naturelle.

En effet, dans les derniers temps de la République (1), les mœurs se dépravaient, le mariage devenait une spéculation, les époux cherchaient à s'enrichir aux dépens les uns des autres, sauf ensuite à faire divorce. Pour remédier à ce scandale, les donations entre époux furent interdites; par là, on prémunissait les conjoints contre leur facilité irréfléchie à souscrire des libéralités, et contre les sacrifices qu'ils seraient portés à faire pour vivre en bonne intelligence.

(1) M. Pellat, *Textes sur la Dot*, p. 356.

Si des donations entre vifs étaient consenties, la loi les regardait comme non avenues. Il devait en être ainsi, puisque l'ordre public était offensé. Nous avons antérieurement fait ressortir le principe qui s'oppose à ce que l'obligation naturelle s'attache aux conventions qui heurtent l'intérêt général.

C'est pourquoi la loi 3, § 9, Dig., *De Donationibus inter virum et uxorem*, veut que ces libéralités soient envisagées comme inexistantes : « Sciendum autem est, ita interdictam inter virum et uxorem donationem, ut ipso jure nihil valeat, quod actum est. Proinde si corpus sit, quod donatur, nec traditio quicquam valet. Et si stipulanti promissum sit, vel accepto latum, nihil valet : ipso enim jure, quæ inter virum et uxorem donationis causa gerantur, nullius momenti sunt. »

La loi 5, § 4, Dig., *de Donat. inter virum et uxor*,... prévoit l'hypothèse où la femme voulant, à titre de donation, libérer son mari débiteur à l'égard d'un tiers, fait à ce dernier une expromission et fournit un fidéjusseur ; non-seulement l'engagement de la femme, mais encore celui du fidéjusseur sont complètement mis à l'écart : « Si uxor viri creditori, donationis causa, promiserit et fidejussorem dederit, neque virum liberari, neque mulierem obligari, vel fidejussorem ejus, Julianus ait : perindeque haberi, ac si nihil promisisset. »

Ce texte reconnaît implicitement que l'obligation naturelle n'existe pas, car autrement le fidéjusseur serait lié.

Au reste, la prohibition des donations entre époux était édictée par le droit public (l. 7, § 6, Dig., *de Donat. inter virum et uxor...,* et, par conséquent, elle proscrivait toute idée d'obligation naturelle.

2. Avant le règne des empereurs Septime Sévère et Caracalla, la donation entre vifs était tellement défectueuse, que l'on considérait comme insignifiante la persistance de volonté du disposant ; la confirmation tacite était sans aucune influence.

3. Si les époux cachaient leurs libéralités sous l'apparence d'un contrat intéressé de part et d'autre, si, par exemple, un contrat de vente était passé entre eux pour un prix réduit, la loi annulait l'acte pour le tout, ou forçait l'acquéreur à payer le prix réel, suivant que l'opération était factice en son entier, ou qu'il n'y avait fraude que pour le prix (l. 5, § 5, Dig., *de Donationibus inter virum et uxorem*).—D'où il suit que ce moyen détourné qui aurait été employé, n'aurait pas abouti à une obligation naturelle, et que l'accession d'un fidéjusseur eut été illusoire.

4. D'après la nouvelle législation, les donations entre vifs ont été maintenues avec les attributs des donations à cause de mort ; si le donateur meurt sans avoir changé de volonté, la libéralité qu'il a consentie ne peut être rétractée par ses héritiers (l. 32, § 2, Dig., *de Donationibus inter virum et uxorem*).

A partir de cette nouvelle période du Droit, la donation entre vifs produit une obligation civile, à l'instar
de la donation à cause de mort, et sous les mêmes
conditions, c'est-à-dire pourvu que le donateur ne se
rétracte pas (1).

Si le donateur témoigne la résolution de reprendre
le bénéfice de sa disposition, il est incontestable qu'il
ne restera soumis à aucune obligation même naturelle.

SECTION XI.

De l'obligation intervenue entre l'ascendant et les enfants placés sous sa puissance.

SOMMAIRE.

1. L'obligation civile ne peut exister entre l'ascendant et
les enfants placés sous sa puissance.
Il en est autrement de l'obligation naturelle.

2. L'obligation primitivement naturelle conserve cette qualité, alors même qu'un tiers hérite de l'ascendant.

3. Est encore naturelle, l'obligation qui intervient entre les
enfants soumis à la puissance d'u même ascendant.

1. L'obligation civile ne peut exister entre l'ascen-

(1) M. Machelard, *Textes*, p. 250, remarque avec raison
que lorsque le donateur fait la tradition, et a persévéré
dans la même volonté, un effet rétroactif s'opère quant au
droit de propriété, qui remonte au jour de la mise en possession (l. 11, § 9, Dig., *de Donationibus inter virum et
uxorem*).

dant et celui qui se trouve sous sa dépendance; s'il en était ainsi, ce n'était pas à cause de l'incapacité du fils de famille, ni parce qu'il n'avait primitivement aucune propriété, car il était apte à contracter des dettes, sauf à les acquitter avec les biens dont il deviendrait plus tard propriétaire, lorsque, par exemple, il serait émancipé : « Filius familias ex omnibus causis tanquam pater familias obligatur et ob id agi cum eo, tanquam cum patre familias potest. »—L. 39, Dig, *de Obligationibus et Actionibus* (1).

Mais cette impossibilité d'une obligation civile entre le père et le fils soumis à sa puissance, résultait de l'unité absolue de personnes. Quand le fils contracte avec un tiers, on peut croire que c'est avec l'assentiment de son ascendant, et qu'ainsi l'action dirigée contre lui n'est pas en opposition avec la volonté du père. Cette supposition est inacceptable, quand la demande était formée par le fils contre son père. Si c'était le père qui actionnât son fils, il y aurait encore dissentiment entre eux, ce qui ne peut être, puisque la

(1) La loi 43, *de Obligationibus et Actionibus*, ne décide nullement que le fils de famille ne puisse s'obliger civilement : « Obligari potest pater familias, suæ potestatis, pubes, compos mentis... » — De ce que les conditions que doit réunir le père de famille pour s'obliger civilement sont indiquées, il ne résulte pas de là que le fils de famille n'ait pas la capacité de se lier de la sorte. Ainsi le *pater familias*, qui sera impubère, aura besoin de l'autorisation de son tuteur, etc.

personnalité de l'ascendant absorbe celle du descendant : « Lis nulla nobis esse potest cum eo, quem in potestate habemus : nisi ex castrensi peculio (1). » L. 4, Dig., *de Judiciis.*

Jusqu'à présent nous n'avons porté nos regards que sur les engagements donnant naissance à une action ; mais les obligations naturelles se présentent sous un autre aspect : « Quœsitum est, si pater filio crediderit, isque emancipatus solvat, an repetere possit? Respondit... Non repetiturum ; nam manere naturalem obligationem. — Contra si pater, quod filio debuisset, eidem emancipato solverit, non repetet ; nam hic quoque manere naturalem obligationem, eodem argumento probatur... Eademque erunt, et si extraneus heres exheredato filio solverit id, quod ei pater debuisset. » — L. 38, §§ 1 et 2, Dig., *de Conditione indebiti.*

2. L'on trouve dans ce fragment que l'obligation naturelle se conserve alors même qu'un tiers succède au père, le fils étant exhérédé. Celui qui hérite du père lui est subrogé quant à l'obligation naturelle. En acceptant l'hérédité du père, le tiers s'est mis au lieu et place du père ; mais l'obligation qui regardait ce dernier n'a pu s'aggraver (2). Sans doute le tiers aurait pu con-

(1) Le fils de famille était réputé père de famille, en ce qui avait trait au pécule castrens. — Le même principe avait été étendu au pécule quasi castrens.

(2) L'on remarquera, dans la section suivante, que l'obli-

tracter avec le fils une obligation sanctionnée par une action ; mais, dans ce cas, il aurait été tenu en son nom propre et pas comme successeur. L'acceptation de l'hérédité n'est pas un mode de transformation des obligations.

Ce texte sert d'interprétation à ceux qui disent d'une manière générale que le fils ne s'oblige pas à l'égard de l'ascendant qui le détient sous sa puissance. Ces derniers, et notamment le § 6, *de Inutilibus stipulationibus*, Inst. Just., n'entendent faire allusion qu'à l'obligation civile, qui est l'obligation par excellence. Nous avons déjà fait remarquer (1) qu'il ne fallait pas attacher un sens absolu à cette locution, qui ne s'adresse qu'à l'obligation civile.

3. De même les enfants soumis à la puissance du même ascendant ne peuvent contracter entre eux que des obligations naturelles. Ils représentent l'auteur commun, qui n'est pas censé pouvoir permettre qu'ils plaident ainsi contre lui-même ; aucune action ne dérive donc de ces engagements.

gation naturelle contractée par un esclave conserve ce caractère, alors même qu'il vient à être affranchi.

(1) Page 49.

SECTION XII.

Des conventions dans lesquelles figure l'esclave.

SOMMAIRE.

1. Ce n'est que dans des cas tout-à-fait exceptionnels que l'esclave acquiert lui-même des créances qui ne créent même que des liens naturels.

2. Quoique l'on ait enseigné le contraire, ces créances naturelles peuvent recevoir un cautionnement; quelle est la force de ce cautionnement?

3. L'esclave a la faculté de s'obliger naturellement.
Après l'affranchissement, ces obligations conservent le même caractère.

4. Lorsque l'esclave n'a point de maître, il peut placer sur sa tête des créances, pourvu qu'elles ne soient que naturelles. Ici, la propriété du maître ne contrarie pas les stipulations que se ménage l'esclave pour son propre compte.

Si l'esclave placé sous la puissance dominicale se faitpromettre purement et simplement, c'est son maître qui est réputé créancier, l'esclave n'a été qu'un instrument; mais il peut résulter de la nature de la convention que lui seul soit appelé à en profiter (1). La loi 7,

_____

(1) Il nous paraît convenable d'indiquer le sens du § 2, lit. de Stipulatione servorum, Inst. Just.: « Sed cum factum in stipulatione continebitur, omnimodo persona stipu-

§ 18, Dig., *de Pactis*, nous fournit un exemple : Un esclave est institué héritier et affranchi sous condition ; avant que l'évènement se réalise, il fait un accord avec les créanciers héréditaires ; ensuite la condition s'accomplit : le texte déclare que l'arrangement qu'il a conclu alors qu'il était esclave pourra être opposé par lui (1).

lantis continetur ; veluti si servus stipuletur, ut sibi ire agere liceat, ipse enim tantum prohiberi non debet, non etiam dominus ejus. »

Dans ce cas, la stipulation produit son effet comme telle ; le maître intentera l'action, s'il doit profiter de ce fait stipulé. Mais si le fait ne procure aucun avantage au maître, si, par exemple, l'esclave a stipulé qu'il lui serait permis de se promener sur l'héritage d'autrui, cette convention ne pourra servir d'appui même à une obligation naturelle.

L'esclave est incapable d'acquérir dans le moment une créance même naturelle, à moins qu'il ne traite avec son maître, parce que, dans ce cas, le maître, qui absorbe la personne de son esclave, peut apporter des restrictions à sa puissance.

(1) M. de Savigny, t. ii, p. 404, interprète autrement cette loi 7, § 18, Dig., *de Pactis* ; il prévient que l'esclave n'est pas créancier en vertu de l'obligation primitive, mais à cause de la persistance de la personne qui a promis, et qui, par son refus, commet un dol nouveau qui a lieu après que l'esclave a obtenu sa liberté. Mais il nous semble qu'un dol ne peut avoir lieu si l'obligation primitive est radicalement nulle. Il n'y a pas de dol à ne pas se prêter à l'exécution d'un acte tout-à-fait défectueux ; même quand une obligation morale ou de conscience a été contractée, l'on ne

Il est encore reconnu que l'esclave traitant avec son
maitre, acquiert une créance naturelle : « Si quod dominus servo debuit, manumisso solvit, quamvis exis-
timans ei se aliqua teneri actione, tamen repetere non
poterit, quia naturale agnovit debitum... »(L. 64, Dig.,
de Condictione indebiti.)

Ce texte jette du jour sur la loi 14, Dig., de Obligationibus et Actionibus : « Servi... ex contractibus autem
civiliter quidem non obligantur : sed naturaliter et
obligantur et obligant. Denique si servo, qui mihi
mutuam pecuniam dederat, manumisso solvam, libe-
ror. — Si l'esclave acquiert une créance naturelle, ce
n'est que dans les cas particuliers que nous venons de
mentionner. Les dernières expressions de cette loi 14,
font supposer que l'affaire s'est passée entre le maitre
et l'esclave, puisqu'il est rapporté que la libération
a lieu quand l'esclave, après son affranchissement,
reçoit une somme qu'il avait prêtée. — Si un tiers
avait emprunté à l'esclave, il aurait dû rembourser
au maitre, celui-ci était propriétaire des écus comptés
par l'esclave (1).

se rend pas coupable d'un dol, aux yeux du législateur civil,
en s'obstinant à ne pas l'accomplir.

(1) Cujas, t. viii, p. 341, édit. de Naples, commente la
loi 14, de Obligationibus et Act., de manière à ce que l'esclave soit investi d'une créance naturelle quand il traite
avec une personne quelconque; et à l'appui de son sentiment,
ce jurisconsulte cite la loi 41, de Peculio. Mais ce texte nous
apprend, au contraire, que l'esclave n'est jamais créancier,

Ce ne sont là que des exceptions qu'il faut se garder d'étendre. Lorsque l'esclave a un maître, et qu'il ne

et que cette qualité n'appartient qu'au maître. Nous trouvons étrange la conclusion à laquelle arrive Cujas, à savoir, que l'engagement pris à l'égard de l'esclave produit deux créances : l'une civile, en faveur du maître, et l'autre naturelle, en faveur de l'esclave.

M. Puchta, Inst., t. iii, p. 34, entend cette loi comme si l'esclave ayant la libre administration de son pécule avait prêté une somme à un tiers, et, dans ce cas, il voit en lui un créancier naturel. Ce contrat produit d'abord cet effet, que le débiteur se libérera valablement entre les mains de l'esclave, même après son affranchissement, pourvu qu'il croie que le pécule lui a été laissé. — Cette obligation est encore efficace à l'égard de l'esclave auquel le pécule a été laissé en réalité, parce qu'il pourra profiter du paiement qui lui sera fait. — A l'appui de son sentiment, M. Puchta invoque la loi 53, Dig., de *Peculio*, et la loi 3, Dig., *de Manumissionibus quæ servis*, etc.

Cette doctrine ne nous paraît pas exacte : si l'on paie valablement à l'esclave, alors qu'il n'a plus le pécule à sa disposition, le paiement est valable, parce que l'esclave, ayant été mis en possession, était un mandataire auquel on peut payer, alors même que son mandat a été révoqué, pourvu que l'on ignore cette révocation ; on se trouve placé dans l'hypothèse prévue par la loi 32, Dig., *de Solutionibus*; mais il ne suit pas de là que l'esclave soit un créancier naturel. Au reste, la loi 14, *de Oblig. et Act.*, dont nous nous occupons, déclare valide le paiement fait à l'esclave, non pas à cause des principes du mandat, mais parce que l'esclave est créancier naturel, dans les cas tout-à-fait spéciaux où il peut l'être.

traite pas, ou avec lui, ou d'un intérêt futur qui ne peut toucher que lui, c'est-à-dire lorsque la chose ne s'y prête

Quant aux lois 53, *de Peculio*, et 3, *de Manumissionibus quæ servis*,... nous ferons observer qu'elles ne sont pas afférentes à la question de savoir si l'esclave, contractant avec un tiers, acquiert une créance naturelle. En effet, elles statuent dans l'espèce où le maître, affranchissant l'esclave, lui laisse le pécule: il ne l'a pas donnée expressément, il n'y a pas une disposition de sa part, mais plutôt une tolérance; ce pécule qui *ademptum non est, videtur concessum*. En cet état de choses, l'esclave affranchi ne pourra pas exercer des poursuites contre les débiteurs; toutefois, le paiement fait entre ses mains sera valable.

Cette double décision se comprend: l'esclave affranchi ne peut s'étayer d'aucun titre qui lui transmette un droit sur les créances. Aucune cession régulière n'est intervenue; par conséquent, l'on ne s'étonnera pas qu'il ne puisse pas actionner les débiteurs. Mais comme la volonté tacite du maître milite en faveur de l'esclave affranchi, ce dernier sera réputé être créancier naturel, ce qui n'est pas suffisant pour qu'il ait le droit d'action.

L'explication que nous venons de présenter sur les lois citées par M. Puchta, nous paraît démontrer qu'elles ne peuvent servir à l'interprétation de la loi 14, *de Oblig. et Act*. Nous le répétons, ce dernier fragment annonce que l'esclave devient créancier naturel quand une promesse lui est faite; mais dans les hypothèses relatées dans les lois 53, *de Peculio*, et 3, *de Manumissionibus quæ servis*, ce n'est qu'après coup que l'esclave étant affranchi obtient, par la volonté tacite du maître, une créance naturelle; c'est le maître qui lui confère cette créance. Dès le principe, elle ne résidait que sur la tête du maître, parce que les promesses

pas nécessairement, ou que le maître, qui est propriétaire de l'esclave, n'amène pas, par sa volonté, cette
division de personnes, nous ne pensons pas que l'esclave
oblige les autres naturellement envers lui. Sa personnalité est tellement absorbée par celle de son maître, qu'il
lui est impossible de l'en détacher. Une théorie contraire
paralyserait le droit de propriété du maître et porterait
les esclaves à veiller plutôt dans leur intérêt que dans
celui de leur maître; ce qui répugne à l'idée constitu-
tive de l'esclavage à Rome (1).

2. La créance naturelle de l'esclave pourra être corroborée par une fidéjussion. Nous appliquons le principe
d'après lequel les obligations naturelles comportent la
fidéjussion. — Toutefois, lorsque le maître s'oblige à
l'égard de son esclave, l'on a rejeté l'accession du fidéjusseur (2), en argumentant de la loi 56, *princip.*, et
§ 1, Dig., *de Fidejussoribus* : « .... Nec fidejussor ac-

faites à l'esclave profitent à celui sous la puissance duquel
il se trouve.

M. de Savigny, t. ii, p. 406, nous paraît avoir saisi, mieux
que les auteurs précités, le sens de cette loi 14, en décidant,
comme nous l'avons fait nous-même, qu'il est restrictif.

(1) Nous avons, page 12, présenté quelques observations
qui dénotent que la parenté ne conférait pas des droits aux
esclaves, et que le législateur ne se préoccupait nullement
de leur personnalité.

(2) Telle est notamment la décision de la glose sur la loi
56, Dig., *de Fidejussoribus*.

ceptus tenebitur; quia non potest pro eodem et eidem
esse obligatus. »

Lorsque l'esclave n'a point de maître, il peut acquérir une créance accessoire qui n'est que naturelle;
pourquoi ne pas statuer de la même manière quand
l'esclave obtient une créance contre son maître ? — Le
texte précité n'enseigne pas le contraire. Nous reconnaissons bien que le maître ne peut pas jouer à la fois
le rôle de débiteur et créancier vis-à-vis du fidéjusseur.
Ce résultat aurait lieu si l'on supposait que le fidéjusseur est tenu civilement; comme l'esclave ne peut avoir
aucune créance civile, il est évident que ce serait le
maître qui aurait seul le droit de poursuivre le fidéjusseur; cette confusion entre les qualités de débiteur et
de créancier ne se présente pas, si l'on fait attention
que nous n'entendons lier le fidéjusseur que naturellement. Or, de même que le maître ne peut être débiteur sous le rapport civil, de même nous disons que le
fidéjusseur ne peut être retenu par des liens civils (1).

3. Quant aux dettes que contracte l'esclave, tout le
monde reconnaît qu'elles constituent des obligations naturelles. Il faut observer que même après l'affranchissement, elles conservent le même caractère et ne
peuvent être l'origine d'une action : « Servus si mu-

(1) Cette solution est en harmonie avec la doctrine que
nous avons exposée p. 43, en avertissant que la fidéjussion
ne valait quelquefois que comme obligation naturelle.

12

tuam pecuniam servitutis tempore acceperit, ex ea obligatione post manumissionem conveniri non potest. »
(Paul, SENT., liv. II, tit. 13, § 9.) — Celui qui s'engageait envers l'esclave savait que ce n'était que sous le
rapport naturel ; or, il est de principe que pour mesurer
la portée d'une obligation, il faut se reporter à l'époque où elle a été formée. Le temps ou un évènement
quelconque étranger aux clauses de la convention, ne
peut transformer en une obligation civile celle qui
n'était primitivement que naturelle. C'est ainsi que le
pupille s'obligeant naturellement n'est pas tenu civilement, alors qu'il devient tout-à-fait maître de ses actions. Nous avons énuméré les effets des obligations
naturelles, il ne faut pas y ajouter celui qui tendrait à
les rendre civiles sans la volonté du débiteur.

SECTION XIII.

Des personnes qui ne sont condamnées que IN ID QUOD FACERE POSSUNT.

SOMMAIRE.

1. Le bénéfice de compétence n'a point pour effet de rendre
   naturelle l'obligation civile ; il laisse la dette dans son
   état primitif.

2. Réfutation de l'opinion contraire.

1. En principe, le juge appelé à statuer sur les diffé-
rends, ne se préoccupe pas des ressources du débiteur

pour fixer le chiffre de la condamnation ; il n'a égard
qu'aux bases de la demande. Cependant, à cause de la
faveur que méritent certaines personnes, telles que les
ascendants, les époux, les donateurs, etc., le montant
de la condamnation ne s'élève pas au-delà de ce
qu'elles peuvent payer, c'est ce que l'on nomme bénéfice de compétence.

Mais il faut remarquer que ce n'est que la condamnation qui est réduite, l'obligation civile n'est pas at-
ténuée.

De là nous inférons que le bénéfice de compétence
n'a point pour effet ni d'amoindrir la dette, ni de
changer son caractère en rendant naturelle celle qui
était civile ; elle se conserve telle qu'elle était primitivement.

C'est ainsi que nous avons vu (1) que le débiteur
admis au bénéfice de cession de biens, pouvait être
actionné si ses facultés pécuniaires devenaient meil-
leures.

2. L'on objecte (2) que *omnis res deducta est in judi-
cium*, et que le débiteur n'est tenu que d'après la sentence.

Nous ne croyons pas qu'il en soit ainsi ; d'abord, le

(1) Page 118.
(2) Zimmern, § 161, *Traité des Actions.* — M. de Savigny, t. ix, p. 105, enseigne, au contraire, que le bénéfice de
compétence ne modifie pas l'obligation.

créancier avait le droit d'exiger que le débiteur prit un engagement spécial par lequel il promettait d'acquitter l'intégralité de la dette, lorsque ses ressources le lui permettraient (l. 63, § 4, Dig., *pro socio; —* l. uniq., § 7, Codice, *de Rei uxoriæ actione*). De cette manière, les intérêts du créancier étaient protégés, il restait une obligation particulière que l'action précédemment intentée n'avait pas absorbée.

Nous allons même plus loin, et nous croyons qu'indépendamment de cette convention spéciale, la sentence qui intervenait n'empêchait pas le créancier de réclamer le paiement intégral lorsque le débiteur acquérait de la fortune. Pour arrêter de nouvelles poursuites, l'on ne peut dire qu'il y a chose jugée; car le juge s'est borné à restreindre la *condamnation,* il a reconnu que les conclusions, *l'intentio* du demandeur étaient fondées. Mais il a modéré la condamnation eu égard aux biens du défendeur; par conséquent, si la position pécuniaire de ce dernier s'améliore, la décision du juge n'est pas un obstacle à de nouvelles poursuites: nous pensons que, pour éviter toute difficulté, le juge, en prononçant la sentence, avait le soin de réserver les droits du créancier.

SECTION XIV.

Les conventions non revêtues des formes déterminées sont-elles une source d'obligation naturelle ?

SOMMAIRE.

1. Ces sortes de conventions présentent le caractère de l'obligation naturelle.

2. Si les parties n'ont entendu souscrire qu'un contrat dans une forme déterminée, il ne vaudra pas à titre d'obligation naturelle ?

1. Afin d'éviter des surprises, le législateur romain avait exigé que les engagements fussent soumis à des formalités qui devenaient des garanties. Mais les rapports avec les étrangers avaient fait accepter, tels que le droit des gens les admettait lui-même, certains contrats les plus usités, la vente, le louage, le mandat, la société. Plus tard le droit prétorien et le droit impérial élevèrent certains pactes au rang des contrats. Il en fut ainsi de l'hypothèque, du constitut, de la donation, la constitution de dot. — Les autres conventions non accompagnées des formes fixées par la loi civile n'avaient la puissance de créer une action que tout autant qu'il y avait eu exécution du côté de l'une des parties ; ce fait démontrait que le traité avait été sérieux. Cependant, en l'absence de cet acte d'adhésion, il n'était pas dépourvu de toute efficacité (l. 7, *princip.*, et § 7, Dig., *de Pactis*). Il se soutenait comme obligation naturelle.

La loi 5, § 2, Dig., *de Solutionibus*, déclare que le pacte relatif à des intérêts sert de base à une obligation naturelle : « Imperator Antoninus cum divo patre suo rescripsit... Si sint usuræ debitæ, et aliæ indebitæ; quod solvitur in usuras, ad utramque causam usurarum, tam debitarum, quam indebitarum pertinere. Puta quædam earum ex stipulatione, quædam ex pacto naturaliter debebantur (1)... » Le pacte des intérêts n'étant pas favorable, on doit à plus forte raison admettre que tout autre fonderait une obligation naturelle.

2. La loi 1, § 2, Dig., *de Verborum obligationibus*, ne contrarie pas cette doctrine : « ..... Contra si sine verbis adnuisset. Non tantum autem civiliter, sed nec naturaliter obligatur, qui ita adnuit; et ideo recte dictum est, non obligari pro eo, nec fidejussorem quidem. » — L'on remarquera que, dans cette espèce, une personne a été interpellée avec la forme de la stipulation, et qu'au lieu de répondre dans la même forme, elle s'est bornée à faire un signe. Cette adhésion n'est pas suffisante pour faire naître une obligation naturelle; il est aisé, en effet, de voir que les parties avaient l'intention de former non un pacte, mais une stipulation. Il y a eu dissentiment sur la nature du contrat. — Le même principe s'étend au constitut; la

(1) Nous avons indiqué cette loi, page 46, pour établir que l'acquittement d'une obligation naturelle ne se convertissait pas en une libéralité.

stipulation, nulle comme telle, ne vaut pas comme constitut; ce n'est pas de cette manière que l'on se proposait de se lier.

La même règle d'interprétation sert à expliquer la loi 27, § 9, Dig., *de Pactis*, et la loi 8, *princip.*, Dig., *de Acceptilatione*. Le premier de ces textes est ainsi conçu : « Si acceptilatio inutilis fuit, tacita pactione id actum videtur, ne peteretur. » — Ainsi l'acceptilation, inefficace comme telle, se convertit en un pacte *de non petendo.* — Le second texte est rédigé dans le même esprit : « An inutilis acceptilatio utile habeat pactum, quæritur? et nisi in hoc quoque contra sensum est, habet pactum. » — Il faut considérer ce que l'on s'est proposé. Avait-on le projet de faire une véritable acceptilation et cette acceptilation se trouve-t-elle défectueuse? elle ne pourra valoir comme pacte, elle n'obtiendra point l'effet d'une obligation naturelle. — Seulement, quand il s'élèvera des doutes sur la question de savoir si les contractants ont entendu se soumettre aux lois de l'acceptilation, nous estimons qu'il conviendra d'assigner à la convention les attributs du pacte *de non petendo.*

De plus, en ce qui concerne l'acceptilation, nous serons facile pour reconnaître que l'on n'a pas voulu seulement se circonscrire dans la sphère d'une acceptilation proprement dite, parce que le pacte *de non petendo* produit à peu près les mêmes effets que l'acceptilation, tandis que le pacte simple, qui ne sert que comme exception, diffère essentiellement de la stipulation, qui permet d'agir.

En conséquence du principe que nous avons antérieurement formulé, et d'après lequel toute sorte d'obligation naturelle produit les mêmes effets, nous dirons que celle dérivant du pacte n'a point de prérogatives spéciales.

Récemment l'on a soutenu que l'obligation naturelle, émanant du pacte, donnait lieu à la compensation, à la validité du paiement fait par erreur, tandis que les autres obligations naturelles amènent seulement des effets volontaires de la part du débiteur. Cette théorie tend à confondre les obligations naturelles et les obligations morales; car ces dernières obligations ne sont, en général, accompagnées que des effets auxquels consent le prétendu débiteur. Au reste, nous avons remarqué (1), notamment en ce qui concerne les paiements faits *pietatis causa*, que l'erreur de droit dans laquelle on tombe n'autorise pas la répétition (l. 32, § 2, Dig., *de Condictione indebiti*).

D'après le système contre lequel nous nous élevons, l'obligation naturelle du pupille ne donnerait naissance qu'à des effets volontaires; cependant, l'on sait que la compensation *ex eadem causa* peut être opposée au pupille obligé naturellement (l. 3, § 4, Dig., *de Negotiis gestis*) (2).

(1) Page 33.

(2) Voir p. 69 et 137. — L'opinion que nous venons de combattre, a été exposée par M. Clamageran, dans une thèse sur les obligations naturelles. Puisque ce docteur admet,

SECTION XV.

Y a-t-il obligation naturelle dans une donation entre-vifs manquant des formalités déterminées par la loi?

SOMMAIRE.

1. La donation entre-vifs rentre dans le droit des gens.
   Lorsque les formalités de la loi *Cincia* n'avaient pas été observées, existait-il une obligation naturelle ou civile?

2. Il résulte de la loi civile que le défaut d'insinuation empêche la donation de produire une obligation naturelle.

1. La donation entre-vifs, quoique assujettie à des formes spéciales, rentre dans le droit des gens. Chez tous les peuples, il a été permis de témoigner son at-

p. 11, que les obligations naturelles, à l'exception de celle provenant du pacte, n'ont que des effets volontaires, il doit admettre, en même temps, que le paiement qui a lieu constitue une libéralité; nous ne pouvons dès-lors partager sa manière de voir, d'après laquelle ce paiement serait l'acquittement d'une dette. Au surplus, M. Clamageran est forcé de reconnaitre que cette seconde espèce d'obligations naturelles qu'il a indiquée se subdivise, quant aux effets; ainsi, page 20, tout en considérant l'obligation de se doter comme une obligation naturelle qui incombe à la femme, il déclare que cette obligation naturelle a des caractères tout particuliers, que ses effets sont spéciaux. De là il suivrait que les obligations naturelles auraient été bien dissemblables, en Droit romain, quant à leurs effets.

tachement par des libéralités, de récompenser les services rendus, d'exprimer sa reconnaissance, de gratifier les malheureux.

Le citoyen a dû néanmoins être prémuni contre le penchant qui le porterait à donner, il fallait éviter qu'il eût plus tard des regrets. Des précautions, des mesures durent être prises dans cette prévision (1).

Dès le principe, la donation entre-vifs ne pouvait subsister que tout autant qu'elle était accompagnée de formes solennelles, notamment de celles de la stipulation. Il est clair que, dans cette hypothèse, nous appliquerions la règle que nous avons déjà émise sur les effets de la stipulation irrégulière, lorsque les parties n'avaient voulu ou entendu s'engager que par cette espèce d'obligation verbale.

Plus tard, en vertu de la loi *Cincia*, celui qui avait consenti des donations excessives, pouvait se repentir s'il n'y avait pas eu exécution (2); et, dès-lors, l'on

---

(1) M. Laferrière, *Histoire du Droit*, t. 1, p. 475, fait observer que la loi *Cincia* se rattache encore à l'ordre politique; elle était destinée à paralyser l'influence des patriciens en ce qui concernait leurs relations avec les plébéiens.

(2) Ulpien, *Regular.* 1, § 1.—A l'égard des choses *mancipi*, la loi *Cincia* exigeait qu'il y eût non-seulement transfert de la propriété par l'un des modes du droit civil, mais encore transfert de la possession. (*Frag. Vaticana*, § 313.) — Même à l'égard des choses mobilières, le donataire, pour être à couvert, devait avoir possédé la plus grande partie de l'année. (*Fragm. Vatic.*, § 311.)

peut se demander si la stipulation seule étant intervenue, il existera du moins une obligation naturelle.

Nous allons plus loin, et nous pensons que l'obligation civile naissait de la stipulation ; seulement l'action
était amortie par l'exception de la loi *Cincia*.

Il est vrai que le donateur pouvait se repentir (*Frag-
menta Vaticana*, §§ 266 et 272). Mais une semblable
particularité se rencontre dans les donations entre-vifs
que s'adressent les époux, et nous n'avons pas hésité à
décider que, d'après la nouvelle jurisprudence, ces
sortes de donations donnaient lieu à une obligation
civile (1).

2. Les formalités de la loi *Cincia* furent remplacées
par d'autres. L'insinuation fut exigée afin de prévenir le
public. Justinien restreignit cette formalité à tous les dons
dépassant cinq cents solides. Toutefois, le défaut d'insinuation ne rend défectueuse la donation que pour ce
qui est supérieur au chiffre précité (Inst. Just., § 2,
de *Donationibus*). Mais la loi 34, *princ.*, Codice, *de Donationibus*, porte que cet excédant est réputé non écrit
et doit s'évanouir : « ..... Si quid autem supra legiti-
mam definitionem fuerit donatum ; hoc, quod super-
fluum est, tantummodo non valere ; reliquam vero
quantitatem, quæ intra legis terminos constituta est,
in suo robore perdurare ; quasi nullo penitus alio ad-
jecto, sed hoc pro non scripto, vel non intellecto cre-

(1) Voir p. 167.

datur..... » — De là il suit que le droit positif entend
annuler toute obligation pour l'excédant. Il s'exprime
très explicitement, et l'obligation naturelle ne peut avoir
des effets malgré la défense du droit civil. L'insinuation
n'étant que l'ouvrage du pur droit civil, son omission
ne nous aurait point paru détruire l'obligation naturelle dans les rapports des parties, s'il ne se rencon-
trait pas des textes qui statuent le contraire....

SECTION XVI.

Les dispositions renfermées dans un testament irrégulier ont-elles la force de l'obligation naturelle ?

SOMMAIRE.

1. Le droit de tester appartient au droit des gens.
   Il convient, toutefois, que le droit civil n'accorde
pas à une disposition contenue dans un testament irrégulier la puissance de l'obligation naturelle.

2. Les jurisconsultes romains ne contestaient pas que le
droit de tester dérivât du droit des gens.
   Mais ils n'admettaient pas que le testament irrégulier
pût servir de base à une obligation naturelle.

3. Les dispositions mentionnées dans un testament irrégulier offrent le caractère de l'obligation morale ou de
convenance.

4. Conformément aux principes antérieurement exposés,
nous décidons que celui qui, pensant être tenu civilement, acquitte la disposition contenue dans un testament irrégulier, n'est pas recevable à répéter.

1. Quelles qu'aient été les assertions contraires (1), nous avons la conviction que la faculté de tester fait partie du droit des gens. Nous envisageons les actes de dernière volonté comme une conséquence du droit de propriété lui-même. Le propriétaire, maître de disposer d'une manière absolue, est surtout jaloux de faire la distribution de sa fortune pour l'époque où il aura cessé d'exister. En effet, celui qui possède des biens à sa convenance, peut n'être pas désireux de les vendre ou de les donner par acte entre-vifs; mais il tiendra toujours à les transmettre par testament.

(1) Bynkershock, t. 1, p. 112, editio lugduni bat., enseigne que la faculté de tester dérive du droit civil; il se fonde sur ce que le droit naturel ne reconnaît que la possession, et que celle-ci cesse à la mort du détenteur. Cet auteur ajoute seulement que l'avantage accordé au premier occupant étant de nature à susciter des luttes fâcheuses pour la société, la loi civile a compris qu'il fallait créer le droit de succéder.

Bynkershock pense encore que le droit de possession est plus ancien que le droit de propriété. Pour nous, nous estimons que l'un et l'autre remontent aux premiers temps du monde, et que la société ne peut exister qu'avec le droit de propriété; or, la propriété peut être transmise de diverses manières, et nous soutenons que la tradition n'est pas nécessaire pour arriver à ce résultat. Le jurisconsulte dont nous censurons la théorie, admettant que la loi civile a établi le droit de succéder soit *ab intestat*, soit par testament, afin d'empêcher les agitations qui auraient bouleversé la société, indique, par cela même, que la transmission de l'hérédité se justifie par le

En faisant du droit de tester une institution purement civile, on porte atteinte au bien général, on
émousse l'aiguillon du travail, on paralyse l'émula-
tion. Le citoyen qui a plus que le nécessaire pour vivre, qui a du bien-être, et qui ne laisse pas d'enfants,
ne cherchera pas à gagner, puisqu'il n'aura pas à sa
mort la satisfaction de faire le partage de son patrimoine entre les personnes qu'il affectionne. — De là
nous concluons que le droit de tester se rattachant à
l'intérêt général, dérive au moins dans son principe du
droit des gens; car ce droit embrasse les institutions
qui intéressent la société.

L'on objecte que les dispositions testamentaires con-
fèrent un avantage avant que l'institué accepte; que ce
dernier ne pouvant donner son adhésion qu'après la

droit des gens. L'on se rappelle, en effet, que, selon nous,
le droit des gens a pour but l'intérêt général de la société.

M. Ahrens, professeur à l'Université de Gratz, *Cours de
droit naturel*, p. 535, édit. de 1853, démontre que la volonté de l'homme peut avoir de l'effet au-delà du tombeau; il
remarque, en outre, que l'expression de la dernière volonté
de l'homme inspire généralement du respect, que ce sentiment est légitime et naturel, que, par conséquent, le Droit
est tenu d'assurer l'exécution de cette volonté dernière.

M. Ahrens rapporte l'opinion de Leibnitz, qui considère le
droit de tester comme une conséquence de l'immortalité de
l'âme.

Cette manière de voir, sur la faculté de tester, est encore
celle de M. Laferrière, que cite également M. Ahrens.

mort du disposant, il en résulte qu'il ne peut y avoir
concours des deux volontés, et que, par conséquent,
l'acte de dernière volonté n'est rien sans la protection
du droit civil. — Nous répondons que si l'on reconnaît,
avec nous, que le droit de tester se confond avec celui
de propriété, il doit être accepté avec sa nature particulière et les conditions qui lui sont propres, et qui
ne permettent pas de lui appliquer les règles des contrats. — En outre, la raison ne répugne pas à ce que
l'on admette qu'à la mort du testateur un bénéfice est
conféré à l'institué; l'on peut investir d'un avantage
une personne qui l'ignore, et celle-ci n'en profitera que
tout autant qu'elle le voudra. A la mort du testateur
l'institué existe, il est donc susceptible d'être saisi de
l'éventualité de la disposition. Les héritiers légitimes
ou du sang n'auront pas le pouvoir de la révoquer, ils
sont privés des prérogatives de la parenté dès que le
testateur a choisi un tiers pour continuer sa personne.
Si le testateur n'a fait que des dispositions quant à certains biens, par exemple, en Droit romain, des fidéi-
commis contenus dans un codicille, les héritiers même
ab intestat sont censés avoir été tacitement institués,
à condition qu'ils exécuteront ce qui est prescrit
dans cet acte de dernière volonté. L'on sait que par
cela seul que le propriétaire n'enlève pas l'hérédité à
ceux qui doivent la recueillir *ab intestat*, il est considéré comme ayant voulu la leur attribuer (1).

(1) C'est ce qui explique pourquoi, en Droit romain, l'on

Cependant la sollicitude du législateur doit se porter
sur les actes de dernière volonté. Aucune sécurité
n'existerait si l'on accueillait facilement les institutions
d'héritier, alors que celui auquel on les attribue ne
serait point là pour donner soit une approbation, soit un
démenti. La mauvaise foi serait de la sorte encoura-
gée, elle aurait un aliment considérable ; aussi le droit
civil fait-il acte de sagesse en déniant l'efficacité de
l'obligation naturelle aux dispositions énoncées dans un
testament irrégulier. Ce qui n'est pas en contradiction
avec ce que nous avons dit : que la faculté de tester est,
quant à son principe, de droit des gens ; car cette faculté,
tout en dérivant du droit naturel, peut et doit être ré-
glée, dans son exercice, par la loi civile de chaque
peuple.

2. Les principes qui viennent d'être exposés concernant l'origine du droit de tester, n'auraient pas été
agréés à Rome, si l'on s'en rapporte à ce qui est écrit
par divers auteurs (1). On a répété bien souvent que
les Romains envisageaient le droit de tester comme une
création du droit civil, en se fondant sur ce qu'il fallait
être citoyen romain pour avoir la capacité de tester.

peut grever de fideicommis les héritiers *ab intestat* (Inst.
Justin., § 10, *de fideicommissariis hereditatibus*).

(1) Heineccius, dans ses notes sur Vinnius, critique l'o-
pinion que ce dernier a émise sur l'origine du testament,
qu'il rattache au droit des gens. — Vinnius, t. i, p. 318.

Nous croyons que cette appréciation historique est inexacte. Les Romains n'attribuèrent qu'aux citoyens le droit de laisser un testament romain, c'est-à-dire un testament qui procurât les avantages découlant des lois romaines, comme ils ne permirent pas aux étrangers de contracter le mariage romain, les justes noces (INST. JUSTIN., *prœm.*, *de Nuptiis*). Mais il ne s'évince point de là que les Romains ne reconnussent dans le mariage qu'une institution du droit civil, car les étrangers pouvaient contracter mariage; seulement, cette union n'avait pas les effets du mariage romain, les enfants ne tombaient pas nécessairement (1) sous la puissance du père ou de l'aïeul paternel, etc. — Or, de même que l'on reconnaissait à Rome le mariage du droit des gens, de même l'on reconnaissait un testament du droit des gens. Aussi l'étranger était-il autorisé à faire un testament d'après les statuts de sa patrie : « Quoniam nec quasi civis romanus testari potest, cum sit peregrinus, nec quasi peregrinus quoniam nullius certæ civitatis civis est ut adversus leges civitatis suæ testetur. » (Ulpien, *Regul.*, tit. 20, § 14.)

Conformément à ces idées, Constantin déclare : « Nihil enim est, quod magis hominibus, quam ut supremæ voluntatis, postquam jam aliud velle non possunt, liber

---

(1) Nous disons *nécessairement*, parce qu'il est possible que les enfants fussent soumis entièrement à la puissance du père, si la législation du pays de l'étranger avait statué de la sorte.

13

sit stylus, et licitum, quod iterum non redit, arbitrium. » (L. 1, CODICE, de Sacrosanctis ecclesiis.)

Les Romains ayant exigé impérieusement que le testament fût parfait en lui-même, il en résulte que l'omission des conditions requises ne permettait pas qu'il servit de titre à une obligation naturelle (1).

(1) Les formalités imposées par le droit civil étant nombreuses et compliquées, le Préteur eut le soin de les simplifier. Si le testateur s'était conformé aux préceptes du droit prétorien, il transmettait ses biens à ceux qu'il avait choisis. Ce n'était pas seulement une obligation purement naturelle dont le bénéfice était attribué aux institués, mais c'était un droit donnant lieu à une action.

Dans le § 12 du titre de *fideicommissariis hereditatibus*, INST. JUST., nous lisons que lorsque l'on prétend qu'un fideicommis a été laissé, si les formalités prescrites pour cet acte n'ont pas été accomplies, le fideicommissaire peut déférer le serment à celui qu'il désigne comme ayant été grevé. — Il faut remarquer, d'abord, que c'est là une dérogation aux principes généraux concernant les actes de dernière volonté. Ils ne peuvent être prouvés que par les formes qui leur sont propres, et vainement le prétendu gratifié déférerait-il le serment à celui qu'il dirait être tenu de restituer. Mais cette dérogation aux règles fondamentales ne doit pas être étendue, et, par conséquent, nous ne saurions admettre que le codicille, défectueux parce que le nombre des témoins déterminés n'a pas été appelé, peut néanmoins être une source d'obligation naturelle. La disposition que l'on allègue avoir été faite vaudra entièrement, ou sera tout-à-fait annihilée, elle ne saurait se plier au système de l'obligation naturelle.

3. C'est le cas de rappeler la distinction que nous avons déjà faite à l'égard de l'obligation naturelle, et de celle dite morale, ou de convenance. L'institution et le legs placés dans un testament irrégulier, n'auront pas la portée d'une obligation naturelle, mais seulement celle d'une obligation morale; de sorte que si le paiement est effectué, la répétition est refusée. Celui qui fait la prestation est censé vouloir ou faire honneur à la mémoire du défunt, ou être généreux envers les légataires, ou acquérir la réputation d'un homme délicat. Dans ces circonstances, l'on ne peut dire que ce paiement est dénué de cause : « Qui totam hereditatem restituit, cum quartam retinere ex Pegasiano debuisset, si non retineat, repetere eam non potest, nec enim indebitum solvisse videtur, qui plenam fidem defuncto præstare maluit. » (Paul, SENT., liv. IV, tit 3, § 4.) La loi 2, CODICE, *de fideicommissis*, se prononce de la même manière par rapport aux dispositions de dernière volonté, qui sont acquittées par les héritiers.

4. Nous avons tâché d'établir précédemment (1), que celui qui acquitte un devoir de convenance, alors même qu'il croit être tenu civilement, n'a pas la faculté de recourir à la répétition; nous devons faire

Au reste, cette disposition concernant le fidéicommis s'explique par l'origine et la nature de cette institution, qui était, dès le principe, affranchie de toute espèce de formalités.

(1) Voir page 33.

aussi l'application de cette règle à l'égard des actes
de dernière volonté. — La loi 9, Codice, *ad legem Fal-*
cidiam, décrète que : « error facti... repetitionem non
impedit... quin etiam si jus ignoraverit cessat repetitio. »

Cette distinction entre l'erreur de fait et de droit
nous semble s'expliquer par la considération qu'il s'agit
de l'acquittement d'un devoir de convenance, et que
l'erreur de droit n'autorise pas le recours à la répétition,
tandis qu'il en est différemment par rapport à l'erreur
de fait qui aurait de la gravité. C'est ainsi que nous
nous rendons raison du § 5 de la loi 9, Dig., *de Juris*
et facti ignorantia(1) : « Si quis jus ignorans, lege Falci-

_____

(1) M. de Savigny, tom. III, p. 433, fait observer que
cette décision est fondée sur ce que la *condictio indebiti*
n'est pas admise pour cause d'erreur de droit. A l'appui
de son système, il cite la loi 10, Codice, *de Juris et facti*
ignorantia : « Cum quis jus ignorans, indebitam pecuniam solverit : cessat repetitio. Per ignorantiam enim facti
tantum repetitionem indebiti soluti competere tibi notum
est. » Nous ne croyons pas devoir souscrire à ce sentiment.
Nous comprenons que l'on soit plus sévère pour accueillir
l'erreur de droit que l'erreur de fait. Mais lorsque l'erreur
de droit est telle qu'elle détruit le consentement, elle nous
parait devoir servir de base à la répétition ; car la *condictio*
indebiti s'inspire de l'équité. Quand l'erreur dans laquelle on
est tombé n'est pas grossière, celui qui voudrait en profiter se
montrerait indélicat. Toutefois, l'erreur de droit ne pourra
être invoquée que suivant la distinction faite par la loi 7,
Dig., *de Juris et facti ignorantia*, qui nous semble tran-

dia usus non sit, nocere ei dicit epistola divi Pii... item
est illa pars æque generalis est, ut qui juris ignorantia
legis falcidiæ beneficio usi non sunt, nec possint repetere : ut secundum hoc possit dicit, etiam si pecunia,

cher la question : « Juris ignorantia non prodest adquirere
volentibus, suum vero petentibus non nocet. » — M. de
Savigny, p. 354, objecte qu'il est bien embarrassant de
savoir si la personne qui exerce la *condictio indebiti* éprouve
une perte véritable, ou si elle est privée d'un bénéfice ; ainsi,
ajoute ce jurisconsulte, quand on invoque l'usucapion, l'on
devient quelquefois plus riche, et quelquefois l'on évite une
perte ; il suffit de supposer, dans ce dernier cas, que le prix
de la chose a été payé, et que la preuve ne peut être rapportée. Il en sera de même pour une acquisition émanant
a non domino ; le prix étant soldé, si le véritable propriétaire réclame, l'usucapion protège le possesseur, sans être
pour lui une cause d'enrichissement.

Nous estimons que le cas d'enrichissement n'est pas très
difficile à discerner du cas où l'on cherche à éviter une
perte.

L'usucapion est classée parmi les modes d'acquérir (Ulpien, *Regul.*, tit. 19, § 2). Tel est son but principal. Il est
possible que l'on ait payé le prix et que la tradition ait eu
lieu en conséquence. Mais la preuve de ce fait n'étant pas
établie, ce n'est, aux yeux du législateur, qu'une pure allé-
gation. En supposant même qu'il soit constant que le prix
a été compté, comme l'on a reçu la chose *a non domino,*
l'usucapion en procure du moins l'acquisition ; car on n'a-
vait sur elle aucun droit véritable, le disposant ne pouvait
transmettre une propriété qui ne lui appartenait pas.

Au surplus, la loi 7 précitée s'harmonise avec le principe
d'après lequel l'erreur de droit ne profite pas quand il s'agit
de l'usucapion (l. 31, Dig., *de Usurpationibus et Usuca-
pionibus*) ; car l'usucapion a pour résultat de conférer une
acquisition et un enrichissement.

quæ per fideicommissum relicta est, quæque soluta est,
non ad aliquid faciendum relicta sit, et licet consumpta
non sit, sed extet apud eum, cui soluta est, cessare
repetitionem. »

Au nombre des espèces où l'erreur de droit motivera la
répétition, afin d'éviter une perte, nous placerons les suivantes :

a) Le débiteur a contracté, purement et simplement,
une obligation alternative; il se persuade que le Droit attribue le choix au créancier; il paie, en conséquence, la
chose demandée, la condiction lui sera départie (l. 10, Co-
DICE, *de Condictione indebiti*).

b) Celui qui, par erreur de droit, paie aux fermiers des
impôts une contribution trop élevée, est admis à répéter
(l. 16, § 14, DIG., *de Publicanis*).

c) L'emprunteur s'imagine que les intérêts non promis
sont dus néanmoins, parce que la loi les fait courir de plein
droit; dans cette conviction il les acquitte : la condiction
lui appartiendra.

Dans les cas précités, il ne se rencontre, de la part de
celui qui paie, aucune obligation morale, car il ne faut
pas oublier le principe d'après lequel la répétition est refusée à celui qui paie par erreur de droit, alors que, néanmoins, il était tenu d'après une obligation morale.

Ces explications nous fourniront l'interprétation de la
loi 10, CODICE, *de Juris et facti ignorantia;* ce rescrit
se réfère à l'hypothèse où celui qui excipe d'une erreur de
droit est repoussé parce qu'il a satisfait à une obligation
morale.

M. Machelard, p. 286, ne pense pas que l'*officium* in-
terdise toujours la *condictio indebiti* quand il y a eu erreur de droit; il faudra, d'après cet auteur, considérer la
gravité du devoir. (Voir ce que nous avons dit de l'opinion
de M. Schwauert relativement à l'obligation morale, Introduction, p. LIII).

SECTION XVII.

La promesse sous condition (1), ou à terme (2), contractée d'après les règles du droit civil, doit-elle être envisagée comme obligation naturelle ?

SOMMAIRE.

1. L'obligation conditionnelle attribue un droit qui constitue une obligation civile.

2. Ce droit ne confère pas, à celui qui a stipulé, une créance soit civile soit naturelle par rapport à la chose promise.

3. Celui qui a stipulé à terme est investi, par rapport à la chose promise, d'une créance civile, et non pas seulement naturelle.

   A plus forte raison le délai de grâce n'empêche-t-il pas l'obligation d'être civile.

1. Avant même l'évènement de la condition, l'engagement renferme une obligation civile; il ne dépend pas du débiteur de se soustraire aux conséquences qui en découlent. Cette obligation crée un droit au profit de celui auquel elle a été consentie: il fait partie de ses biens, il constitue une chance qui est appréciable, qui

(1) Nous n'entendons parler que de la condition suspensive, qui est la condition proprement dite, d'après la doctrine des jurisconsultes romains.

(2) Il est évident que nous ne fesons allusion qu'au terme qui diffère l'exécution de la convention, et non à celui qui fait cesser cette exécution.

n'a pas, sans doute, la même valeur que la chose promise, mais qui néanmoins en a une véritable. Elle permet de recourir à une action, afin d'empêcher celui qui a promis d'apporter obstacle à l'accomplissement de la condition (l. 50, Dig., *de Contrat. empt.*).

Cette obligation, quoique modale, est parfaite d'après le droit civil. L'obligation naturelle, au contraire, réveille l'idée d'un engagement défectueux d'après le droit civil.

2. Si l'on veut à présent définir le droit que peut avoir le créancier sur la chose elle-même promise, l'on décidera qu'il ne représente pas une créance naturelle ; aussi le paiement qui aurait eu lieu par erreur donnerait lieu à la condiction (l. 16, Dig., *de Condictione indebiti*). C'est là une preuve incontestable qu'il n'existe pas d'obligation naturelle. Sans doute, l'obligation naturelle n'est pas la seule qui paralyse l'action en répétition ; l'obligation morale produit le même résultat ; mais du moins il est certain que l'idée de l'obligation naturelle disparaît en présence de l'action en répétition.

3. Le terme ne saurait être assimilé à la condition. Le créancier est certain d'obtenir ce qu'il a stipulé ; le paiement est retardé, l'obligation existe dès le principe ; aussi le paiement effectué avant l'échéance ne peut servir de fondement à la répétition : « In diem debitor, adeo debitor est, ut ante diem solutum repetere non possit. » (L. 10, Dig., *de Condictione indebiti*.)

L'on aurait tort d'inférer de ce texte, avec certains auteurs(1), que l'obligation à terme ne constitue qu'une obligation naturelle. Nous estimons, au contraire, qu'elle est civile, elle a été contractée conformément aux prescriptions du droit civil. L'obligation naturelle opposée à l'obligation civile implique l'imperfection d'un acte.

En vain l'on opposerait que l'obligation naturelle étant celle qui n'est pas vivifiée par une action, l'obligation à terme offre cette particularité. Nous remarquerons que l'assignation du terme ne prive pas le créancier de toute action; après un certain laps de temps, l'action sera octroyée, au lieu que lorsque l'obligation est véritablement naturelle, le créancier ne peut jamais agir pour ramener la promesse à exécution. En outre, si le débiteur à terme porte atteinte aux sûretés qu'il avait fournies, le stipulant est en droit d'exiger le paiement immédiat.

Quand il s'agit d'un terme de grâce (2) accordé au

(1) M. Mühlenbruch, t. II, p. 224, *Doctrina Pandectarum*.

(2) Doneau, t. III, p. 437, édit. de Rome, reconnaît que le terme conventionnel n'empêche pas l'obligation d'être civile; cependant il décide tout autrement à l'égard du terme de grâce. Il nous semble qu'il y a contradiction entre ces deux propositions. Le délai de grâce ne nous paraît pas avoir plus de puissance que le terme conventionnel: le premier, en effet, ne modifie qu'après coup l'exécution du contrat; au lieu que le second avait, dès le principe, apporté du retard à cette même exécution.

débiteur pour se libérer, par exemple, dans le cas
d'une condamnation, nous estimons encore que l'obligation est civile. D'après la loi 16, § 1, Dig., *de Compensationibus*, ce délai ne porte pas obstacle à la compensation : « Cum intra diem ad judicati executionem
datum, judicatus Titio, agit cum eodem Titio, qui et
ipse pridem illi judicatus est, compensatio admittetur ;
aliud est enim diem obligationis non venisse, aliud hu-
manitatis gratia tempus indulgeri solutionis. »

Ce texte se réfère, non pas à la compensation telle
qu'elle était connue primitivement, mais à la compensation telle qu'elle a été transformée après coup. Cette
dernière compensation n'est pas admise quand l'une
des obligations a un terme ; l'espèce précitée a trait,
non à un terme proprement dit, mais à un terme qui
n'est octroyé que par humanité ; par conséquent, la
dette est venue à échéance, et, en consultant le droit,
la compensation sera proposée avec succès.

SECTION XVIII.

Y a-t-il obligation naturelle dans les dettes de jeu ?

SOMMAIRE.

1. Les dettes de jeu ne contiennent pas le germe de l'obligation naturelle.

2. Celui qui a perdu a même le droit de répéter.

3. Le législateur romain dénie même aux dettes de jeu le
caractère de l'obligation morale, ou de convenance.

4. Il no faut pas confondre les dettes de jeu proprement dites avec celles qui dérivent de jeux qui développent les forces du corps.

4. Nous avons vu que le Préteur place sous son égide la convention non revêtue des solennités définies par la loi, pourvu qu'elle ne blesse pas l'ordre public.

La dette de jeu est-elle répréhensible?

D'après nous, la dette de jeu ne saurait être assimilée à une obligation naturelle; car l'obligation naturelle a en perspective l'utilité générale. Le jeu n'est qu'une plaie pour la société; aussi les divers peuples ont-ils cherché à mettre un frein au jeu et à empêcher ses effets.

Les Romains, persuadés que le jeu favorise l'oisiveté, fait perdre le goût du travail, bat en brèche les fortunes, excite même au crime (l. ult., CODICE, de Aleatoribus), s'étaient montrés extrêmement sévères à l'égard des dettes du jeu, et ils s'étaient bien gardés de les envisager comme des obligations naturelles. — Celui qui avait perdu était non-seulement à l'abri de toute action, mais encore, s'il avait payé, il était en droit de répéter (l. ult., §§ 1 et 2, DIG., de Aleatoribus). Par là disparaît le caractère de l'obligation naturelle, puisqu'elle est un obstacle à la répétition.

En énumérant les effets de l'obligation naturelle, nous avons dit qu'elle admettait le constitut et le cautionnement; or, nous le demandons, une dette de jeu deviendrait-elle efficace par l'engagement itératif que prendrait le perdant, ou bien par la création d'une hypothèque?

2. Au premier abord l'on est étonné que la répétition soit permise, car celui qui paie en connaissance de cause, alors même qu'il ne doit pas, n'est pas recevable à répéter, parce qu'il est censé avoir voulu faire une donation; aussi nous dénierions à la dette de jeu la qualité d'obligation naturelle, alors même que la répétition aurait été prohibée. Au reste, cette faculté de répéter atteste combien les Romains voyaient de mauvais œil les dettes de jeu, ils supposaient que celui qui payait obéissait plutôt à un faux point d'honneur, qu'il n'entendait donner.

Il est vrai que pour empêcher la répétition, l'on aurait pu objecter que les joueurs étaient respectivement en faute, et que in pari causa melior est causa possidentis; mais les Romains considéraient qu'il n'est pas rare que ceux qui perdent au jeu n'aient été victimes de manœuvres peu délicates; de telle sorte qu'à cause de ce dol présumé, il n'y avait pas lieu de faire l'application de la maxime précitée.

3. De ce qui précède, nous tirons la conséquence que les Romains ne considéraient pas non plus les dettes de jeu comme la source d'une obligation morale, ou de conscience; nous avons vu, en effet, que cette dernière obligation étant soldée même par erreur, alors que l'on croyait à tort être exposé à une action, la demande en répétition ne pouvait être proposée.

4. Il est évident que ce rigorisme de la loi n'atteignait pas les jeux qui consistent en des exercices destinés à développer les forces du corps, alors surtout que l'enjeu est peu élevé (l. 2, § 1, Dig., *de Aleatoribus;* — l. 3, Codice, *de Aleatoribus.*)

SECTION XIX.

Les intérêts usuraires peuvent-ils servir de base à une obligation naturelle?

SOMMAIRE.

1. La promesse de payer des intérêts excessifs ne donne pas naissance à une obligation naturelle.

2. Des intérêts usuraires ayant été payés sans qu'il intervienne aucune erreur, la répétition est autorisée.

3. Il en est autrement des intérêts non usuraires qui sont payés sans qu'il y eût promesse antérieure; la répétition n'est admise que tout autant que l'on justifie d'une erreur.

1. Notre intention n'est pas d'approfondir la question de savoir si la conscience s'accommode du prêt à intérêt. Des jurisconsultes et des canonistes ont soutenu la négative, sauf dans le cas où le prêteur de deniers ressent une perte ou se prive d'un bénéfice. Cependant l'opinion générale se prononce en faveur du prêt à intérêt; la Cour de Rome, consultée dans ces derniers temps, ne l'a point proscrit (1), et en cela elle a fait, suivant son habitude, acte de sagesse.

(1) Se sont exprimés en ce sens, les papes Léon XII,

Ne perdons pas de vue que nous devons nous mouvoir principalement dans le cercle de l'obligation naturelle, et que nous n'avons à nous préoccuper des obligations de conscience que d'une manière secondaire. Or, il est évident que le prêt à intérêt sert à faciliter les transactions, à encourager le commerce. D'ailleurs, dans l'état social, il serait bien difficile de savoir si, en fournissant ses écus et en n'obtenant aucune rétribution, le prêteur n'éprouve pas une perte, ou n'est pas privé d'un bénéfice.

Toutefois, il est nécessaire d'assigner un taux au prêt à intérêt, afin d'arrêter les exactions des usuriers et de prévenir la ruine des débiteurs. Que le propriétaire soit maître de vendre son héritage à tel prix qu'il juge convenable, on peut s'en rendre raison; nul n'est tenu de faire un achat, et s'il consent à compter un prix exorbitant, c'est qu'il veut bien souscrire à des sacrifices. La position de l'emprunteur est toute différente, il est obligé de recourir à cet expédient, de pourvoir à l'entretien de sa famille, de satisfaire ses créanciers, d'échapper aux poursuites dirigées impitoyablement contre lui; en outre, l'emprunteur ne se privant de rien dans le moment, et n'étant tenu de remplir sa promesse que dans un temps plus ou moins éloigné, se résigne facilement aux exigences de ses créanciers; or, l'État a incontestablement le droit d'intervenir pour

Pie VIII, et Grégoire X . — Mgr. Gousset, *Théologie morale*, t. 1, p. 306 et 573.

que l'on n'use pas mal de son avoir(1); par conséquent, il peut prendre des mesures afin que le créancier n'exploite pas la situation de son débiteur, alors même que ce dernier se met à sa discrétion.

L'amour du gain avait à Rome tellement élevé le prix de l'argent, que les prêts usuraires amenèrent les séditions les plus redoutables, auxquelles il ne fut possible de remédier qu'en employant à la fois la ruse et la force (2).

C'est en vue de l'ordre public que le prêt à intérêt a été circonscrit dans certaines limites; l'engagement pris de payer des intérêts usuraires ne vaudra point comme obligation naturelle; aussi, dans l'ancien droit, la peine du quadruple était-elle infligée à celui qui dépassait le taux légitime. Cette pénalité est rappelée dans la loi 2, CODICE THEODOSIANO, de Usuris (3).

D'après cela, il ne faut pas s'étonner que ces intérêts exagérés ayant été acquittés, il soit permis de réclamer.

« ...... Si supra legitimum modum solvit: Severus rescripsit, quo jure utimur, repeti quidem non posse, sed sorti imputandum; et si postea sortem solvit, sortem quasi indebitam repeti posse. Proinde et si ante sors fuerit soluta, usuræ supra legitimum modum solutæ, quasi sors indebita, repetuntur. »(L. 26, princ., Dig., de Condictione indebiti.)

(1) ..... Expedit enim reipublicæ ne sua re quis male utatur..... (INST. JUST., § 2, de Iis qui, etc.)

(2) M. Ortolan, INSTIT., t. II, p. 321.

(3) Voir aussi Noodt, t. 1, p. 200.

L'on ne peut stipuler l'intérêt de l'intérêt ; ou bien, l'intérêt arriéré ne peut dépasser le capital. Si l'on paie sans tenir compte de ces prohibitions, la répétition sera autorisée (l. 26, § 1, Dig., *de Condictione indebiti*).

Puisque la répétition est admise, c'est une preuve péremptoire qu'il n'existe pas d'obligation naturelle ; par conséquent, ces sortes d'engagements résisteraient à toute idée de constitut, de fidéjussion, etc. (1).

Quand des arrangements sont pris pour éluder les défenses concernant l'usure, la loi intervient et arrête la demande qui serait formée à cet égard, et qu'elle appelle *improba* (l. 16, Codice, *de Usuris*). — Il va sans dire que si, dans cette hypothèse, le paiement s'effectuait, il y aurait lieu à restitution.

2. Lorsque des intérêts usuraires ont été soldés, l'action en répétition sera exercée, sans examiner si le paiement a été la suite d'une erreur. Nous repoussons la doctrine contraire, qui a été enseignée (2). En effet, l'intérêt usuraire porte atteinte au bien-être de la société, il est une cause de ruine pour les familles,

---

(1) Quoique la loi 26, *princip.*, *de Condictione indebiti*, que nous avons rapportée, déclare que si le capital n'est pas soldé, c'est sur lui que les intérêts excessifs seront imputés, cela n'empêche pas que cette stipulation d'intérêts ne soit réputée radicalement vicieuse, et que la fidéjussion ne soit considérée comme non-avenue.

(2) Notamment par Doneau, t. VIII, p. 433, édit. de Rome.

il n'a été souscrit par le débiteur que parce qu'il était en quelque sorte contraint. Dès-lors, le législateur ne peut ratifier le paiement qui en est la conséquence. Nous avons constaté que, lorsqu'une dette de jeu est acquittée en connaissance de cause, les Romains octroyaient une action en répétition ; comment n'en serait-il pas de même à l'égard des intérêts usuraires ? Il existe, dans ce dernier cas, des motifs plus puissants encore.

On voit que la peine de l'infamie frappe ceux qui prêtent à un taux exagéré, et que le prêt supérieur au chiffre fixé par la loi est nommé *improbum fœnus* (l. 20, Codice, *ex quibus causis infamia*, etc.). Le législateur qui tiendrait ce langage ne tomberait-il pas en contradiction avec lui-même, s'il laissait l'usurier profiter de son improbité et conserver sans inquiétude le produit de sa fraude ?

Le débiteur qui a soldé, et qui voudra rentrer dans ses fonds, ne sera point éconduit à cause de sa turpitude, on ne pourra lui objecter la maxime, *in pari causa nullor est causa possidentis*.

D'un autre côté, pourquoi la répétition est-elle déniée quand on paie ce que l'on sait ne pas devoir ? C'est parce que l'on est censé avoir voulu faire une donation. Mais il est impossible de recourir à une pareille supposition quand il s'agit d'intérêts usuraires. Celui-ci, qui a subi la loi en empruntant, était gêné dans ses affaires ; par conséquent, il n'était pas en mesure de se livrer à des libéralités. — Si, après coup, ce débiteur

14

acquitte des intérêts usuraires, c'est parce qu'il se trouve sous la dépendance de son créancier, et qu'il appréhende que ce dernier demande impérieusement son capital; alors même que le capital a été remboursé, les intérêts usuraires étant postérieurement soldés, le débiteur sera admis à les réclamer, parce qu'il n'a pas de faute à s'imputer, c'est le créancier seul qui est répréhensible d'avoir fait primitivement une stipulation usuraire : « Indebitas usuras etiam si ante sortem solutæ non fuerint, ac propterea minuerae eam non potuerint, licet post sortem redditam creditori fuerint datæ, exclusa veteris juris varietate repeti posse, perpensa ratione firmatum est. (L. 18, CODICE, *de Usuris*.)

Cette constitution confirme l'opinion d'Ulpien, consignée dans la loi 26, DIG., *de Conditione indebiti* (1).

Ces deux textes reconnaissent, d'une manière générale, la justice de la condiction quand des intérêts ont été payés en sus du taux légal, mais ils n'exigent pas qu'une erreur soit intervenue.

Que l'on n'objecte pas que ce texte parle de la *condictio indebiti*, qui implique nécessairement une erreur; car celui qui paie ce qu'il sait ne pas devoir est réputé vouloir donner. Nous répondons que la *condictio indebiti* est générale, et qu'elle s'obtient dans les diverses circonstances où il s'agit de répéter (l. 1, *princip.*, DIG., *de Conditione sine causa*). Pour qu'il y ait lieu à la *condictio indebiti*, il suffit que l'on paie l'indu, et que l'on

(1) M. Vangerow, t. 1, p. 94.

ne soit pas censé avoir voulu donner. Or, l'on n'est pas censé avoir voulu donner lorsque l'on paie par suite d'une convention qui blesse les lois, le tort provenant du créancier et non du débiteur.

3. Les raisonnements que nous venons de présenter ne régissent pas le cas où des intérêts n'ayant pas été convenus, on les paie néanmoins en connaissance de cause, et sans dépasser le taux fixé par la loi. Il ne sera permis de répéter que tout autant que l'on prouvera une erreur; car l'on a réalisé après coup ce que l'on aurait pu promettre dès le principe (1).

SECTION XX.

La clause pénale jointe à une promesse de mariage a-t-elle l'effet d'une obligation naturelle ?

SOMMAIRE.

1. Cette clause pénale ne peut être invoquée comme obligation naturelle.

2. Le paiement étant effectué, l'action en répétition ne serait pas accordée.

1. La clause pénale ajoutée à une promesse de mariage n'est pas licite, à notre avis, d'après les principes

(1) Nous avons tâché d'établir, p. 39, que le paiement d'intérêts qui s'effectue par suite d'une erreur, permet de répéter, et que l'on ne peut prétendre, dans cette circonstance, que le débiteur auquel on prête sans stipulation d'in-

du Droit romain : « Inhonestum visum est, vinculo pænæ matrimonia obstringi sive futura sive jam contracta. » (L. 134, *princip.*, *de Verbor. oblig.*)

La validité de cette stipulation serait cause que, pour en éviter les conséquences, l'on se résignerait à un mariage pour lequel on n'aurait pas d'inclination, et qui amènerait des résultats fâcheux.

Cette idée n'est pas contredite par la faculté accordée de faire un legs à une personne, à condition qu'elle épousera tel individu qui est désigné : « Titio centum relicta sunt ita, ut Mæviam uxorem, quæ vidua est, ducat : conditio non remittetur; et ideo nec cautio remittenda est. Huic sententiæ non refragatur, quod si quis pecuniam promittat, si Mæviam uxorem non ducat, prætor actionem denegat : aliud est enim eligendi matrimonii pænæ metu libertatem auferri, aliud ad matrimonium certa lege invitari. » (L. 71, § 1, Dig., *de Conditionibus et Demonst.*) En effet, si celui que l'on gratifie d'un legs, pourvu qu'il contracte mariage avec une personne déterminée, refuse, il ne profite pas de la libéralité, il manque de gagner; au lieu que, par l'effet d'une clause pénale, il s'appauvrit et court le risque de se ruiner.

La loi 134, *de Verbor. oblig.*, que nous venons de citer, disposant qu'il n'est pas honnête, conforme à la morale d'enchaîner la liberté que doivent avoir les

térêts, est censé acquitter une obligation morale quand il paie ces intérêts.

futurs époux, il s'ensuit que la clause pénale qui interviendrait à cet effet ne saurait être acceptée comme obligation naturelle ; car la force de celle-ci dérive des mœurs publiques et de l'intérêt de la société.

De là il suit qu'un semblable engagement ne saurait être cautionné.

2. Toutefois, si le paiement avait eu lieu, nous n'accorderions pas l'action en répétition ; car la loi romaine considérant l'engagement pris comme une offense au bien public, il en résulte que les deux parties sont en faute, et, par conséquent, le demandeur ne peut justifier sa prétention ; or, c'est à lui qu'incombe la preuve, et s'il ne la fait pas, le défendeur doit être relaxé.

En traitant du prêt usuraire (1), nous avons reconnu que l'action en répétition est octroyée quand le paiement a été fait en conséquence d'un engagement qui blesse l'ordre public, alors que la faute n'est que du côté de celui qui a reçu ; mais dans l'espèce actuelle, les deux parties ont également méconnu les lois de la société.

SECTION XXI.

Les engagements pris afin d'obtenir une dignité ou un emploi public n'ont pas la valeur de l'obligation naturelle.

SOMMAIRE.

1. Ces engagements sont dépourvus de tout lien naturel.

(1) Voir page 210.

2. L'inefficacité sera la même, que l'emploi ait ou n'ait pas été obtenu.

1. L'ordre public serait profondément blessé si des trafics de ce genre étaient tolérés. Les magistrats qui auraient obtenu leur titre par l'influence de leurs écus seraient déconsidérés et seraient excités, pour se dédommager, à employer des exactions.

Justinien flétrit les conventions de cette espèce (Nov. 8, *præfatio*, § 1) (1).

2. Que le sujet ait ou n'ait pas obtenu la fonction publique qu'il recherchait, la volonté qui a présidé à la convention ne sera pas moins digne de blâme, et, par conséquent, la promesse sera également inefficace.

Ces marchés relatifs aux emplois publics, étant des infractions à l'ordre public, ne sauraient procréer une obligation naturelle.

En nous inspirant des préceptes des jurisconsultes romains, nous avons tâché d'exposer les principes généraux inhérents à l'obligation naturelle. Nous avons aussi dirigé principalement nos investigations sur les questions offrant un intérêt pratique, et qui s'harmonisaient avec la jurisprudence des nations modernes.

(1) La glose place le résumé suivant en tête de cette Novelle : « Dignitates et administrationes gratis conferri debent, nihilo suffragiorum nomine dato : alias omnia mala sequuntur, cum a radice procedat avaritia quæ mater est omnium malorum. »

Dans l'aperçu que nous donnons de l'obligation naturelle, en Droit français, notre tâche a été par là
bien simplifiée. Au lieu de faire des dissertations, il
nous suffira souvent de faire des renvois.

SECONDE PARTIE.

❖

DROIT FRANÇAIS.

SOMMAIRE.

1. L'obligation naturelle existe d'après les principes du Droit français.

2. La définition de l'obligation naturelle est la même en Droit français et en Droit romain.

3. Division de la matière.

1. On s'est demandé si le Droit français se prêtait à la distinction établie par les juristes romains entre l'obligation civile et l'obligation naturelle. — L'affirmative ne peut être douteuse.

Notre Droit, loin de repousser les préceptes de l'équité, s'appuie tout entier sur cette base.

Mais cette équité, qu'il prend en considération, est celle qui se rattache à l'ordre social. Les actes de la conscience échappent, le plus souvent, aux investigations du législateur; pour les réglementer, il faudrait une puissance égale à celle de Dieu (1).

En soutenant une opinion contraire à celle que nous embrassons, on doit admettre que nos Codes, qui moins que tous autres entrent dans les espèces particulières, ne présentent pas de lacunes.

On insiste, et adoptant nos propres principes, on s'efforce de démontrer que dans nos mœurs toutes les obligations sont civiles.

Cette idée peut séduire quelques hommes étrangers à la science; mais ceux qui savent de quelle manière se forme le Droit d'un peuple, comment chaque législateur profite des observations qui lui sont transmises par ses devanciers, comment, enfin, dans tous les temps, il est nécessaire d'en venir à des transactions entre ce que commande le droit rigoureux et ce que prescrit l'équité, ceux-là, disons-nous, ne repousseront jamais les moyens termes sanctionnés par l'expérience et la sagesse du peuple romain.

En dehors de ces considérations, l'obligation naturelle se révèle dans certains textes, notamment dans les art. 1235 et 2012 du Code Napoléon, sur lesquels nous aurons occasion de revenir souvent.

2. La notion de l'obligation naturelle en Droit français, est la même que celle que nous avons donnée d'après le Droit romain (2).

(1) Voir p. 3.
(2) Voir page 6. — Pothier, *Traité des Obligations,*

Comme cette obligation naturelle forme un lien ju-

n° 173, appelle obligation naturelle « celle qui, dans le for de l'honneur et de la conscience, oblige celui qui l'a contractée à l'accomplissement de ce qui y est contenu. » — L'on voit que Pothier assimile l'obligation naturelle à l'obligation morale, ou de conscience, c'est-à-dire qu'il ne donne pas à l'obligation naturelle une physionomie spéciale.

M. Delvincourt, t. ii, p. 112, exprime la même idée.

M. Marcadé, t. v, p. 603, estime que l'obligation naturelle est « celle que le législateur, après lui avoir refusé l'efficacité ordinaire, parce qu'elle est présumée inexistante ou invalide, sanctionne ensuite, parce qu'une exécution libre ou un acte renfermant l'aveu de sa valeur prouve au législateur que, dans ce cas particulier, la présomption générale n'est pas fondée. »

Si l'on accepte cette définition, nous le demandons, quelle différence y aura-t-il entre l'obligation naturelle et l'obligation morale, ou de convenance?

On remarquera que la formule que présente M. Marcadé est semblable à celle que M. Clamageran a proposée, en Droit romain, à l'égard de toutes les obligations naturelles, abstraction faite de celle du pacte simple. — M. Clamageran apprécie de la même façon l'obligation naturelle en Droit français, p. 49.

M. Vidal, *Revue étrangère*, t. iv, p. 384, écrit que, dans le Droit français, il n'y a pas intérêt à distinguer l'obligation naturelle de l'obligation morale, ou de conscience, qui réveillent la même idée. Quoique ce docteur ne mette pas dans une classe à part l'obligation naturelle, sa doctrine a une grande affinité avec celle précédemment indiquée, et qui, tout en maintenant une dénomination propre à l'obligation naturelle, la réduit en définitive à une obligation morale.

ridique, elle doit être nettement séparée de celle qui est morale, ou de convenance ; cette dernière ne fait point partie des biens du créancier, ainsi que nous l'avons développé en Droit romain.

En analysant la définition de l'obligation naturelle en Droit romain, nous avons établi (1) que tout en faisant partie des biens du créancier, elle n'était pas apte à produire une action. Tel est aussi le caractère qu'elle revêt en Droit français. La corroborer au moyen d'une action, ce serait l'assimiler à l'obligation civile. L'article 1235, interdisant la répétition à l'égard de l'obligation naturelle qui a été volontairement acquittée, atteste que le créancier ne peut contraindre le débiteur à se libérer, et que, par conséquent, ce dernier ne peut être exposé à une action.

3. Nous proposant de suivre dans cette partie de notre travail le plan que nous avons adopté dans la première, nous croyons inutile d'en rappeler ici les divisions (2).

(1) Page 7.
(2) Voir page 8.

CHAPITRE PREMIER.

Origine et caractère de l'obligation naturelle.

SOMMAIRE.

1. Sources de l'obligation naturelle.

2. Les liens de famille ne constituent pas une obligation naturelle, mais bien une obligation civile.

3. Les étrangers qui se trouvent en France sont régis par les principes de l'obligation naturelle telle qu'elle est admise parmi nous. — Analogie entre le Droit français et le Droit romain.

4. Quelles sont les exceptions qui font cesser l'obligation naturelle?

5. Les dispositions prohibitives de la loi civile qui ont trait aux intérêts généraux de la société, s'opposent à l'existence de l'obligation naturelle.

6. La nullité de la vente de la chose d'autrui s'étend-elle à l'obligation naturelle?

1. En Droit romain, nous avons signalé (1) trois sources de l'obligation naturelle :

a) L'omission de certaines formalités dans les engagements ;

b) Le vice dérivant de l'incapacité civile des sujets;

c) Le rigorisme du droit civil, qui enrichit l'une des parties en arrêtant la réclamation de l'autre partie.

(1) Page 10.

Dans la législation française, l'obligation naturelle ne s'est manifestée à nous que dans les deux cas suivants :

a) Lorsque le sujet n'est incapable que d'après le droit civil ;

b) Lorsqu'il y a rigorisme du droit civil ; par exemple, le failli ayant fait un concordat avec ses créanciers, ne pourra être poursuivi à raison de la part de la dette abandonnée ; mais il demeure tenu naturellement.

La distinction entre les pactes et les contrats n'existe plus dans nos mœurs, et, sous ce rapport, il n'y a pas de milieu à établir, dans ce cas, entre l'existence et la non-existence de l'obligation civile.

2. Nous ne considérons pas comme obligation naturelle, mais comme civile, celle qui se rattache aux liens du sang (1) ; ainsi, les personnes dont la parenté est établie, ont le droit d'intenter une action pour obtenir des aliments, dans les cas prévus par la loi.

Quelques jurisconsultes (2) ont pensé que lorsqu'un

(1) Voir la partie du Droit romain, page 16.

(2) M. Toullier, t. vi, n° 384, dit que la reconnaissance d'un enfant naturel faite par acte sous seing-privé, renferme une obligation naturelle qui empêche de répéter ce qui a été payé pour aliments, et qui serait susceptible de cautionnement ; mais, ajoute l'auteur, cette reconnaissance, suivant l'opinion commune, ne suffirait pas pour motiver une demande d'aliments.

individu se dit, par acte sous seing-privé, père d'un
enfant, sa déclaration sera maintenue comme obligation naturelle. A nos yeux, elle n'aura pas cette qualité.

Pourquoi un acte authentique a-t-il été exigé (article 334, Code Napoléon)? C'est pour garantir la libre
expression de la volonté de celui qui fait la reconnaissance. Dès-lors, relatée dans un acte sous seing-
privé, elle s'offre sans autorité ; par conséquent, elle
ne peut devenir l'objet d'un cautionnement.

Toutefois, nous n'empêcherions pas de retenir ce
qui a été payé d'après un tel engagement sous seing-
privé; car cet aveu peut servir de base à une obligation morale, ou de conscience; l'on sait que l'obligation
morale, ou de conscience, s'oppose à la répétition de
ce qui a été payé même par erreur, alors que l'on s'i-
maginait être tenu civilement.

D'autres jurisconsultes nous paraissent être plus
conséquents avec eux-mêmes, en soutenant que la
reconnaissance, par acte sous seing-privé, permet
même d'agir pour obtenir des aliments; seulement
ils scindent ses effets, ils la regardent comme insuffisante pour attribuer un droit à la succession, ils
font valoir que certainement elle créerait un empêchement au mariage.

Nous ne croyons pas qu'il soit rationnel de diviser
les effets de la reconnaissance, dès que son existence
est mise en question. Si elle est sincère pour servir de
point d'appui à une demande alimentaire, elle sera

également assez puissante pour justifier une réclamation de droits sur la succession (1).

Nous ne disconvenons pas que la reconnaissance sous seing-privé ne constitue un empêchement au mariage, lorsque, par exemple, le père voudrait épouser la fille qu'il a reconnue de la sorte. Mais l'on doit considérer, comme le disaient les jurisconsultes romains, que par rapport au mariage, il faut consulter l'honnêteté publique. C'est ainsi que nous avons vu (2) que quoique la parenté entre esclaves ne fût point prise en considération par le législateur romain, cependant ces esclaves venant à être affranchis, la parenté et l'affinité formées durant l'esclavage devenaient des empêchements aux justes noces.—De même, dans notre Droit, le mariage est prohibé entre les frères sœurs légitimes ou naturels, et les alliés au même degré (art. 162) (3). — Nous voudrions savoir ce que c'est qu'une affinité naturelle? Ce n'est que par rapport aux empêchements au mariage qu'elle sera invoquée et pour ne pas blesser l'honnêteté publique.

De la discussion à laquelle nous venons de nous livrer, il nous semble résulter que des difficultés peuvent s'élever sur le point de savoir si la parenté, dans

(1) M. Demolombe, t. v, n° 424.

(2) Page 12.

(3) Cet empêchement était admis dans l'ancienne jurisprudence, et plusieurs auteurs pensent qu'il doit être admis dans le nouveau Droit. — M. Mourlon, *Répétitions écrites*, t. 1, p. 272.

certains cas donnés, produit des obligations civiles, mais non pas sur la question de savoir si les obligations seront naturelles.

L'article 349 du Code Napoléon ne saurait être cité comme objection contre notre manière de voir : « L'obligation naturelle, qui continuera d'exister entre l'adopté et ses père et mère, de se fournir des aliments dans les cas déterminés par la loi, sera considérée comme commune à l'adoptant et à l'adopté, l'un envers l'autre. »

Il est évident que cette expression, obligation naturelle, est prise dans un sens relatif et par opposition à l'obligation qui ne dérive pas des liens du sang, mais de la parenté civile. Sans aucun doute, cette prétendue obligation naturelle serait vivifiée par une action.

3. L'obligation naturelle étant l'œuvre du droit social, régit nécessairement les étrangers qui se trouvent en France. Ils seront soumis à l'obligation naturelle, telle que l'envisage la loi française.

La faculté de contracter naturellement doit se concilier avec les lois de capacité qui accompagnent l'étranger, en quelque lieu qu'il se rende. Cette proposition a reçu quelques développements dans la partie du Droit romain (1).

4. Nous avons dit que l'obligation naturelle se pro-

(1) Voir page 13.

duisait quand il y avait rigorisme de la loi, il s'agit de savoir quelles sont les positions qui donnent ce résultat. Nous avons combattu, dans la partie du Droit romain (1), la distinction que l'on établit entre les exceptions *in favorem debitoris* et les exceptions *in odium creditoris*. Cette double classification est arbitraire. L'on éprouvera un véritable embarras pour démêler, en Droit français comme en Droit romain, les exceptions qui ont été dictées soit par un sentiment favorable au débiteur, soit par un sentiment hostile au créancier.

Nous croyons qu'il faut considérer si les exceptions découlent ou ne découlent pas du droit social, et admettre que, dans ce dernier cas, l'obligation naturelle ne sera pas effacée. Ainsi, la femme qui a contracté en dehors de l'autorisation de son mari, se faisant restituer, ne demeurera pas moins obligée naturellement.

Ce principe, auquel nous nous attachons, donne lieu à une difficulté quand on le met en regard du sénatus-consulte Velleien (2). L'on sait, en effet, que la femme qui a répondu pour autrui, échappe même aux liens de l'obligation naturelle. Mais cette objection disparaît dans le Droit français, qui n'a pas accepté le sénatus-consulte Velleien.

5. L'ordre social empêche évidemment l'obligation naturelle de naître, quand des dispositions prohibitives

(1) Page 22.
(2) Voir page 24.

de certains engagements sont basées sur des motifs d'ordre public (1).— L'on ne peut, par des conventions particulières, déroger en aucune manière à ce qui intéresse
l'ordre public (art. 6, Code Nap.).

D'après ce texte, les conventions interdites par le
législateur, parce qu'elles lui paraissent porter atteinte
à l'intérêt général, quoique, en réalité, elles ne soient
pas nuisibles, n'auront pas l'effet d'engendrer une obligation naturelle.— Ainsi, la loi, dans des vues d'ordre
public qu'elle appréciait mal, ayant supprimé sans indemnité les rentes féodales créées pour prix du transfert de la propriété, n'a point laissé intacte l'obligation naturelle.

En écrivant que cette abolition des rentes n'opère
pas contre l'obligation naturelle, et que, par conséquent, l'engagement primitif peut devenir la cause
d'un second, certains auteurs (2) ne discernent pas
l'obligation naturelle proprement dite de l'obligation
morale, ou de conscience. Que celle-ci devienne la
cause d'un nouveau contrat, cela n'empêche pas
qu'elle ne diffère de l'obligation naturelle, ainsi que
nous l'avons plusieurs fois rappelé (3).

De même l'acquéreur de biens nationaux au moyen
d'un faible prix, consentant à solder une indemnité à
l'ancien propriétaire, ne serait pas recevable à répéter.

Nous ne prétendons pas que l'obligation de l'ac-

---

(1) Voir la partie du Droit romain, page 32.
(2) M. Toullier, t. vi, n° 186.— M. Zachariæ, t. ii, p. 257.
(3) Notamment pages 4 et 42.

quéreur de biens nationaux, ou du débiteur d'une
rente primitivement féodale, eût assez de consistance
pour recevoir un cautionnement, ou fournir matière à
une novation : ce sont là des effets qui nécessitent une
obligation naturelle pour le moins. — Toutefois, l'obligation morale empêche la répétition ; le paiement vaut
alors comme donation. — De même l'obligation morale
peut servir de cause à une obligation véritable. Celle-
ci sera un titre gratuit, mais incontestable ; l'on peut,
en effet, consentir une donation, ne fût-ce que par caprice, et à plus forte raison pour motif de conscience.
— Il doit en être ainsi, parce que le législateur ne veut
pas s'immiscer dans les actes de conscience, et que,
d'ailleurs, il n'a pas le pouvoir d'empêcher que celui
qui croit s'être enrichi aux dépens d'un autre, répare
le tort qu'il a commis (1).

(1) M. Clamageran, p. 67, critique la jurisprudence de la
Cour de Cassation, qui, par rapport au débiteur de la rente
féodale et à l'acquéreur des biens nationaux, a consacré la
doctrine que nous avons émise. (Arrêts du 3 juillet 1811,
du 3 décembre 1813, et du 23 juillet 1833.)

Toutefois, nous ferons observer que la Cour suprême,
au lieu de reconnaître une obligation naturelle en la personne
soit de l'ancien débiteur de la rente féodale, soit du possesseur des biens nationaux, aurait mieux défini leur position
en les déclarant tenus d'une obligation morale.

M. Demolombe, t. ix, n° 370, enseigne que d'après les
principes du droit commun, on pourrait dire que les pro-
priétaires violemment dépouillés par des mesures révolution-
naires, avaient conservé le droit de réclamer leurs fonds ;

6. Nous avons écrit en Droit romain (1), que les dispositions prohibitives qui ne sont pas dictées dans l'intérêt public, mais qui sont seulement des déductions rigoureuses du droit civil, n'empêchent pas l'obligation naturelle de se produire.

Ainsi, la vente de la chose d'autrui était permise à Rome. Elle se traduisait en la promesse de mettre et maintenir l'acheteur en possession, ou de lui payer des dommages; elle n'avait rien d'illicite. Lorsque l'on considère que notre législateur a cru devoir en prononcer la nullité, l'on est porté à croire qu'il a plutôt voulu éviter des difficultés d'interprétation, qu'il n'a entendu poser des bornes à la liberté des conventions; on comprend, dès-lors, que cette prétendue nullité ne peut être acceptée qu'avec les modifications que l'équité conseille, et qu'elle n'efface pas l'obligation naturelle; c'est pourquoi nous admettrions que l'exécution du contrat empêcherait le vendeur de réclamer (2), et que pareille obligation pourrait être garantie par un cautionnement.

et que les lois qui avaient assuré l'inviolabilité des biens nationaux, n'avaient pas empêché l'Etat d'être débiteur.

Or, s'il existait une dette par rapport à l'Etat, nous reconnaîtrons qu'il existait aussi une dette morale, ou de conscience, à l'égard de ceux qui avaient profité de la confiscation.

(1) Page 25.

(2) M. Zachariæ, t. ii, p. 501, décide que le vendeur, après avoir effectué la délivrance, n'est pas recevable à demander l'annulation de la vente.

CHAPITRE II.

Des effets de l'obligation naturelle.

Ces effets rentrent dans ceux énumérés en Droit romain, nous allons les parcourir : nous n'aurons guère à indiquer de différences entre les deux législations, nous aurons plutôt à signaler des nuances plus ou moins perceptibles.

SECTION PREMIÈRE.

De la non répétition en ce qui concerne l'obligation naturelle.

SOMMAIRE.

1. Il n'y a pas lieu à répétition lorsque l'on paie, croyant être tenu civilement, tandis que l'on n'est tenu que naturellement.

2. Si l'obligation n'est que morale, ou de convenance, la répétition serait également refusée.

1. En analysant la jurisprudence romaine, nous avons dit (1) que l'acquittement de l'obligation naturelle, fait dans la persuasion que l'on est tenu civilement, n'autorise pas la répétition, et qu'il en est de même alors que l'obligation n'est que morale, ou de convenance.

(1) Voir p. 33.

Le Droit français nous semble imbu de la même doctrine. — Celui qui acquitte une obligation naturelle, croyant être lié civilement, peut-il prétexter que le paiement n'a pas un motif raisonnable? A-t-il payé l'indu? Que l'on remarque, en effet, que l'obligation naturelle sert incontestablement de base à une exception, et que, dans cette espèce, celui qui a reçu ne s'aidera de l'obligation naturelle que pour se défendre; il opposera qu'il est en droit de retenir, et que *suum recepit*.

L'on ne manquera point de combattre cette théorie par l'art. 1235, qui porte que « la répétition n'est pas admise à l'égard des obligations naturelles qui ont été *volontairement* acquittées. » Ce texte, en annonçant que c'est volontairement que le paiement a eu lieu, veut dire que si le dol ou la violence ont été employés, la répétition sera permise, parce que celui qui a soldé n'entendait pas faire un paiement : les exceptions qu'il avait ne peuvent lui être enlevées par suite de manœuvres frauduleuses. La personne, au contraire, qui, se méprenant sur la force de son engagement, l'acquitte, n'a qu'à imputer à elle-même son imprudence, il lui était facile de se renseigner.

Au reste, cette expression *volontairement*, qui se trouve dans l'art. 1235, reçoit son commentaire de l'art. 1967, qui statue relativement aux dettes de jeu : « Dans aucun cas, le perdant ne peut répéter ce qu'il a volontairement payé, à moins qu'il y ait eu, de la part du gagnant, dol, supercherie, ou escroquerie. »

Nous le demandons, lorsque le perdant compte l'argent, serait-il recevable à réclamer sous prétexte qu'il croyait que le droit l'obligeait à solder? Accepter une pareille prétention, serait aller contre la pensée qui a dicté l'art. 1976, d'après lequel la répétition est déniée.

En effet, l'on assigne deux motifs à cette disposition législative :

a) Certains auteurs (1) disent que le jeu donne naissance à une dette naturelle et d'honneur qui résiste à une demande en répétition;

b) D'autres auteurs (2) regardent le jeu comme immoral, et ils appliquent la maxime *in pari causa melior est conditio possidentis.*

Or, le joueur n'ira-t-il pas contre le sentiment de l'honneur, s'il déclare qu'il croyait que la dette du jeu était obligatoire, et qu'à cause de son erreur il veut rentrer dans ses fonds?

Ce même joueur, qui veut reprendre son argent, ne cherche-t-il pas à l'emporter sur celui qui possède, tout en alléguant sa propre turpitude, et en exposant que ce qu'il veut retirer a été payé par suite d'une dette de jeu?

2. Nous allons même plus loin, et nous excluons la répétition quand l'obligation n'est que morale, ou de

(1) M. Toullier, t. vi, n° 381.
(2) M. Duranton, t. x, n° 370.

convenance. Dans ce cas, le paiement n'est pas dénué
de cause. Il faut même faire attention qu'en Droit français, si l'on ne maintenait pas le paiement, il pourrait
en résulter des conséquences fort graves ; car le paiement étant rescindé, tous les droits concédés par celui
qui avait reçu s'évanouiraient. Les tiers auraient donc
à souffrir.— En Droit romain, la *condictio indebiti* supposait que la propriété avait été transférée ; et les droits
transférés aux tiers étaient respectés.

De ce qui précède il suit que si la mère, croyant
d'après la volonté de la loi être obligée de doter sa fille,
effectue cette constitution, elle ne sera pas fondée à
réclamer. Nous avons statué de la sorte en Droit romain (1).

Bien plus, d'après notre législation, l'obligation de doter n'est que morale par rapport au père. Celui-ci constituant la dot avec la conviction qu'il était tenu civilement, ne serait pas écouté s'il réclamait (2).

---

(1) Page 34.

(2) M. Zachariæ, t. iii, p. 388, et plusieurs autres auteurs, annoncent que, par rapport au père et à la mère, l'o-
bligation de doter forme une dette naturelle. Nous ne pouvons nous ranger à cet avis. — Est-ce que cette prétendue
obligation pourrait être cautionnée? Or, le cautionnement
est l'un des signes qui dévoilent l'obligation naturelle.

SECTION II.

L'obligation naturelle fait partie des biens du créancier.

SOMMAIRE.

1. L'obligation naturelle confère un droit.
Le paiement qui a lieu par suite de l'obligation naturelle n'est pas réputé une libéralité.—Diverses conséquences.

2. Parce qu'une obligation naturelle est acquittée, les créanciers de celui qui a payé ne peuvent prétendre que le paiement est fait en fraude de leurs droits.
Explication de l'art. 225, qui permet aux créanciers d'opposer la prescription à laquelle renonce leur débiteur.

1. L'obligation naturelle investit d'un droit.—Tel est le criterium auquel on reconnaît l'obligation naturelle comparée à l'obligation morale.

Les corollaires de ce principe sont analogues dans les législations romaine (1) et française.

Le paiement qui est la conséquence d'une obligation naturelle ne constitue pas une libéralité (2). Ainsi,

(1) Voir p. 41.

(2) Un arrêt de la Cour de Cassation, en date du 10 décembre 1851, décide qu'une malade faisant par testament remise à son médecin de sommes que lui devait ce dernier, qui l'avait traitée pendant la dernière maladie, acquitte une obligation naturelle, parce que la testatrice lui avait vendu des terrains pour un prix exagéré. — Dalloz, *Recueil périodique*, 1re partie, p. 80.

Certainement nous n'aurions pas déclaré le médecin inles demandes en révocation pour cause d'ingratitude ou de survenance d'enfants ne sauraient être invoquées (1); — ainsi, l'héritier à réserve entre les mains duquel un semblable paiement serait effectué, ne l'imputerait point sur sa réserve.

De même, celui qui a reçu un tel paiement, et qui vient à la succession de son ancien débiteur, ne sera pas assujetti au rapport (art. 843, C. Nap.).

Une personne se mariant avec celle dont antérieurement elle était débitrice en vertu d'une obligation naturelle, et se libérant pendant le mariage, ne pourra se prévaloir de ce que les donations entre époux sont essentiellement révocables.

capable de recevoir dans cette circonstance; mais nous ferons remarquer que c'était une obligation morale et non pas naturelle qu'acquittait la testatrice. Sans doute l'acquittement d'une obligation morale constitue une libéralité; mais cette sorte de libéralité ne tombe pas sous le coup de l'art. 909 du Code Napoléon, qui n'a voulu prohiber que les dispositions qui seraient le fruit de la captation.

(1) En France, la révocation des donations pour cause de survenance d'enfants est admise d'une manière générale (art. 960, C. Nap.). Peut-être aurait-il été mieux de ne pas autoriser la révocation pour cause de survenance d'enfants, qui peut n'avoir lieu qu'après plusieurs années depuis la donation, qui opère contre tout tiers détenteur, qui a pour effet de rendre la propriété incertaine, et qui, par conséquent, entraîne des résultats bien plus graves que la révocation pour cause d'ingratitude. — Voir ce que nous avons écrit en Droit romain, p. 47.

Nous admettons encore en Droit français, que si le créancier d'après une obligation naturelle devient héritier de son débiteur, il aura le droit de faire un prélèvement, afin d'évaluer la quotité disponible que réclament les légataires.

La cession et le legs de l'obligation naturelle seront validés sans soulever la moindre difficulté.

2. La chose due en vertu d'une obligation naturelle venant à être livrée, les créanciers du débiteur ne peuvent exiger que le paiement leur causant du préjudice soit rescindé ; car ce paiement a pour objet une dette. La décision serait autre à l'égard de l'obligation morale, ou de convenance. — C'est au moyen de cette distinction que nous expliquons l'article 2225 : « Les créanciers peuvent opposer la prescription, encore que leur débiteur y renonce. » Les jurisconsultes trouvent ce texte difficile à expliquer ; ils se demandent comment les créanciers peuvent quereller un paiement qui est un acte de conscience et non de mauvaise foi (1).

(1) Trois systèmes ont été proposés sur cet article 2225 :

a) D'après l'un de ces systèmes, l'art. 2225 ne serait que la conséquence de l'art. 1167 ; les créanciers ne peuvent se plaindre que lorsqu'il y a fraude de la part du débiteur. — M. Troplong, *De la Prescription*, n° 101 ; — M. Marcadé, *De la Prescription*, page 42.

b) Suivant un autre système, l'art. 2225, au lieu d'être l'application du Droit commun, n'en serait que la restriction ; si le débiteur néglige d'appeler à son aide la prescrip-

Ils n'auraient peut-être pas été dans cet embarras, s'ils avaient bien calculé la portée diverse de l'obligation naturelle et de l'obligation morale. Nous avons établi en Droit romain (1), comme nous l'établirons en Droit français, que la prescription étant encourue, l'obligation naturelle n'existe pas, il reste un simple devoir de convenance ou de conscience. Or, les créanciers ont le droit de s'opposer à ce que leur débiteur accomplisse à leur détriment ce qui, aux yeux de la loi, ne passe pas pour une véritable obligation.

SECTION III.

L'obligation naturelle comporte le cautionnement, le gage, l'hypothèque, la solidarité.

SOMMAIRE.

1. Explication de l'art. 2012, qui permet de cautionner une obligation qui peut être annulable au moyen d'une exception personnelle à l'obligé.

tion, ses créanciers auront le droit d'en exciper; mais du moment que le débiteur a renoncé, les créanciers ne peuvent critiquer ce qui est l'accomplissement d'un acte de conscience. — M. Dalloz, v° *Prescription*, page 243.

c) Selon un troisième système, l'art. 2225 serait une extension du droit commun; les créanciers seraient fondés à user de la prescription, malgré la renonciation de leur débiteur, laquelle ne serait souvent que la suite de fausses délicatesses et de scrupules irréfléchis. — M. Mourlon, *Répétitions écrites*, t. III, page 19.

(1) Page 93.

2. Quelquefois la caution ne sera obligée que naturellement.

3. La caution d'une dette naturelle qui a payé n'a point de recours contre le débiteur principal.

4. Il en est de même quand le paiement émane d'un débiteur solidaire.

5. Quoique l'on ait enseigné le contraire, il est exact de reconnaître que la législation française n'a pas accepté le constitut des Romains.

1. Les sûretés dérivant du cautionnement, du gage et de l'hypothèque, ajoutent à l'obligation naturelle; elles viennent en aide au créancier qui est privé d'action. L'art. 2012 autorise le cautionnement d'une obligation de cette espèce : « Le cautionnement ne peut exister que sur une obligation valable. On peut néanmoins cautionner une obligation, encore qu'elle pût être annulée par une exception purement personnelle à l'obligé, par exemple, dans le cas de minorité. » —Nous avons reconnu, en Droit romain, que le mineur de 25 ans qui se fait restituer pour cause de lésion, demeure néanmoins obligé naturellement; il y a même raison de décider en Droit français, par rapport à l'engagement souscrit par le mineur de 21 ans (1).

2. Lorsque l'on s'oblige, on est censé vouloir se lier entièrement et se soumettre au droit civil, qui est

(1) Il ne faut pas distinguer, en Droit français, l'âge de la pupillarité de celle de la minorité.

plus efficace que le droit social ; tel est le principe que nous avons formulé en Droit romain ; toutefois, à l'égard de la caution, nous avons fait remarquer qu'elle ne jouait qu'un rôle secondaire et, par conséquent, subordonné à celui du débiteur principal, et qu'avant tout il fallait s'enquérir de l'intention des contractants (1). Nous avons ajouté que, dans le doute, la caution n'est pas censée avoir renoncé aux exceptions résidant en la personne du débiteur principal.

Au nombre des obligations naturelles que nous énumérerons plus tard, sera signalée celle de la femme qui, ayant contracté sans l'autorisation de son mari, se fait relever de son engagement. La caution qui a figuré dans l'acte n'est point censée, dans le doute, avoir voulu mettre à couvert le créancier contre l'irrégularité provenant du défaut d'autorisation. La caution pouvait ignorer aussi bien que le créancier l'existence du mariage.

Cette doctrine ne nous semble pas en opposition avec la loi française. Le créancier doit être instruit de la qualité du débiteur principal, et toute réticence de sa part, alors qu'il règle les conditions du contrat, porte à croire qu'il ne s'est tû que parce qu'il conjecturait que la caution, éclairée, ne se serait pas engagée.

Marchant dans la voie tracée par les jurisconsultes romains, nous serions d'avis que lorsque la caution

(1) Voir pages 53, 80, 156 et 161.

accède à l'engagement pris par le mineur, elle est présumée avoir consenti à prémunir le créancier contre l'exception résultant de la minorité; elle ne saurait alléguer qu'elle ne connaissait pas le vice attaché à l'obligation principale.

Cette caution sera donc en butte à des poursuites, et, quand elle aura payé, elle sera subrogée aux droits qu'avait le créancier contre le débiteur (art. 2029); elle les prend tels qu'ils se trouvent; par conséquent, ils n'attribuent aucune action contre le débiteur; la caution a prévu qu'il en serait ainsi, quand elle a donné son adhésion (1).

3. Cette solution devra être étendue au cas où il y a solidarité entre un obligé naturellement et un obligé civilement. — Ce dernier venant à payer, ne pourra exiger que l'autre lui rembourse sa part et portion. Nous nous sommes expliqué (2) en ce sens dans la partie du Droit romain, en ce qui concerne la corréalité.

4. Le constitut, qui offre quelque analogie avec le cautionnement, avait été imaginé par les Romains afin de conférer une action au créancier qui n'avait d'abord pour titre qu'un simple pacte. Il n'a pas de raison d'être dans notre législation, qui ne maintient pas la distinction des pactes et des contrats; ainsi, nous

(1) Voir page 60.
(2) Page 54.

n'avons pas à rechercher si le constitut se rattache à une obligation naturelle (1).

SECTION IV.

L'obligation naturelle peut être ratifiée.

SOMMAIRE.

1. L'obligation naturelle comporte la ratification.
2. Effet rétroactif de la ratification.
3. L'obligation morale exclut la ratification.

1. En Droit français, comme en Droit romain, l'obligation naturelle est susceptible de ratification (2).

Quand nous avons dit que l'existence du constitut n'était pas compatible avec notre législation, nous avions en vue le constitut, envisagé dans son acception propre et dans le but qui lui était assigné. Chez

(1) M. Troplong, *Du Cautionnement*, n° 34, et Casaregis, *Disc.* 53, n° 6, enseignent que le constitut reçoit son application en Droit français, notamment lorsque celui sur lequel est tirée une lettre de change donne son acceptation. Cet exemple ne nous semble pas bien choisi ; le constitut, en effet, ne pouvait s'adjoindre qu'à une dette véritable, tandis que l'acceptation fournie sur une lettre de change fausse, lierait le tiré envers les tiers preneurs de bonne foi.

(2) M. Zachariæ, t. II, p. 451, enseigne le contraire ; il se fonde sur ce que les obligations seules reconnues par le droit positif, et qui donnent lieu à une action en nullité ou en rescision, peuvent être l'objet d'une ratification. Mais l'obligation naturelle est reconnue par le droit positif qui, toutefois, ne lui attribue pas des effets complets.

16

nous, les pactes n'étant pas dépourvus d'action, il n'est pas besoin de recourir à un expédient pour les doter de cette prérogative.

Mais tout en rejetant le constitut avec sa spécialité, nous admettons la ratification de l'obligation naturelle.

La ratification n'exige pas plus en Droit français qu'en Droit romain le consentement du créancier. Que celui au profit duquel une remise est faite soit tenu de l'accepter, et que jusques-là il n'y ait pas lien juridique, on le comprend; mais quant à la ratification de l'obligation naturelle, il serait dérisoire d'arguer du défaut de consentement de la part du créancier, qui peut bien rejeter un droit, mais qui ne peut vouloir que celui qu'il garde reste incomplet.

Quant au débiteur, la ratification l'expose à des poursuites, elle peut être compromettante pour lui; par conséquent, elle nécessite la libre expression de sa volonté.

2. De là nous concluons, comme nous l'avons fait en Droit romain (1), qu'en ce qui concerne la capacité du débiteur, la ratification n'a pas d'effet rétroactif.

Que décider à l'égard des tiers; l'art. 1338 est ainsi conçu : « La ratification... emporte la renonciation aux moyens et exceptions que l'on pouvait opposer contre cet acte, sans préjudice néanmoins du droit des tiers. »

(1) Page 57.

Rappelons le principe d'après lequel l'obligation naturelle étant acquittée, c'est un paiement qui intervient
et non une donation. — Par voie de suite, la ratification ne sera que la conséquence d'une obligation antérieure. — De même que les créanciers ne peuvent se
plaindre de ce que le débiteur acquitte une obligation
naturelle, de même ils ne peuvent réclamer parce
qu'il s'engage à l'acquitter; par conséquent, ils ne sont
pas recevables à prétendre que la ratification n'a pas
d'effet à leur égard.

L'art. 1338, en réservant le *droit* des tiers, a voulu
dire seulement que si le débiteur a cédé le *droit* qu'il
avait de critiquer l'obligation ou de ne pas l'exécuter,
il ne lui est point permis, en ratifiant ensuite, de priver le cessionnaire de l'avantage qui lui a été conféré.

Une femme ayant fait une vente sans le consentement de son mari, et après la dissolution du mariage
revendant le même objet à une autre personne, ne
peut, par la ratification de la première aliénation, pré-
judicier à la seconde; à plus forte raison en est-il ainsi
lorsque cette femme avait, antérieurement à la seconde
vente, fait rescinder la première; de sorte qu'elle n'é-
tait plus tenue que par une obligation purement et
simplement naturelle (1).

Si les créanciers chirographaires étaient fondés à
s'élever contre les ratifications émanées de leur débi-

(1) Telle est généralement l'interprétation que l'on donne
à ces expressions de l'art. 1338, *sans préjudice du droit
des tiers*. — M. Mourlon, *Répétitions écrites*, t. ii, p. 720.

teur, ils auraient un droit de suite, un droit de gage sur tous les biens de leur débiteur; ce qui ne saurait être, puisque celui-ci est même libre de contracter de nouvelles dettes.

3. Ces réflexions auxquelles nous venons de nous livrer, font voir de nouveau combien est profonde la ligne de démarcation qui sépare l'obligation naturelle de l'obligation morale. L'obligation de cette dernière espèce n'aurait pas assez de consistance pour supporter la ratification. L'on ne ratifie pas l'obligation qui, aux yeux de la loi, n'a pas cette qualification. Que l'on prenne un engagement pour cause d'une obligation morale, rien ne s'y oppose; mais ce nouvel engagement est principal, et n'est pas régi par les principes de la ratification.—D'après les principes émis sur le Droit romain, la ratification n'implique pas la novation de la créance; ainsi, les garanties stipulées au sujet de l'obligation naturelle subsistent toujours, elles se rattachent à la même obligation devenue civile.

SECTION V.

De la novation quant à l'obligation naturelle.

SOMMAIRE.

1. L'obligation naturelle peut être novée par une obligation civile; elle peut aussi nover une obligation civile.

2. Le tiers qui substitue son obligation à celle du débiteur tenu naturellement, ne peut avoir contre ce dernier

des droits plus étendus que ceux qui appartenaient au créancier primitif.

4. L'obligation naturelle peut être novée ou opérer elle-même la novation.

La première hypothèse se justifie facilement; la seconde ne s'offre pas à l'esprit avec autant de netteté. Voici un exemple : il existe une dette civile; un mineur vient, sans être autorisé, se substituer au lieu et place du débiteur, il obtient ensuite sa restitution, qui n'empêche pas son obligation de se maintenir dans l'ordre naturel; par conséquent, la novation sera réalisée.

Que l'on n'objecte pas que l'engagement du mineur étant rescindé, la novation disparaît et la première obligation reprend sa force.

Il faut répondre que l'obligation du mineur n'est pas annihilée; elle conserve son essence, comme on le faisait remarquer au Conseil d'État, dans l'Exposé des motifs sur le cautionnement (1). C'est ainsi que l'on expliquait pourquoi la caution demeurait liée, alors que le mineur avait fait usage du moyen de la restitution.

Un tel résultat n'a rien qui blesse l'équité. Les jurisconsultes romains l'avaient accepté, eux qui étaient des praticiens (2). Ce qui démontre que l'engagement du mineur doit produire la novation, c'est que nous n'a-

___

(1) Tel est le langage tenu par M. Treilhard. — Fenet, t. xv, p. 38.

(2) Voir page 145.

vons qu'à supposer, pour un moment, qu'à ce même
engagement du mineur se trouve ajouté un cautionnement; est-ce que la novation ne serait pas admise?
Or, que l'engagement du mineur soit unique ou accompagné d'un cautionnement qui, en définitive, se
confond avec lui, il doit être doué de la même puissance quant à la novation (1).

Toutefois, si le créancier en vertu de la première
obligation ne veut y renoncer que tout autant que la
seconde vaudra comme obligation civile, et non pas
seulement comme naturelle, ce sera une condition qui
devra être apposée; par conséquent, son accomplissement deviendra nécessaire pour que la novation s'effectue. La décision serait identique dans notre Droit et
dans celui des Romains.

2. Un tiers qui peut payer pour le compte du débiteur peut aussi substituer son obligation à celle du débiteur naturel. Mais ce paiement comme cette novation
ne sauraient nuire à celui dont la dette est éteinte; par
conséquent, le tiers n'obtiendra, même avec le consentement du créancier, que l'avantage d'être subrogé à
celui-ci. La volonté de la personne qui reçoit le paiement ne peut aller au-delà. Cette proposition est la
reproduction de celle adoptée en Droit romain (2).

(1) En indiquant les divers cas d'obligation naturelle,
nous présenterons de nouveaux développements pour établir
que, malgré la rescision obtenue, le mineur n'est pas affranchi de l'obligation naturelle. V. p. 270.

(2) Voir page 60.

SECTION VI.

Du droit de rétention et de la compensation se référant à l'obligation naturelle.

SOMMAIRE.

1. Le droit de rétention est admis par la législation française; il sert surtout à l'égard de l'obligation naturelle.

2. En Droit français, comme en Droit romain, l'obligation naturelle ne peut servir que pour la compensation, qui se confond dans le droit de rétention.

1. Le Droit de rétention étant une création de l'équité, l'on devrait s'étonner que le législateur français le repoussât; aussi, le silence qu'il aurait gardé à cet égard ne serait-il pas la preuve qu'il eût entendu le proscrire. Pour en venir là, il faudrait une volonté explicite.

Cette volonté a été consignée dans plusieurs textes, mais pour accepter le droit de rétention (art. 548, 1948), sans néanmoins le règlementer. Cela suffit pour l'accueillir d'une manière générale.

Ce droit de rétention nous paraît avoir en France les avantages que nous lui avons reconnus à Rome (1). Il

(1) Voir p. 64. C'est une question vivement débattue entre les interprètes de notre Code, que celle de savoir si le droit de rétention est une cause de préférence. Il nous semble qu'une distinction doit être faite entre les créanciers chirographaires et ceux qui ont un privilège ou une hypo-

sera utile pour écarter le débiteur et les créanciers chirographaires, mais non pour repousser les créanciers privilégiés ou hypothécaires.

Nous n'hésitons pas à permettre au créancier en vertu d'une obligation naturelle, de faire usage de ce

thèque. Le droit de rétention sera un titre opposable aux premiers et non pas aux autres.

Vainement on objecte l'article 2082, deuxième alinéa, qui permet au créancier gagiste de garder la chose jusqu'à ce qu'il soit payé même de la dette contractée postérieurement à celle pour laquelle le gage était intervenu.

Nous interprétons ce texte d'après la loi unique, Codice, *etiam ob chirographariam*, qui relate une espèce analogue (v. p. 65). Il ne s'agit point là d'un véritable droit de gage, mais seulement d'un droit de rétention qui n'aura d'effet qu'à l'égard du débiteur et des créanciers chirographaires. Dans ce cas, il peut s'élever un conflit entre le créancier nanti de la chose et d'autres créanciers privilégiés sur les meubles. Ainsi, l'on se demande si les créanciers privilégiés sur la généralité des meubles (art. 2101), doivent primer le créancier gagiste. A notre avis, la solution sera résolue en faveur des créanciers qui excipent d'un privilège général sur les meubles, lorsqu'ils seront en présence de celui qui argue seulement du droit de rétention mentionné dans le deuxième alinéa de l'art. 2082.

Le mandataire qui fait des avances dans l'intérêt du mandant, pourra user du droit de rétention ; mais il ne saurait prétendre à aucune priorité sur les créanciers hypothécaires, à moins qu'il n'ait fait des constructions et qu'il ne se trouve dans le cas prévu par la loi 29, § 2, Dig., *de Pignoribus et Hypothecis*. (Voir page 65.)

droit de rétention qui facilitera son paiement, et qui
sera, par rapport au débiteur, un moyen coercitif.

2. L'on enseigne généralement que l'obligation naturelle ne peut entrer en compensation d'après le Droit
français, qui, à cet égard, a fait scission avec le Droit
romain. Nous soutenons, au contraire, que les deux
législations, au lieu d'avoir fait divorce, sont en parfaite harmonie.

Nous avons établi qu'à Rome la compensation n'était,
relativement à l'obligation naturelle, que l'exercice du
droit de rétention. La même doctrine nous semble applicable d'après les lois françaises (1). — Celui qui a
fait des avances à l'occasion d'une affaire intéressant
un tiers qui ne peut s'obliger que naturellement, est
fondé à retenir ce qu'il perçoit, pour s'indemniser de
ses déboursés. La bonne foi serait blessée si l'obligé naturellement, exigeant l'exécution entière du contrat en
sa faveur, ne remplissait pas les engagements qui lui
incombent. En Droit romain, comme en Droit français,
l'obligation naturelle est dépourvue d'action ; en rejetant la compensation *ex eadem causa*, l'on arriverait à
ce résultat, que l'un n'aurait pas le moyen de répéter
les dépenses qu'il aurait faites, et que l'autre profite-
rait de l'affaire sans en supporter les charges.

(1) Voir page 65.

CHAPITRE III.

Des modes d'extinction de l'obligation naturelle.

Ces modes d'extinction, en Droit français, ressemblent à ceux admis en Droit romain ; car l'obligation naturelle ayant sa source dans l'équité, a des règles qui se retrouvent souvent dans les divers pays.

SECTION PREMIÈRE.

Du paiement, de la novation, de la compensation.

SOMMAIRE.

1. Le paiement est la satisfaction que les parties avaient en vue lors de la formation de l'obligation naturelle.
   Si le paiement n'est que partiel, et s'il existe plusieurs dettes dont l'une est naturelle, de quelle manière s'effectuera l'imputation?

2. Le paiement qui n'est que partiel, n'a point pour effet de conférer une action quant au surplus de la dette.

3. La novation produit l'extinction de l'obligation naturelle.

4. Est-il permis d'invoquer la compensation proprement dite à l'égard de deux dettes naturelles.

1. A présent, nous n'avons à considérer le paiement, la novation, la compensation restreinte, que sous un seul point de vue, et comme modes d'extinction des obligations.

C'est le paiement surtout qui éteint l'obligation naturelle; les parties ont en vue cette satisfaction, qu'il
s'agisse d'une obligation soit civile, soit naturelle.

En présence de plusieurs dettes dont l'une est naturelle, alors que le paiement n'est pas intégral, il faudra recourir aux règles de l'imputation; nous les avons
tracées (1) dans la partie du Droit romain; elles servi-
ront de guide en Droit français, parce qu'elles sont conformes à l'équité.

Que le débiteur fixe l'imputation sur une obligation
naturelle, personne n'est recevable à se plaindre.

A défaut de déclaration du débiteur, le droit de faire
l'imputation passe au créancier, mais dans une certaine mesure; ainsi, il ne lui serait pas loisible d'appliquer le paiement à une obligation naturelle préférable-
ment à une obligation civile; le débiteur qui aurait
accepté une quittance ainsi conçue serait fondé à réclamer, alors même qu'il ne se plaindrait pas d'un dol,
mais seulement d'une surprise (art. 1255) (2).

Après le débiteur et le créancier, c'est la loi qui
règle l'imputation, de manière toutefois à ce que la
dette civile soit acquittée préalablement à la dette naturelle.

(1) Page 77.
(2) M. Toullier, t. VII, nos 177 et 178, écrit que c'est en
vue des principes du Droit romain, qui ne permet pas au
créancier de faire l'imputation comme il l'entend, que le
débiteur ayant accepté la quittance est recevable à demander
une sorte de restitution contre les conséquences de ce qui
ne serait qu'une surprise.

2. Si le paiement d'une obligation naturelle n'est que partiel, nous dirons, ainsi que nous l'avons soutenu en Droit romain (1), qu'il n'a pas la puissance de rendre l'obligation civile pour le restant de la dette. Le paiement ne prouve nullement l'intention de transformer l'obligation, qui n'a point cessé d'être naturelle; le paiement effectué volontairement ne contrarie nullement l'idée d'une dette naturelle; par conséquent, il ne peut affecter cette partie de la dette qu'il n'était pas destiné à éteindre.

3. L'obligation naturelle cesse par la novation. La nouvelle dette sera réputée civile. Quand on traite, on n'est pas censé vouloir se lier à moitié. Il est inutile d'insister sur cette pensée, que nous avons exprimée en Droit romain (2).

4. Le droit de rétention, qui est l'une des prérogatives attachées à l'obligation naturelle, implique une affaire unique; par conséquent, il ne saurait être question de lui quand il se rencontre deux dettes naturelles dérivant *ex dispari causa*. Dans ce dernier cas, la compensation proprement dite doit être également écartée en Droit français et en Droit romain (3).

La compensation présuppose l'exigibilité de la dette (art. 1291); elle constitue un paiement forcé; tout cela répugne à l'obligation naturelle.

(1) Voir page 79.
(2) Voir page 80.
(3) Voir page 81.

SECTION II.

De la confusion.

SOMMAIRE.

1. La confusion doit être envisagée, dans la législation française, comme dans la législation romaine.

2. Y a-t-il confusion lorsque, la dette principale étant naturelle et celle de la caution étant civile, le débiteur succède à la caution?

1. En Droit français, la confusion offre le même caractère qu'en Droit romain (1); elle exonère la personne sans faire cesser la dette.

L'art. 1301, troisième alinéa, ne contrarie pas cette manière de voir. Il dispose que la confusion qui s'opère dans la personne du créancier et de l'un des débiteurs solidaires, profite à ces derniers pour la part dont était tenu celui qui représente le créancier.

Le principe du Droit romain, qui faisait peser l'obligation sur chacun des débiteurs corrées sans recours de l'un contre l'autre, tenait à des mesures rigoureuses tout-à-fait étrangères à nos mœurs. Il était cependant un cas où les Romains statuaient autrement : c'est lorsqu'il y avait société entre les débiteurs; alors, on rentrait, à cause de la nature du contrat, dans le droit de l'équité. Par conséquent, dans l'espèce que nous

(1) Voir page 85.

avons en vue, les Prudents auraient décidé, comme le Code français, que la dette était éteinte en partie. Sous l'empire de cette législation, tout est équitable; dès-lors, il ne faut pas s'étonner qu'une sorte de société soit tacitement établie entre les codébiteurs.

2. Toutefois, les motifs qui servent de fondement à la confusion ne se rencontrent plus, lorsqu'elle s'opère dans la personne du débiteur principal tenu naturellement, et de la caution obligée civilement; à cet égard, nous ne pouvons que renvoyer aux explications que nous avons données sur le Droit romain (1).

SECTION III.

De la remise de la dette.

SOMMAIRE.

1. La remise faite au débiteur principal tenu naturellement libère la caution obligée civilement. L'inverse n'a pas lieu.

2. Cette remise ne doit pas être confondue avec celle qui résulte d'un concordat.

3. Si le créancier, faisant remise au débiteur principal, se réserve expressément ses droits contre la caution, peut-on dire que ce débiteur principal demeurera lié par une obligation au moins naturelle?

1. La remise accordée au débiteur principal qui

(1) Voir page 85.

n'est tenu même que naturellement, opère la libération de la caution, fût-elle obligée civilement (1).

Toutefois, l'inverse n'a pas lieu. L'on comprend facilement l'existence isolée d'une obligation qui se soutient seule, tandis que l'on ne s'explique pas l'existence isolée d'une obligation qui n'est destinée qu'à être l'appendice d'une autre.

2. Le principe d'après lequel la remise faite au débiteur profite à la caution, ne s'applique pas à l'abandon consenti par un concordat; en effet, dans cette dernière hypothèse, le créancier n'entend pas donner; mais, sous la forme d'une prétendue remise, il veut éviter une perte plus forte.

3. La remise faite en faveur du débiteur principal libère tellement la caution, que toute réserve contraire serait complètement inutile. Il suffit, pour se convaincre de cette vérité, d'examiner quels seraient les droits de la caution qui aurait payé; elle aurait incontestablement un recours à exercer contre le débiteur principal, ce qui rendrait illusoire la remise qui aurait été faite à celui-ci. Un pareil résultat démontre que la remise, bon gré, malgré, profite à tous les deux.

(1) Voir page 88,

SECTION IV.

De la prescription.

SOMMAIRE.

1. L'obligation naturelle isolée est soumise à la prescription.

2. Il en est de même de l'obligation naturelle qui est jointe à une obligation civile.

1. Les motifs qui nous ont porté à décider, en Droit romain, que l'obligation naturelle était placée sous l'empire de la prescription, conservent, en Droit français, toute leur force. La prescription, en France comme à Rome, est une mesure d'ordre public (1). Aussi ne peut-on, par avance, renoncer aux avantages qu'elle procure (art. 2220).

Cependant, l'art. 2262 peut suggérer une objection : « Toutes les actions, tant réelles que personnelles, sont prescrites par trente ans, etc. » D'où l'on pourrait induire qu'il n'y a que les obligations accompagnées d'action qui soient passibles de la prescription.

Nous répondons qu'il n'est pas étonnant que la loi se soit préoccupée des obligations sanctionnées par une action; celles-là sont les plus à redouter, leurs conséquences sont les plus graves; mais par cela seul

_____

(1) Voir page 90.

qu'elles sont mentionnées, cela ne prouve pas que les autres soient exclues. Reste toujours l'observation que nous avons émise (1) sur l'inconséquence qu'il y aurait à laisser plus de vie à l'obligation qui aurait moins de force.

L'art. 2257, disposant que la prescription ne court pas avant l'échéance du terme, ne fournit pas un argument plus solide que celui que nous venons de combattre. Ce texte ne prouve pas que le législateur n'ait voulu faire subir la prescription qu'à celui qui est muni d'une action. Il faut, en effet, ne pas assimiler deux hypothèses bien différentes. Quand l'obligation est à terme, la prescription se trouve suspendue parce que la dette n'est pas échue. Mais ce motif n'existe pas lorsque le créancier ne peut agir que parce que seulement la dette est naturelle. Cette qualité de l'obligation ne fait nul obstacle à son échéance. Cela est tellement vrai, que si une caution était intervenue, le créancier aurait le droit de la poursuivre, quoique l'obligation principale ne valût que dans l'ordre naturel ; au lieu que ce même créancier serait forcé d'attendre si un terme modifiait l'obligation principale.

En un mot, la prescription fait sentir son influence à partir de l'époque fixée pour le paiement ; et si le débiteur acquitte l'obligation naturelle, on ne peut dire qu'il a payé par anticipation ; il a purement et simplement exécuté son engagement.

(1) Voir page 93.

17

Nous avons cru devoir ajouter quelques développements à ceux que nous avons donnés dans la partie du
Droit romain, parce que cette question a de l'importance
et qu'elle ne nous semble pas avoir été généralement
présentée dans son véritable jour.

2. La prescription, faisant cesser l'obligation naturelle qui est isolée, nous paraît devoir produire le
même effet à l'égard de l'obligation naturelle, qui est
concomittante de l'obligation civile. En France, comme
à Rome (1), la prescription doit être acceptée sans restriction.

Cette doctrine n'est pas contrariée par l'art. 2223,
qui dispose que les juges ne peuvent suppléer d'office
la prescription.

Ce texte signifie seulement que des raisons impé-
rieuses militant en faveur du maintien de la prescription, il ne fallait pas que, dans certains cas particuliers, elle profitât à celui qui a la conviction de ses
torts, et qui ne veut pas s'enrichir de la sorte. Toutefois, cet abandon de la prescription n'est pas l'acquittement d'une obligation naturelle, mais bien l'acquittement d'une obligation de conscience (2).

(1) Voir page 96.
(2) M. Zachariæ, tome v, page 825, estime, au contraire,
que la prescription laisse subsister l'obligation naturelle. Il
objecte que si l'on soutient que la prescription efface l'obligation naturelle, il s'ensuivra qu'un droit prescrit ne pourrait servir de cause à une nouvelle obligation qui serait

Vainement on opposerait que si la renonciation à la prescription n'est pas l'acquittement d'une obligation naturelle, il s'ensuivra que la renonciation à la prescription constituant une libéralité, devra être revêtue des formalités déterminées pour les donations. Que l'on fasse attention que ces formalités ne sont pas imposées à toutes les libéralités, notamment à celles déguisées sous la forme d'un contrat à titre onéreux.

Nous avons présenté, en Droit romain (1), certaines consentie pour tenir lieu de la dette primitive. Mais l'on remarquera que, dans cette circonstance, il existe une obligation de conscience qui doit être séparée de l'obligation naturelle; or, l'obligation de conscience peut être la cause d'une obligation civile.

M. Troplong, *De la Prescription*, tome 1, n° 20, enseigne que la prescription éteint l'obligation naturelle, et il fait observer que si la prescription a besoin d'être opposée par la partie, cela ne prouve pas que celle-ci, en ne l'invoquant pas, acquitte une obligation naturelle; seulement, elle laisse subsister une obligation civile.

Il nous semble que cette appréciation de la prescription ne doit pas être acceptée. Nous sommes d'accord avec M. Troplong pour reconnaître que la prescription ne laisse pas vivre l'obligation naturelle; mais nous pensons que celui qui ne fait pas usage de la prescription, acquitte un devoir de conscience, sans être tenu par la même obligation civile qui existait antérieurement. Avec la doctrine de ce savant magistrat, il est bien difficile de se rendre raison de l'art. 2225, qui ne permet pas que la renonciation à la prescription préjudicie aux créanciers. (Voir ce que nous avons écrit, page 236.)

(1) Page 93.

explications pour établir que, lorsque l'obligation civile
était prescrite, l'obligation naturelle disparaissait également ; à plus forte raison faut-il décider de la sorte
dans notre législation, qui ne fournit pas quelques
textes spécieux pour servir d'armes aux partisans de
l'opinion contraire ; aussi, quant à l'acquisition de la
propriété, n'admettrait-on pas la distinction d'après
laquelle le possesseur de mauvaise foi qui a prescrit
n'aurait pas l'action en revendication. Nous avons
critiqué (1) cette décision de Justinien.

SECTION V.

L'autorité de la chose jugée efface-t-elle l'obligation naturelle ?

SOMMAIRE.

1. En Droit français, comme en Droit romain, l'autorité
   de la chose jugée s'oppose à ce que l'obligation naturelle survive.

2. L'autorité de la chose jugée laisse intacte l'obligation
   morale, ou de conscience.

1. La chose jugée est un obstacle insurmontable à
l'existence de l'obligation naturelle (2). Les motifs que

_____

(1) Page 102.
(2) M. Zachariæ, tome v, page 801, est d'un sentiment
contraire.
La stabilité des jugements intéresse l'ordre public. Si l'on
a obtenu la contrainte par corps dans un cas où elle n'était

nous avons fait valoir en Droit romain (1) sont également décisifs dans le Droit français, qui proscrit toute preuve tendant à porter atteinte à la chose jugée (art. 1352).

C'est le droit des gens qui commande ce respect à l'égard des décisions judiciaires. Quand nous avançons que l'autorité de la chose jugée dérive du droit des gens, cela signifie que, dans chaque pays, les sentences doivent avoir force et respect, et non pas que les jugements rendus dans un état soient également obligatoires dans un autre.

2. Il est essentiel de se rappeler la distinction proposée entre l'obligation naturelle et celle de conscience. La première peut exister, quoiqu'il y ait injustice dans certains cas donnés, alors que le jugement a été porté mal à propos. La seconde obligation est toujours équitable.

SECTION VI.

La prestation du serment fait-elle cesser l'obligation naturelle ?

En Droit français, comme en Droit romain, nous

pas permise, l'autorité de la chose jugée est telle que le créancier peut exercer cette mesure rigoureuse. Cette pensée est exprimée par M. Bioche, *Dict. de Procédure*, t. III, p. 618.

(1) Page 105.

considérons le serment sous un double point de vue :
il est décisoire ou supplétoire.

SOMMAIRE.

1. Le serment décisoire emporte l'obligation naturelle.

2. Il n'est pas même permis à la partie qui a déféré le serment de prouver sa fausseté.

3. Le serment supplétoire détruit l'obligation naturelle.

4. La partie qui se plaint de ce jugement peut en prouver
la fausseté.

1. Le serment déféré par la partie, soit en justice,
soit extra-judiciairement, a plus de force que le jugement, ainsi que nous l'avons constaté (1) d'après le
Droit romain.

Il efface non-seulement l'obligation naturelle, mais
encore l'obligation morale ; de sorte que si la partie
qui a prêté le serment payait parce qu'elle croyait que
la loi lui en faisait le commandement, elle serait recevable à répéter (2).

2. La partie qui a déféré le serment a consenti, par
cela même, à prendre son adversaire pour arbitre suprême ; par conséquent, elle est irrecevable à prouver
la fausseté du serment (art. 1363), et même à se prévaloir de cette fausseté du serment que le ministère
public fait constater devant les tribunaux criminels.

(1) Page 112.
(2) Voir page 113.

L'art. 366 du Code Pénal, qui sévit contre celui qui a fait un faux serment, a en vue l'intérêt public et non pas l'intérêt privé. Il serait anormal que, parce que le ministère public intente une action au criminel, l'on eût le moyen de faire valoir un droit privé, que l'on ne serait jamais fondé à exercer devant la juridiction civile, alors que les tribunaux civils seraient surtout compétents en cette matière (1).

3. Quoique le serment déféré par le juge n'ait point pour lui l'adhésion de toutes les parties, néanmoins il fait cesser l'obligation naturelle, parce qu'il est accompagné d'une sentence. A proprement parler, c'est plutôt le jugement que le serment qui produit cet effet.

4. Semblable aux jugements ordinaires, ce jugement qui repose sur le serment supplétoire pourra être critiqué, le cas y échéant ; d'où il suit, comme nous l'avons exposé en Droit romain (2), que la cessation de toute obligation par le fait de ce serment, ne sera pas toujours irrévocable (3).

---

(1) Notre collègue et ami, M. Bonnier, professeur à la Faculté de Paris, *Traité des Preuves*, n° 356, démontre, en invoquant l'Exposé des motifs au Corps Législatif, qu'il n'est point permis d'intervenir comme partie civile, lorsque le ministère public poursuit le parjure.

(2) Page 114.

(3) M. Bonnier, *Traité des Preuves*, n° 372, fait observer, avec raison, que le juge de l'appel pourra déférer le

SECTION VII.

De la mort civile, et de l'interdiction légale qui a été substituée à la mort civile.

SOMMAIRE.

1. Celui qui avait encouru la mort civile ne restait pas obligé naturellement.
2. L'interdiction légale ne modifie nullement le caractère des obligations.

1. Le Code Napoléon avait admis la mort civile, qui dépouillait le condamné de tous ses biens et ouvrait sa succession comme s'il était mort naturellement (art. 25, Code Nap.) De là il fallait inférer que les successeurs du mort civilement étaient seuls chargés des dettes; d'ailleurs, ils détenaient les biens, c'était le cas d'appliquer la règle : *Bona non dicuntur nisi deducto œre alieno.* Pareillement, nous avons vu (1) que celui qui avait encouru à Rome la grande ou moyenne déchéance d'état, était déchargé de ses obligations, même envisagées dans l'ordre naturel. Si le condamné avait été obligé naturellement, il en serait résulté, ce qui est choquant, que les créanciers auraient été investis d'une double obligation : l'une civile, contre les héritiers; l'autre naturelle, contre le mort civilement (2).

C'est avec raison que le nouveau législateur a sup-

serment à celui des plaideurs que le juge de première instance n'avait pas désigné.

(1) Page 116.
(2) Voir, sur cette question, M. Demolombe, t. I, n° 202.

primé la peine de la mort civile, qui déparait nos codes (1), et nous ne pouvons qu'applaudir à la loi du 31 mai 1854, qui l'a abolie.

2. Toutes les condamnations à des peines afflictives perpétuelles produisent l'interdiction légale déterminée par les articles 29 et 31 du Code Pénal.

Cette interdiction laisse au sujet sa personnalité extérieure; par conséquent, elle ne porte aucune modification à ses engagements antérieurs.

Quant aux obligations qu'il contracterait pendant la durée de la peine, nous ne les assimilons pas à celles souscrites par l'interdit dont les facultés intellectuelles sont affaiblies.

Cette interdiction légale n'est pas une protection, mais une punition. C'est afin d'empêcher le condamné de se procurer des ressources qui adouciraient son sort, que le législateur le prive de l'administration de ses biens, et veut lui ôter tout crédit. Une pensée d'ordre public ayant déterminé cette interdiction, une obligation naturelle ne peut dériver d'un engagement pris par cet interdit, qui va à l'encontre de l'intérêt social. De là il suit qu'une caution prêterait inutilement son concours à un tel acte que la loi réprouve.

(1) La mort civile entraînant la dissolution du mariage (art. 25, Code Nap.), il en résultait que les enfants qu'auraient eu les époux, dont l'un avait encouru la mort civile, étaient réputés illégitimes; et de cette manière était puni l'époux qui n'avait pas consenti à se séparer de son conjoint malheureux.

SECTION VIII.

De la cession de biens.

SOMMAIRE.

1. La cession de biens judiciaire laisse subsister l'obligation civile.

2. Au contraire, la cession volontaire détruit même l'obligation naturelle.

1. En France et à Rome, la cession judiciaire est un bénéfice qui protège le débiteur de bonne foi contre les poursuites des créanciers. Elle n'affecte pas l'obligation naturelle et laisse même vivre l'obligation civile; s'il survient de nouveaux biens au débiteur, il peut être actionné (art. 1270).

2. La cession volontaire est le résultat des accords intervenus entre le débiteur et les créanciers. Les abandons que consentent les créanciers auront pour résultat d'éteindre l'obligation naturelle; il n'est pas vraisemblable que les créanciers songent à répudier l'obligation civile, tout en se réservant l'obligation naturelle; aussi, le débiteur étant déchargé de l'une et l'autre obligation, aucune espèce de cautionnement ne pourrait plus intervenir. — Il en serait autrement si les créanciers s'étaient bornés à donner un délai à leur débiteur; dans cette hypothèse, l'obligation civile persisterait.

SECTION IX.

De la faillite.

SOMMAIRE.

1. L'état de faillite ne détruit pas l'obligation civile.

2. Nonobstant le concordat, l'obligation naturelle subsiste.

1. La décision que nous avons donnée à l'égard de celui qui fait la cession judiciaire, s'applique au failli; l'un et l'autre ne pouvant satisfaire leurs créanciers, échappent à la rigueur des poursuites par l'abandon de leur avoir; aussi, l'état de faillite n'influe en rien sur les obligations.

2. Toutefois, si des remises sont faites à suite d'un concordat, l'obligation naturelle est réservée pour ces parts des dettes qui ont été sacrifiées. Aussi, le failli qui voudra obtenir sa réhabilitation, sera-t-il tenu de prouver qu'il a payé l'intégralité de ses dettes (1).

Le concordat laisse subsister l'obligation naturelle non-seulement à l'égard des créanciers qui ont la main forcée par la majorité, mais encore à l'égard de ceux qui ont donné leur adhésion; car, s'ils ont signé le concordat, c'est moins pour faire une libéralité que pour éviter une perte plus grande; l'expérience démontre que les liquidations faites par les masses donnent des résultats plus avantageux.

Il s'évince de ces principes que la caution reste toujours tenue, malgré la remise faite au débiteur; nous en dirions autant des hypothèques, si les créanciers hypothécaires n'étaient pas étrangers au concordat.

Il y a plus : après le concordat, de nouvelles sûretés pourraient être fournies, bien entendu si elles ne sont pas le prix d'un vote frauduleux.

(1) Voir pages 222, 255.

CHAPITRE IV.

Des divers cas où il existe une obligation naturelle.

Après avoir exposé et discuté les principes de l'obligation naturelle, il nous reste à en faire l'application à quelques questions isolées.

SECTION PREMIÈRE.

Le mineur de vingt-et-un ans, qui traite sans l'autorisation de son tuteur, s'oblige-t-il naturellement?

SOMMAIRE.

1. Il faut appliquer les principes du Droit romain qui régissent les actes émanés du mineur de vingt-cinq ans.

2. D'après le Droit français, les obligations consenties par le mineur de vingt-et-un ans durent comme naturelles, quoiqu'il se fasse restituer.

3. La loi impose diverses formalités pour des actes importants; en les souscrivant seul, le mineur s'oblige-t-il naturellement?

1. Les principes de la législation romaine, en ce qui concerne les actes consentis par le mineur de vingt-cinq ans, nous paraissent devoir servir de guide.

Tout le temps que le mineur n'est pas relevé de son engagement, il est obligé civilement; il ressemble au mineur de 25 ans qui, à Rome, était lié de la même manière, à moins qu'il n'obtint le bénéfice de la restitution.

Ce qui démontre que, chez nous, l'obligation du mineur est civile, c'est qu'elle est susceptible de fournir une action (art. 1304); or, nous avons vu qu'il est de l'essence de l'obligation naturelle de ne jamais produire une action.

Cette analogie que nous établissons entre le Droit romain et le Droit français, dénote que nous ne regardons pas comme nul l'engagement pris par le mineur seul.

Cependant, le système de la nullité a été embrassé par quelques auteurs qui, abstraction faite de toute lésion, déclarent que le mineur n'est pas lié par les actes dans lesquels il a figuré seul, ils considèrent du même œil les engagements du mineur français et ceux du pupille de Rome.

Ce sentiment ne peut se concilier avec les art. 1304, 1305 et 1307. Il est fait mention dans ces textes d'actes passés par les mineurs, et de déclarations afin de dissimuler l'âge.

Cette doctrine, que nous embrassons, fait de jour en jour des progrès et tend à se généraliser (1).

(1) Elle a été consacrée par un arrêt de la Cour de Cassation en date du 18 juin 1844.—Dalloz, année 1844, 1re partie, p. 225.

Il est bien entendu que nous ne nous occupons, en ce moment, que des actes non assujétis à des formes particulières.

Les partisans de l'opinion contre laquelle nous nous éle-

2. Lorsque, dans le délai déterminé, le mineur aura fait rescinder son engagement, il sera néanmoins tenu par une obligation naturelle; aussi le cautionnement produira-t-il son effet. « On peut cautionner une obligation, encore qu'elle pût être annulée par une exception purement personnelle à l'obligé, par exemple, dans le cas de minorité » (art. 2012).

Cette solution ne contredit nullement celle que nous donnons par rapport au jugement passé en force de chose jugée; nous avons pensé qu'il anéantissait l'obligation naturelle. Or, l'on pourrait objecter que le mineur ayant obtenu la rescision de son engagement, il ne reste pas même une obligation naturelle. Mais nous répondons qu'il n'a pas été jugé que l'obligation, considérée en elle-même, était défectueuse, comme si,

vons, prétendent qu'il n'y a que les actes dans lesquels figure le tuteur qui soient attaquables pour cause de lésion.

De là il suivrait que le mineur serait mieux traité que l'interdit lui-même; car ce dernier n'est pas recevable à faire rescinder, pour cause de lésion, les contrats auxquels participe son tuteur.

M. Valette, dans ses notes sur M. Proud'hon, t. ii, page 468, réfute l'argument pris dans l'art. 481 du Code de procédure, qui accorde aux mineurs le moyen de la requête civile lorsqu'ils n'ont pas été valablement défendus. Ce ne sont pas, fait observer ce professeur, les mineurs seuls qui peuvent employer la requête civile dans cette circonstance, elle est également ouverte à l'État, aux communes et aux établissements publics qui, cependant, ne sont pas admis à se faire restituer pour cause de lésion.

par exemple, un dol était intervenu; le tribunal s'est borné purement et simplement à dégager la personne du mineur, à cause d'une prérogative qui lui est octroyée.

3. Nous avons fait connaître (1) que, d'après le Droit romain, le mineur pourvu d'un curateur ne s'obligeait sous aucun rapport, quand il consentait seul un acte d'aliénation. De son côté, la loi française inhibe au mineur certains actes importants, tels que l'aliénation des immeubles, la constitution des hypothèques, les emprunts, qui doivent être accompagnés de certaines formalités (art. 457 et 458 Code Nap.). Si elles n'étaient pas accomplies, quoique le mineur eût donné son consentement, existerait-il une obligation naturelle? Ne serait-ce pas faire tomber le législateur en contradiction avec lui-même, que d'admettre que, d'une part, il veille dans l'intérêt des mineurs, qu'il montre une grande sollicitude pour sauvegarder leurs biens; et que, d'une autre part, il accorde des effets à une convention qui ne tient aucun compte de ses prescriptions.

Nonobstant ces observations, nous décidons que le mineur qui consentira seul un des actes soumis à des formes spéciales, et qui en obtiendra l'annulation, demeurera lié naturellement.

D'après le Droit français, les actes faits contrairement à ses prescriptions ne sont pas, comme d'après

(1) Page 143.

le droit civil de Rome, atteints d'une nullité telle, qu'elle n'ait pas besoin d'être prononcée.

Sous ce rapport, l'action en nullité se rapproche chez nous de l'action en rescision, et cette similitude doit nous porter de plus fort à maintenir, malgré la nullité prononcée, l'obligation naturelle.

Dans notre législation, lorsque le mineur traite seul, il faut distinguer : les actes sont-ils assujétis à des formes particulières? ils seront annulables sans qu'il soit nécessaire de justifier d'une lésion. Au contraire, quand les actes ne sont pas soumis à des formes spéciales, ils seront seulement rescindables, et la preuve de la lésion devra être rapportée.

Que l'acte passé par le mineur soit annulable ou rescindable, cela est indifférent quant à l'obligation naturelle; dans les deux hypothèses, le mineur est tenu civilement, il est exposé à une action qu'il n'est plus en son pouvoir d'arrêter après dix années, à compter de la majorité (art. 1304).

Une fois qu'il a fait prononcer l'annulation ou la rescision, il reste lié sous le point de vue naturel; c'est pourquoi la caution qu'il aurait donnée serait engagée, sans examiner si l'acte est annulable ou rescindable (art. 2012). Nous avons déjà fait observer que la validité du cautionnement est la marque à laquelle on reconnaît que l'obligation vaut au moins comme naturelle.

Notre théorie, d'après laquelle l'acte annulable et rescindable sont placés sur la même ligne, en ce qui concerne l'obligation naturelle, soulèvera peut-être l'objection suivante : l'acte qui doit être revêtu de certaines formalités est réputé inexistant en cas de non accomplissement ; dès-lors le mineur est censé n'avoir rien fait quand il a seul souscrit des actes importants qui devaient être accompagnés de certaines formalités. — Nous répondons qu'il ne faut pas confondre les formalités prescrites pour la validité de l'acte considéré en lui-même, et celles destinées à suppléer à l'incapacité. L'inobservation des premières affecte l'acte d'un vice absolu et radical. Il en est autrement quant à l'inobservation des secondes. Or, le consentement du conseil de famille et l'homologation du tribunal ne sont pas exigées pour la validité d'un contrat de vente ou d'emprunt, mais seulement en vue de l'incapacité du sujet. — D'où il suit que l'irrégularité ne provient que d'un manque de capacité. Or, nous avons vu (1), soit en Droit romain, soit en Droit français, que l'incapacité qui n'est que civile ne fait pas obstacle à l'existence de l'obligation naturelle.

SECTION II.

Quelle est la valeur de l'obligation souscrite par le mineur à l'égard de son tuteur ?

SOMMAIRE.

1. Il faut appliquer les principes du Droit romain, qui sont relatifs à l'engagement pris par le mineur de vingt-cinq ans à l'égard de son curateur.

(1) Page 222.

2. Justification de cette proposition.

3. Quand le ci-devant mineur aura fait un traité sans que les formalités indiquées par l'art. 472 aient été accomplies, sera-t-il obligé naturellement?

1. Nous avons dénommée civile, l'obligation que le mineur de vingt-cinq ans contractait à Rome vis-à-vis de son curateur; en même temps, nous avons reconnu à ce mineur lésé le droit à une restitution (1). Par là, cette sorte d'engagement a été placé dans le droit commun.

Cette appréciation nous semble devoir s'appliquer, en Droit français, à l'engagement souscrit par le mineur à l'égard de son tuteur; par conséquent, cette obligation ne deviendra naturelle que par l'effet de la rescision. — Elle sera obtenue plus facilement à l'encontre du tuteur, qu'à l'égard d'autres personnes. Il ne faut pas que celui qui exerce des fonctions de confiance soit tenté d'en abuser.

2. L'art. 1304 prête son appui à cette doctrine : il accorde au mineur un délai pour faire rescinder les actes qu'il a passés, sans examiner la qualité des autres contractants.

D'une part, aucun texte n'amène à penser que l'engagement pris envers le tuteur soit réputé inexistant. Peut-être que le mineur aura intérêt à ce qu'il soit conservé.

(1) Voir p. 147.

D'autre part, il n'y a point de motif pour réduire de suite cet engagement à la condition de celui qui ne vaut que dans l'ordre naturel, puisque le mineur a la capacité pour s'obliger civilement, et qu'il ne réclame pas contre son obligation.

3. Après même la cessation de la tutelle, le ci-devant mineur se trouve, quant au règlement de ses intérêts, à la merci de son ancien tuteur tout le temps que celui-ci ne lui a pas rendu son compte. Voilà pourquoi le législateur défend tout traité qui interviendrait alors que le compte détaillé et les pièces justificatives n'ont pas été communiquées dix jours à l'avance (art. 472, Code Nap.)

Si, en dehors de ces prescriptions de la loi, une convention était formée, elle serait annulable seulement sur la demande du mineur (1); elle aurait le sort des actes souscrits par le mineur seul, quoique des formes spéciales fussent imposées. De là, nous concluons que le ci-devant mineur qui aurait fait accepter par les tribunaux sa demande en nullité, n'aurait point, par cela même, fait rompre le lien de l'obligation naturelle.

(1) M. Demante, *Cours analytique de Code Napoléon*, t. ii, p. 307.

SECTION III.

Quel est l'effet de la cession de créances ou de droits consentis au tuteur contre le mineur ?

SOMMAIRE.

1. Notre code rappelant la prohibition décrétée par le Droit romain, sans permettre au mineur de bénéficier, il ne peut être question d'obligation naturelle en ce qui concerne ce dernier.

1. Le législateur romain, comprenant les abus et les fraudes que pourraient occasionner les cessions de droits que se ferait consentir le tuteur ou le curateur, avait édicté une défense formelle à cet égard; et, en cas de contravention, il prononçait la libération du pupille ou du mineur (1).

Le Droit français, en maintenant la prohibition, n'a pas rappelé cette sanction exorbitante et qui ne saurait être suppléé; aussi, malgré quelques dissidences qui s'étaient d'abord manifestées, l'on enseigne, aujourd'hui, que le mineur aura l'option entre la nullité de la cession, ou le maintien de la cession à son profit, pourvu que, dans ce dernier cas, le tuteur soit indemnisé de ses déboursés (2).

Puisque, dans aucune hypothèse, le mineur ne profite de la créance au moyen de cette sorte de confisca-

(1) Voir p. 149.
(2) MM. Ducaurroy, Bonnier, Roustain, *Commentaire du Code Civil*, t. 1, n° 649.

tion décrétée par la loi romaine, nous n'avons pas à nous demander s'il demeure débiteur dans l'ordre naturel.

La Novelle 72 interdisait en termes exprès la cession à titre gratuit; dans notre Droit, elle sera également prohibée; seulement, le mineur ne sera point reçu, dans cette circonstance, à dire qu'il prendra comme donataire la place de son tuteur. La voie de nullité sera seulement ouverte contre cet acte, et le cédant recouvrera contre le mineur sa créance, telle qu'elle était primitivement.

Il est vrai que l'on a soutenu (1) que la prohibition de l'art. 450 du Code Napoléon ne s'étendait pas à la donation. Le texte précité, a-t-on dit, n'empêcherait pas le tuteur d'être substitué aux droits du créancier contre le mineur, par le moyen d'une disposition à titre gratuit qui serait une institution d'héritier, ou même simplement un legs.

Nous ferons remarquer que, dans cette dernière hypothèse, l'on n'a pas à craindre les spéculations et les concerts frauduleux que masquerait une donation entre-vifs. Il n'est pas vraisemblable que l'on convertisse un testament en un instrument de spoliation. Rien ne prouve, d'ailleurs, que le tuteur ait eu connaissance du testament; tandis qu'il est partie dans l'acte de donation entre-vifs.

(1) M. Demolombe, t. vii, n° 761.

SECTION IV.

Les actes passés par l'interdit renferment-ils une obligation naturelle?

SOMMAIRE.

1. Quoique les tribunaux aient relevé l'interdit des obligations qu'il avait consenties, cependant elles valent comme naturelles.

2. Si l'interdit avait traité dans un moment où il ne jouissait pas de sa raison, l'acte n'aurait aucune espèce d'efficacité.

1. Les observations que nous a suggérées le Droit romain se représentent d'elles-mêmes (1). Quoique l'interdiction ait été prononcée, il est cependant possible que l'état de l'aliéné offre des intermittences. Si le législateur permet d'attaquer généralement tous les actes passés après l'interdiction, c'est parce qu'il aurait été difficile de constater ceux qui se rapporteraient à des moments où il n'y avait pas absence complète de raison. Toutefois, c'eut été bien rigoureux que d'admettre qu'ils étaient tous réputés non-avenus; aussi a-t-on seulement le droit de les attaquer dans un délai déterminé (art. 1304); par conséquent, ces contrats sont valables dans l'ordre civil, puisqu'ils sont aptes à produire d'eux-mêmes une action.

Si, en temps utile, une demande a été soumise aux tribunaux et que l'interdit ait été dégagé des liens du

____
(1) Voir p. 156

contrat, l'obligation qu'il avait consentie sera conservée comme naturelle, et, par voie de suite, elle recevra l'accession d'un cautionnement (art. 2012).

On aurait tort de penser, comme on l'a soutenu (1), que l'obligation de l'interdit est totalement nulle pour défaut de consentement, et que le cautionnement ne se maintient que parce que celui qui l'a souscrit est censé avoir voulu s'obliger principalement.

Cette appréciation nous semble en opposition avec les vrais principes. De ce qu'une personne est interdite, cela ne prouve pas qu'elle soit continuellement privée de sa raison (art. 489, Code Nap.)—Si, en outre, l'engagement pris par l'interdit se trouvait dénué de toute espèce de consentement, il s'ensuivrait que l'interdit ne serait pas seul en droit de se plaindre (art. 1125). L'autre partie devrait avoir la même faculté.

Au surplus, le cautionnement n'est qu'un contrat accessoire; en lui enlevant ce caractère, on le dénature et l'on va contre l'intention de celui qui s'est obligé avec cette restriction, ce qui ne peut être.

2. Nous venons de raisonner dans l'hypothèse où il n'est point établi que, lorsqu'il traitait, l'interdit était dans un accès de fureur, dans un moment où sa raison était complètement éclipsée; il est certain que, dans le cas où cette preuve serait faite, le cautionnement n'aurait pas d'efficacité, que l'obligation naturelle ne

(1) M. Delvincourt, t. III, p. 484.

se produirait point; mais, dans le doute, elle sera admise; elle n'empêche pas, en effet, que l'interdit n'obtienne une protection convenable. — Nous adoptons ainsi, en Droit français, la solution que nous avons donnée (1) en Droit romain.

Ce n'est que lorsqu'il sera établi que l'acte a été passé dans un moment où l'interdit était entièrement privé de sa raison, que nous lui ôterons le lien naturel.

SECTION V.

Des actes émanés du prodigue auquel un conseil judiciaire a été donné.

SOMMAIRE.

1. Le prodigue se faisant restituer contre les actes indiqués dans l'art. 513, reste obligé naturellement.

2. De ce que le prodigue s'oblige naturellement, il ne s'ensuit pas que l'on reconnaisse une propriété naturelle.

1. En France le prodigue n'est pas, comme à Rome, interdit d'une manière générale. L'art 513 ne lui inhibe que certains actes à cause de leur importance : « Il peut être défendu aux prodigues de plaider, de transiger, d'emprunter, de recevoir un capital mobilier et d'en donner décharge, d'aliéner ni de grever leurs biens d'hypothèques sans l'assistance d'un conseil. » Nonobstant cette disposition législative, le prodigue,

(1) Page 157.

participant à ces actes et les faisant ensuite infirmer,
sera-t-il assujéti à une obligation naturelle ? — Nous
sommes portés à le croire. Nous avons décidé précédemment que les actes importants consentis par le
mineur seul, produisent une obligation naturelle,
quoique les formalités imposées par le législateur aient
été laissées de côté. Nous ne devons pas hésiter à reconnaître la même efficacité pour les actes énumérés
dans l'art. 513, qui n'ont pas été de la part du législateur l'objet d'une aussi grande sollicitude. — En outre,
le prodigue n'étant frappé que d'une incapacité par-
tielle, parce que sa raison n'est affaiblie que dans une
certaine mesure, l'on comprend que, relativement aux
actes qui lui sont défendus, il soit apte à contracter
une obligation naturelle.

Quand le prodigue s'est dispensé de recourir au contrôle du conseil, l'on s'est demandé si les actes étaient
annulables ou rescindables. Quelle que soit la doctrine
que l'on adopte à cet égard, il faut reconnaître que
le prodigue seul est recevable à réclamer devant les
tribunaux (1). — En outre, qu'il y ait annulation ou
rescision, l'obligation naturelle sera toujours intacte.

2. En statuant de la sorte, nous n'infirmons pas ce
que nous avons écrit contre la théorie d'une propriété
naturelle. Si le prodigue aliène un immeuble, et s'il
le reprend, l'acquéreur n'en conservera point la pro-

(1) M. Demante, *Cours analytique de Code Napoléon*,
t. II, p. 260.

priété naturelle, qui . is paraît chose inadmissible :
ce que nous avons dit en Droit romain s'étend nécessairement au Droit français. Celui qui a reçu du prodigue sera seulement investi d'une créance naturelle
envers le prodigue. En un mot, tout se réduira à une
obligation naturelle.

SECTION VI.

De l'obligation de la femme qui traite sans autorisation.

SOMMAIRE.

1. Quoique la femme ait été relevée de l'engagement souscrit sans autorisation, elle demeure néanmoins obligée
naturellement.

2. Une telle obligation pourrait être acquittée par la femme
durant le mariage, et au moyen de ses deniers paraphernaux.

1. Si le mineur qui traite seul est tenu civilement,
et si après avoir fait prononcer la rescision de son engagement, il demeure encore dans les liens de l'obligation naturelle, des motifs plus puissants portent à
statuer de la même manière par rapport à la femme
qui s'oblige sans autorisation; car elle a plus d'expérience, elle est plus en état de veiller à ses intérêts.
Dans le Droit romain, il était interdit absolument à
la femme d'intercéder pour autrui; le législateur français n'a pas voulu, avec raison, dans ce cas, annihiler
la capacité de la femme.

Dès-lors son obligation sera réputée civile, une action pourra en résulter. En effet, si, dans le délai qui lui est concédé, elle ne s'est point pourvue devant les magistrats (art. 1304), elle ne sera plus recevable à repousser la demande du créancier.

La femme ayant fait accepter par les tribunaux ses conclusions tendant à la nullité, sera néanmoins obligée dans l'ordre naturel.

D'après cela, nous disons que la dette que souscrit la femme peut non-seulement être cautionnée dès le principe (art. 2012), mais encore qu'elle est susceptible de l'être, quand il y a un jugement qui admet la nullité.

2. La femme s'étant obligée de la sorte, peut-elle, après qu'elle a obtenu la séparation de biens, payer au moyen de ses deniers?

Les jurisconsultes sont loin de s'accorder sur la portée de l'art. 1449, qui confère à la femme séparée judiciairement la libre administration de ses biens, et lui permet d'aliéner son mobilier. Il n'entre pas dans notre plan de parcourir les divers systèmes qui se sont produits à cet égard.

Nous nous contenterons de faire observer que la femme obtient la libre administration de ses biens, c'est-à-dire un droit d'administration plus étendu que celui qu'exerce le mineur émancipé (1). Dès-lors on ne saurait lui contester le pouvoir d'affecter un capital

(1) Voir notre *Traité de la Séparation de corps*, p. 219.

mobilier au paiement d'une dette civile. Or, comme celle qui est naturelle constitue une véritable dette, nous reconnaissons encore que la femme aurait capacité pour la solder.

La décision que nous venons de donner à l'égard de la femme séparée judiciairement, nous l'appliquons à la femme séparée contractuellement (art. 1536 et 1538), et à la femme mariée sous le régime dotal, qui paie avec ses deniers paraphernaux. L'on a soutenu qu'à l'égard des actes d'aliénation, la capacité de la femme séparée contractuellement et de la femme mariée sous le régime dotal, en ce qui concerne le mobilier paraphernal, est moindre que celle de la femme séparée judiciairement.

Nous n'avons pas à nous occuper de cette doctrine, elle ne nous paraît devoir exercer aucune influence sur la validité du paiement de la dette naturelle. En effet, l'administration départie à la femme séparée contractuellement, ou qui a des meubles paraphernaux, lui confère le droit de solder les dettes. Les motifs que l'on indique pour empêcher l'aliénation directe du mobilier ne sauraient être invoqués. L'on peut toujours se dispenser de vendre des objets mobiliers non exposés à dépérir ; tandis que l'on se trouve dans une sorte de contrainte par rapport au paiement de l'obligation naturelle. Il est même possible que, par cet acquittement, l'on veuille arrêter les poursuites dirigées contre la caution.

Si, au contraire, la femme voulait acquitter seule ce

qui ne serait qu'une obligation morale, ou de conscience, elle dépasserait sa capacité, un tel paiement
étant taxé de libéralité (1). Or, d'après le sens que
nous paraît avoir l'art. 1449, la femme ne peut disposer de ses biens mobiliers à titre gratuit.

SECTION VII.

Les donations entre époux valent à titre d'obligation civile et jamais à titre d'obligation naturelle.

SOMMAIRE.

1. L'époux révoquant la donation qu'il a faite, ne demeure
tenu ni civilement ni naturellement.

2. Il en sera de même si la libéralité a été déguisée sous la
forme d'un contrat de vente permis entre époux.

3. Quand il y a révocation, quelle est l'obligation de l'époux
donataire?

1. Notre Droit a reproduit les principes de la dernière jurisprudence romaine, en ce qui concerne les
donations entre époux. — Elles sont donc essentiellement révocables (art 1096), et le donateur qui
change d'intention est exempt de toute obligation,
même naturelle.

2. En cachant sa libéralité sous la forme d'une
vente, et en spécifiant l'un des cas où ce contrat est
permis entre époux (2), le donateur serait également

(1) Dans notre *Traité de la Séparation de corps*, p. 230,
nous avons soutenu cette doctrine.

(2) Voyez notre *Traité de la Séparation de corps*, où

maître de revenir sur ce qu'il a fait, et de se soustraire
à toute obligation.

3. D'après les principes du Droit romain, qui sont
ceux du Droit français, la révocation de la donation
n'oblige celui qui a reçu qu'à restituer ce dont il se
trouve avoir profité au moment où le donateur manifeste le changement de volonté (l. 7, § 3, Dig., *de
Donat. inter virum et uxorem*). — Si le donataire avait
laissé dépérir, ou avait dissipé l'objet de la libéralité,
il serait affranchi à cet égard de toute obligation,
même naturelle.

SECTION VIII.

**Quelle est l'obligation résultant de l'engagement formé
entre le fils et le père investi de la puissance paternelle?**

SOMMAIRE.

1. Différence entre la puissance paternelle des Romains et
   celle des Français.

2. Par rapport aux engagements pris par le fils à l'égard de
   son père, il faut appliquer les principes relatifs à ceux
   qui émanent du pupille à l'égard de son tuteur.

3. Si c'est le père qui s'engage à l'égard de celui qui se
   trouve sous sa puissance, l'obligation ne sera défectueuse sous aucun rapport.

1. Chez nous, la puissance paternelle n'a point

nous avons émis le sentiment d'après lequel le contrat ne
vaudrait pas comme donation, s'il exprimait un cas où la
vente n'est pas autorisée entre époux (art. 1595); l'acte est
alors défectueux dans sa forme extérieure.

cette énergie et cette durée qui caractérisait celle des Romains. — D'après nos lois, le fils conserve son individualité, il a des intérêts distincts ; le père a une autorité qui se rapproche du pouvoir du tuteur, et ce n'est pas principalement pour l'avantage de l'ascendant que la puissance paternelle a été instituée.

2. De là nous induisons que si le fils souscrit une obligation à l'égard de son père, l'art. 1304 recevra son application. En effet, ce texte s'exprime d'une manière générale, il régit les actes *faits par les mineurs*, sans se préoccuper s'ils sont en tutelle seulement, ou bien sous la puissance paternelle.

Comme la puissance paternelle et tutélaire influent de la même manière sur les obligations du mineur, l'on reconnaîtra que le fils pourra se pourvoir en rescision, et qu'après avoir réussi dans sa demande, il demeurera néanmoins débiteur sous le point de vue naturel (1).

3. L'obligation souscrite par le père envers le mineur diffère de celle qui émane du mineur lui-même : aussi ne pourrait-elle pas être critiquée par les mêmes moyens. L'ascendant n'a pas besoin que la loi veille à ses intérêts, il se suffit à lui-même.

(1) Voir page 274.

SECTION IX.

Y a-t-il, d'après le Droit français, des personnes qui ne sont tenues que QUATENUS FACERE POSSUNT?

SOMMAIRE.

1. Il ne faut pas admettre dans le Droit français le bénéfice de compétence, tel qu'il était institué à Rome.

2. Cas dans lesquels le bénéfice de compétence pourrait être appliqué.

3. Les obligations arrêtées dans leur exécution ne cessent pas d'être civiles.

1. Le bénéfice de compétence, avec l'extension que lui donnait le Droit romain, ne saurait être accepté dans notre législation. On a cherché surtout à le faire revivre dans le cas où un parent exercerait des poursuites contre un débiteur auquel, de son côté, il est tenu de fournir des aliments (1); car, dit-on, il est tout simple de laisser à ce dernier, qui est attaqué, une partie des biens nécessaire à sa subsistance. Si l'on permet de le dépouiller entièrement, il dirigera ensuite une demande alimentaire contre celui qui était son créancier, et le résultat ne sera qu'un surcroît de procédure. — Mais il faut considérer que ce parent autorisé à retenir une partie de son patrimoine, afin de subsister, aura la faculté de l'aliéner, et pourra se

_____

(1) M. Proud'hon avait émis cette doctrine, que M. Valette a combattue, *Traité de l'état des personnes*, t. I, p. 430.

trouver de nouveau dans la pénurie. Une autre action alimentaire étant formée par lui, les juges seront forcés de l'accueillir. *Necare videtur qui alimenta denegat.* D'ailleurs, si l'on admet le bénéfice de compétence dans ce cas, nous ne savons pas pourquoi on le rejetterait à l'égard de l'associé; car les lois romaines étaient très explicites à l'égard de ce dernier, elles regardaient ceux qui avaient formé le contrat de société comme s'étant, par cela même, engagés à avoir une grande bienveillance les uns à l'égard des autres (l. 63, Dig., *Pro socio*) (1).

2. Quoique nous repoussions, en principe, le bénéfice de compétence, il est cependant des cas tout particuliers où le débiteur ne sera tenu que *in id quod facere potest.*

a) Un failli est déclaré excusable, il cesse d'être contraignable par corps. Comme tous ses biens ont été livrés à ses créanciers, il faut qu'on lui permette de pratiquer une industrie et de pourvoir à son entretien; dès-lors, on ne pourra lui saisir ensuite les instruments de son commerce et les bénéfices qu'il réalise, que tout autant qu'on lui laissera de quoi vivre et travailler.

b) Celui qui a fait cession de biens se trouve dans

(1) L'on remarquera que le bénéfice de compétence pouvait être invoqué dans le cas même d'une société particulière

une position analogue, sa bonne foi est établie, il a droit à la même faveur.

Ces individus, ayant abandonné tout leur avoir, sont réputés, à un certain point de vue, des hommes nouveaux, leur succession est presque censée avoir été ouverte; il ne faut donc pas s'étonner qu'ils soient traités avec certains ménagements à l'égard des biens postérieurement acquis.

3. Ce qui vient d'être dit n'empêche pas que, si ces personnes gagnent au-delà de ce qui leur est nécessaire, elles ne soient tenues d'acquitter l'intégralité de leurs dettes primitives. Le jugement ne les a pas véritablement modifiées, il s'est borné à en retarder l'exécution. Nous avons remarqué (1) dans la partie du Droit romain, que le bénéfice de compétence n'avait pas l'effet de convertir en obligation naturelle celle qui, antérieurement, était civile.

SECTION X.

Les conventions non revêtues des formes extérieures imposées par la loi, ne donnent-elles naissance qu'à l'obligation naturelle?

SOMMAIRE.

1. Il faut avoir le soin de distinguer ce qui tient à la perfection de la convention, et ce qui se réfère à la perfection de l'acte.

(1) Page 179.

Malgré l'imperfection de l'acte, l'obligation demeure
civile.

2. Quand les actes sont solennels, l'omission des formalités
empêche l'obligation naturelle de se produire.

1. En France, les contrats, étant parfaits par le seul
consentement, existent indépendamment de toute écriture. Afin de prévenir les procès et la fraude, le législateur ne se contente pas du témoignage des hommes,
quand l'objet des conventions a quelque importance;
il permet cependant d'invoquer l'aveu de la partie adverse, de lui déférer le serment, et de recourir même
à la preuve testimoniale, quand il existe un commencement de preuve par écrit. Ainsi, l'on aurait tort de
croire que l'infraction aux règles tracées par les art.
1325 et 1326, ferait passer l'engagement à l'état d'obligation naturelle. La convention synallagmatique non
rédigée en double, et ne relatant pas l'accomplissement
de cette formalité; l'engagement sous seing-privé de
payer une somme, non rédigé en entier par la main
du souscripteur, ou ne contenant pas le bon ou approuvé, ne seront pas viciés dans leur essence.
Cela est tellement vrai, que si le souscripteur reconnaissait la formation de la convention, mais voulait se prévaloir de l'irrégularité dans la ferme, il ne
serait pas écouté. L'écriture n'est donc pas l'un des
éléments constitutifs de la convention, elle ne sert que
pour la preuve. Si la convention est légalement établie,
elle pourra être ramenée à exécution. Dans le cas con

traire, elle n'aura point d'effet, même dans l'ordre naturel.

Les raisonnements que nous venons de présenter s'appliquent à l'hypothèse où l'on a méconnu quelqu'une des formalités prescrites pour le contrat d'assurance. (Art. 332, Code de Comm.)

2. Quand des formes ont été décrétées, non pour la preuve, mais pour la perfection de la convention, alors leur omission ne peut être réparée; ce qui a été fait est réputé sans valeur; aucune obligation, soit civile, soit naturelle, n'en découlera. Il en sera de la sorte dans les contrats de mariage, dans les constitutions d'hypothèques et les donations, qui vont être la matière d'un examen particulier.

Pour savoir si les formalités ont été déterminées pour la perfection du contrat, il faut considérer l'intention du législateur, l'importance qu'il attachait à la mesure qu'il prescrivait, et le but qu'il se proposait.

SECTION XI.

La donation entre-vifs irrégulière peut-elle servir comme obligation naturelle?

SOMMAIRE.

1. Quand les formalités réglées par la loi ont été omises, la donation ne peut être invoquée comme produisant obligation naturelle.

2. A l'égard du donateur, la disposition n'aurait pas même l'effet d'une obligation morale, ou de convenance.

Il en est différemment par rapport aux héritiers.

3. Si le mineur accepte seul une donation entre-vifs contenant des charges, sera-il tenu au moins naturellement, alors qu'il se fait relever de son acceptation ?

4. La promesse de faire un don manuel produit-elle une
obligation naturelle ?

1. Le législateur français a voulu que les donations
fussent accompagnées d'un grand nombre de formalités
qu'il regardait comme essentielles ; par conséquent,
si elles n'ont pas été remplies, l'acte doit être sans aucune espèce de valeur, et il ne peut servir d'assiette
à une obligation naturelle.

Quoique le législateur romain ne se soit pas montré
aussi rigide quant aux formalités des donations, l'on se
rappelle néanmoins qu'il frappait de nullité les donations qui avaient de l'importance, si elles n'étaient pas
insinuées (1).

2. Cette manière de voir, en ce qui concerne le Droit
français, n'est pas contredite par l'art. 1340, portant
que l'exécution de la part des héritiers du donateur ne
leur permet pas de répéter.—Ce texte ne dénote nullement l'existence d'une obligation naturelle ; nous savons, en effet, que la répétition est interdite quand
il s'agit de l'acquittement de l'obligation de convenance.

(1) Voir page 187.

Il faut remarquer que la répétition est refusée aux héritiers qui ont acquitté la libéralité, et non pas au donateur lui-même. De là nous tirons la conséquence que, vis-à-vis de ce dernier, la loi ne confère pas à la donation qui est irrégulière, l'effet même d'une obligation morale (1).

En ce qui concerne cette répétition, des motifs peuvent être présentés afin de la justifier. L'on s'est proposé de prémunir le disposant contre le penchant qu'il aurait à donner, l'on a voulu le garantir contre lui-même; des formalités ont été exigées afin de constater une volonté libre et réfléchie de la part de celui qui se dépouille. Quand même celui-ci connaîtrait la défectuosité de l'acte de donation, il craindra de se rétracter et de contester la livraison de la chose promise. Les héritiers n'éprouvent pas les mêmes sentiments et ne sont pas retenus par les mêmes scrupules. Ils se trouvent dans une position toute différente : ce sera en connaissance de cause et avec une entière liberté qu'ils délivreront l'objet. A leur égard, l'obligation morale existe; mais l'on aurait tort de l'appeler naturelle. C'est pourquoi cette donation défectueuse ne pourrait être caution-

(1) Nous nous écartons entièrement de la doctrine de M. Toullier, qui enseigne, t. vi, n° 380, qu'une donation nulle quant à la forme constitue une obligation naturelle, de sorte que le paiement fait par le donateur lui-même empêche la répétition. M. Troplong, *Des Donations entre-vifs et testamentaires*, tom. i, n° 1064, repousse la doctrine émise par M. Toullier.

née, et l'acquittement de cette donation par les héritiers ne serait pas considérée comme le paiement d'une
véritable dette. Les créanciers des héritiers peuvent aussi
quereller cette sorte d'adhésion qui diminue l'avoir de
leurs débiteurs. C'est encore le cas de rappeler combien il importe de ne pas confondre l'obligation morale
avec l'obligation naturelle.

Au reste, l'art. 1340 n'établit de fin de non-rece-
voir contre les héritiers, qu'alors que l'exécution provient d'eux-mêmes; si elle dérivait du donateur, ils
ne seraient pas liés, il n'y aurait pas une adhésion de
leur part, et l'on ne pourrait pas leur opposer un fait
propre; aussi la répétition ne leur serait pas interdite.

3. De même que nous avons dit (1) qu'il faut avoir
le soin de séparer les formalités qui appartiennent à
l'acte lui-même, et celles qui se réfèrent à la capacité,
alors qu'il s'agit d'un acte important auquel le mineur
aurait seul participé, de même nous dirons que si le
mineur seul acceptait une donation dont l'acte réunirait
les formalités prescrites, le donateur ne serait pas recevable à se prévaloir de cette irrégularité, qui n'a trait
qu'à l'incapacité du sujet (2).

Si, dans ce cas, le mineur veut que son acceptation

(1) Page 273.
(2) La question est controversée. La solution que nous
adoptons, est celle de M. Valette sur M. Proud'hon, t. i,
p. 479.

soit rétractée, et s'il obtient des tribunaux qu'il en soit ainsi, demeure-t-il tenu naturellement, à l'égard des charges qui lui avaient été imposées par la donation ?

C'est une question vivement débattue que celle de savoir si le donataire peut, en principe, au moyen d'une renonciation à la libéralité, se dispenser d'acquitter les charges dont il a été grevé. Pour la négative, l'on fait valoir que le donateur n'a pas entendu spéculer, mais seulement conférer un avantage, et que, par conséquent, il ne saurait se plaindre, si le donataire renonce à la libéralité afin de ne pas accomplir les charges. L'on cite l'art. 935, qui permet aux ascendants d'accepter les donations faites aux mineurs, alors même qu'ils ne sont pas investis de la tutelle; l'on fait ressortir les inconvénients graves qui résulteraient pour les intérêts du mineur d'une acceptation déclarée irrévocable; or, ajoute-t-on, si la donation est irrévocable à l'égard du majeur, elle doit l'être pareillement à l'égard du mineur quand elle a été dûment acceptée (art. 463, Code Nap.)

Nous donnons la préférence à l'opinion contraire, qui se fonde sur le Droit romain : « Legem, quam rebus tuis donando dixisti, sive stipulatione tibi prospexisti, ex stipulatu; sive non, incerto judicio, id est, præscriptis verbis, apud præsidem provinciæ debes agere, ut hanc impleri provideat. » (L. 9, CODICE, *de Donationibus.*)

La générosité que dicte la libéralité ne fait pas toujours disparaître l'intérêt personnel ; la donation devient alors, suivant l'expression du jurisconsulte romain, un *negotium mixtum* (l. 18, Dig., *de Donationibus*).

En décrétant que la donation faite au mineur doit être acceptée par le conseil de famille, l'art. 463 du Code Nap. démontre que des charges étant mêlées à la libéralité, il n'est pas au pouvoir du donataire de répudier le tout. Quant à l'art. 935, concernant l'acceptation des ascendants, nous ne penserions pas qu'il soit applicable lorsque la donation se trouve grevée de charges.

Si l'on décide, en principe, qu'un donataire ne peut se soustraire aux charges qui pèsent sur lui, le mineur, arguant de son incapacité, et prenant cette voie pour se dégager, ne serait pas délié de l'obligation naturelle. —Il en serait autrement, si l'on accepte la thèse d'après laquelle toute personne a la faculté de renoncer à la donation, pour éviter les charges qui l'accompagnent.

4. Comme il est avéré que les formalités déterminées par les art. 931 et 932 du Code Nap. ne s'étendent pas aux dons manuels, l'on peut se demander si la simple promesse de donner, de la main à la main, une chose qui peut être l'objet d'un don manuel, suffit pour créer une obligation naturelle. — Nous ne saurions le penser. Il est de principe que la seule promesse de donner n'engendre pas une obligation naturelle. Si le don manuel est reconnu par la loi civile, c'est à cause de la

règle : qu'en fait de meubles, possession vaut titre (art. 2279). Mais la tradition n'ayant pas été opérée, il n'y a pas lieu de recourir à la règle précitée, et l'on se trouve en présence d'un simple désir de donner, ou, si l'on veut, d'une simple manifestation de la volonté.

SECTION XII.

Les dispositions contenues dans un testament irrégulier peuvent-elles être considérées comme obligations naturelles?

SOMMAIRE.

1. En Droit français, comme en Droit romain, le testament irrégulier ne peut servir de base à une obligation naturelle.

2. Toutefois, il servirait de titre à une obligation morale, ou de convenance.

1. Nous avons soutenu que la faculté de tester était une dépendance du droit des gens (1), et que les jurisconsultes romains ne s'étaient pas écartés de ce principe.

Le législateur français nous paraît avoir suivi la même voie. Aussi a-t-il proclamé que le Français a le droit de faire un testament olographe dans tous les pays (art. 999); et la loi du 14 juillet 1819, permet à l'étranger de léguer, même à l'étranger, les biens qu'il laisse en France. Le Code ne s'opposait pas,

(1) Voir page 189.

d'ailleurs, à ce que l'étranger disposât de cette manière en faveur d'un Français.

2. Nous avons décidé que si les héritiers de celui qui a donné entre-vifs exécutaient la disposition, ils ne seraient pas recevables à répéter; la même doctrine doit être admise pour apprécier l'exécution du testament accomplie par les héritiers légitimes, lors même qu'ils prétendraient qu'ils ne se sont déterminés que par suite d'une erreur de droit (1). Leur demande en répétition serait victorieusement combattue, par cette considération que si une obligation civile n'a pas été acquittée, c'est du moins une obligation morale, ce qui suffit pour couper court à leur réclamation. Nous avons vu que l'un des effets de l'obligation morale était d'empêcher la répétition quand même celui qui a effectué le paiement serait en mesure de prouver qu'il n'a agi que par suite d'une erreur de droit (2).

(1) Page 195.

(2) M. Zachariæ, t. v, p. 76, enseigne que l'héritier ne serait pas facilement écouté s'il avançait n'avoir exécuté le testament que par suite d'une erreur de droit, et que, dans tous les cas, il serait tenu de prouver l'existence de cette erreur.

Nous ne pensons pas qu'en offrant même cette preuve, l'héritier fût admis à se faire relever contre cette exécution. Il n'est pas recevable à dire qu'il n'aurait pas rempli les intentions du testateur, et que c'est parce qu'il n'a pas connu la loi, qu'il pouvait connaître, qu'il a fait l'acte significatif qui

Dans la partie du Droit romain, en assignant (1) pour origine à la faculté de tester le droit des gens, nous avons, de même, constaté que le législateur s'opposait à ce que le testament irrégulier fût doué de l'efficacité attachée à l'obligation naturelle (2).

SECTION XIII.

Avant l'échéance du terme ou l'avènement de la condition, la promesse est-elle réputée obligation naturelle?

SOMMAIRE.

1. Les principes développés dans la partie du Droit romain doivent être suivis.

1. L'influence de la condition ou du terme sur l'obligation étant la même en Droit romain (3) et en Droit français, une exposition nouvelle serait superflue.

lui est opposé. Il aurait dû, s'il n'était pas lui-même édifié sur la loi, prendre des renseignements.

(1) Page 192.

(2) Les annotateurs de Zachariæ, t. II, p. 257, font mention d'une décision judiciaire d'après laquelle les dispositions renfermées dans un testament non revêtu des formes légales, valent comme obligations naturelles; nous ne pouvons donner notre assentiment à cette doctrine.

Nous croyons que ces estimables auteurs n'ont point parfaitement discerné l'obligation naturelle de celle qui n'est que morale.

(3) Voir page 199.

Nous nous contenterons d'ajouter que si la stipulation du terme n'empêche pas l'obligation d'être civile, à plus forte raison en est-il de même du terme de grâce ; aussi le délai de grâce ne fait-il pas obstacle à la compensation (art. 1292); ce qui prouve qu'il n'a pas même la portée du terme proprement dit. Le juge n'a retardé l'exécution de l'obligation que parce qu'il était persuadé que le débiteur ne pouvait payer; mais l'impossibilité de se libérer dans laquelle on se trouve, n'empêche pas l'obligation d'être civile.

SECTION XIV.

L'obligation naturelle résulte-t-elle des dettes de jeu et des paris ?

SOMMAIRE.

1. La dette de jeu n'offre pas le caractère de l'obligation naturelle.

    Le paiement ayant eu lieu, la répétition n'est pas admise à cause de la règle : *in pari causa melior est causa possidentis.*

2. C'est à tort que l'on a soutenu que cette règle ne devait pas être appliquée en Droit français.

3. Que les enjeux aient été confiés à un tiers, ou déposés sur table, celui qui a gagné n'a pas d'action pour les réclamer.

4. Quand il y a eu paiement volontaire, la répétition est interdite ; de là il suit : que si le perdant a souscrit des effets, ou délégué son propre débiteur, il pourra résister à l'action dirigée par le gagnant.

5. Les emprunts faits pour acquitter les dettes de jeu, alors que le prêteur connait leur destination, sont assimilés aux dettes de jeu.

6. Celui qui se charge de payer une dette de jeu pour le compte d'un tiers, et qui l'acquitte, n'a pas d'action en répétition.

Mais le joueur qui a perdu, ayant désintéressé le tiers qui a fait des avances, ne pourra user de répétition.

7. Le mandataire qui a reçu les fonds du perdant, et qui paie sa dette, n'est pas exposé à une action en répétition de la part du mandant.

8. Les jeux de hasard, même modérés, ne produisent pas les effets d'une obligation de conscience.

Il arrive, dans certains cas exceptionnels, que le législateur ne veut pas conférer de l'efficacité à l'obligation de conscience.

9. Les jeux d'adresse produisent une action.

Si l'enjeu est excessif, le juge doit rejeter la demande pour le tout.

10. Différence entre les dettes de jeu et celles provenant d'un pari.

11. Des jeux de Bourse, des reports.

12. Les contrats d'assurance sur la vie et les contrats de rente viagère ne doivent pas être mis au rang des jeux et des paris.

1. La législation française et romaine s'entendent pour dénier aux dettes de jeu (1) le caractère d'obligation naturelle.

(1) Voir l'art. 138 de l'Ordonnance du mois de janvier 1629, déclarant toutes dettes, contractées pour jeu,

Il est vrai que lorsque le paiement s'en est ensuivi, la loi française n'accorde pas la répétition; mais cela ne prouve pas qu'à ses yeux la dette de jeu soit naturelle; car l'obligation naturelle ne peut avoir son principe dans une convention compromettante pour la société; comme on le fesait remarquer au Conseil d'Etat, à la différence des autres contrats, qui rapprochent les hommes, celui de jeu les éloigne, il brise le lien social (1).

Dès-lors, il ne faut pas s'étonner que les torts étant réciproques, on applique la règle : *in pari causa melior est causa possidentis.*

2. L'on a cependant soutenu (2), dans ces derniers temps, que cette règle n'avait pas été acceptée par le législateur français : *a)* parce que l'une des parties ne peut s'enrichir aux dépens de l'autre; *b)* parce que l'art. 1376 oblige celui qui reçoit l'indu, à en opérer la restitution; *c)* enfin, parce que, aurait-on pu ajou-

---

nulles, et toutes obligations et promesses faites pour le jeu, quelques déguisées qu'elles soient, nulles et de nul effet, et déchargées de toutes obligations civiles et naturelles. — Recueil d'Édits et Ordonnances : édition de Néron, t. 1, p. 180.

L'on notera que cette ordonnance annule même l'obligation naturelle. Il est rare que le législateur se prononce en termes formels pour annihiler l'obligation naturelle.

(1) M. Portalis, *Exposé des motifs.* — Fenet, t. xiv, p. 539.

(2) M. Marcadé, t. v, p. 457.

ter, l'art. 1131 n'attribue aucun effet à l'obligation dont la cause est illicite.

Nous répondrons que l'acte qui prohibe la répétition, quand il s'agit des dettes de jeu, ne peut s'expliquer que par la règle mise en question, à moins que l'on ne dise que la dette de jeu est naturelle, ce qui est bien difficile à justifier, quand on réfléchit aux attributs de l'obligation naturelle. Ainsi, la dette de jeu étant reconnue naturelle, il faut aller jusqu'à déclarer que le cautionnement sera valable. Si quelques auteurs ont fait entrer la dette de jeu dans l'obligation naturelle, c'est parce qu'ils n'avaient pas une idée parfaitement exacte de cette sorte d'obligation.

L'art. 1376 n'amène nullement à conclure que la règle que nous défendons ait été abrogée. De ce que celui qui a reçu ce qui ne lui était pas dû est exposé à la répétition, il ne s'ensuit pas que celui qui a payé une chose mobilière qu'il savait ne pas devoir soit autorisé à réclamer : il sera réputé avoir voulu donner ; or, les donations d'objets mobiliers ne sont pas soumises à des formes spéciales. — Lors même qu'un immeuble aurait été livré, l'action en répétition serait écartée, s'il y avait turpitude à imputer aux deux parties. Dans cette circonstance, ce ne serait pas l'art. 1376 qui devrait être consulté, puisqu'il se réfère au cas où il a erreur et non pas turpitude de la part de celui qui paie, mais bien cette maxime fondée sur la raison et la morale, et d'après laquelle tout demandeur est tenu de justifier sa prétention, et ne peut l'étayer sur un acte immoral.

Quant à l'objection prise dans l'art. 1131, l'on remarquera que si ce texte déclare de nul effet l'obligation qui a une cause illicite, c'est afin d'en empêcher
l'exécution; il statue pour le cas où les choses sont
entières, il ne veut pas que le créancier soumette aux
tribunaux des conclusions qui seraient un scandale.
Par le même motif, l'exécution ayant été effectuée,
nous ne permettons pas à celui qui a payé d'exposer une conduite digne de blâme, de faire ainsi bon
marché de sa réputation, afin d'en venir à une répétition, et afin d'avoir un peu plus de fortune.

Au surplus, quand l'exécution du contrat a eu lieu,
l'on dénie la répétition, non parce que celui qui a
reçu s'étaye sur le contrat infecté d'une cause illicite,
mais seulement parce qu'il se trouve détenteur; en
un mot, ce n'est pas le contrat qui produit ce résultat,
mais bien la loi.

Nous venons d'interpréter l'art. 1131, conformément
à la doctrine qui regarde une telle convention comme
inexistante; à plus forte raison faudrait-il accepter la
solution que nous avons donnée, si l'on adopte le sentiment d'après lequel la cause illicite n'empêche pas la
convention de subsister, et la rend seulement annulable.

Nous avons vu (1) que si, en Droit romain, le perdant pouvait faire usage de la répétition, c'est parce
que l'on devait supposer qu'il avait été victime de

____

(1) Page 204.

quelque manœuvre frauduleuse. — En France, cette
déloyauté ne se présume point; seulement, lorsqu'elle
sera établie, il y aura lieu à la répétition (art. 1967).
Ce ne sera pas le cas d'invoquer la règle *in pari causa...*

3. Que le joueur intente son action contre le perdant ou contre un tiers auquel l'enjeu aurait été confié,
son action sera également réprouvée : Est-ce que, dans
l'un et l'autre cas, le demandeur n'avance pas qu'il a
joué? est-ce qu'il ne réclame pas l'assistance de la justice, pour que cette dette soit ramenée à effet? Nous ne
pouvons adhérer à l'opinion d'après laquelle le gagnant
ne réclamerait pas une dette de jeu, mais exercerait un
droit de propriété. Le tiers qui retient les enjeux est
un dépositaire (1). Nous allons même jusqu'à concéder
qu'il a été autorisé à livrer lui-même les enjeux à
celui qui gagnerait; mais ce mandat ne peut-il pas être
rétracté? Et jusqu'à ce que le paiement ait été effectué,
est-ce que le perdant n'est pas en droit de ne pas solder? Le paiement volontaire seul fait obstacle à la
répétition (art. 1967). Si, malgré la défense du perdant, le mandataire payait, pourrait-on dire que le
paiement a été volontaire? Supposer que les parties ont
entendu que la propriété des enjeux fût transférée
de plein droit au gagnant, c'est interpréter leur
volonté de manière à favoriser le jeu. Nous ajou-

(1) M. Troplong, *Des Contrats aléatoires*, n° 202, adopte
cette doctrine, contraire à celle de M. Zachariæ, t. III, p. 80.

tons même que si telle avait été leur intention, elle ne devrait pas produire cet effet aux yeux de la loi. Le jeu ne deviendrait que plus désastreux, s'il était permis de rendre illusoires les mesures prises afin de le réprimer. Par avance l'on ne peut s'interdire le droit de refuser le paiement. D'ailleurs, la propriété ne peut être transmise au moyen d'une convention illicite (art. 1131).

Quand les torts sont respectifs, nous disons que celui qui possède doit être préféré, parce qu'il n'a rien à prouver, il se trouve défendeur. Mais la position n'est plus semblable, si un tiers, désigné par les parties, se trouve nanti de la chose. En cas de résistance de celui-ci ou du perdant, il faudrait que le gagnant entretînt les tribunaux de sa prétention, et offensât, de la sorte, la morale publique, en racontant que c'est par suite d'une convention de jeu qu'il agit.

Le principe qui a présidé à la solution qui vient d'être donnée, régit encore l'hypothèse où l'enjeu ayant été déposé sur table, le perdant l'a repris : son adversaire serait sans action (1); pour motiver sa demande, il serait nécessaire qu'il établît la légitimité d'une créance qui provient du jeu. Sans doute, celui qui retire son enjeu ne sera pas bien vu dans le monde; toutefois, il ne faut

---

(1) Les auteurs sont dissidents sur cette question ; M. Troplong, *Des Contrats aléatoires*, n° 201, exprime le sentiment que nous embrassons, et que rejette M. Dalloz, *Nouveau Répertoire*, t. 19, p. 184.

pas examiner la chose à ce point de vue, il importe seulement de savoir si le réclamant est recevable à intenter une action. De même, la personne qui a perdu au jeu et qui refuse de payer, ou dénie la dette, n'est pas favorable; mais ce n'est point ce qui doit être pris en considération. Le joueur favorisé par le sort argumenterait en vain de son droit de propriété. Le législateur ne reconnaît pas cette abdication anticipée et conditionnelle de la propriété; cela est tellement vrai, qu'il permet à ses agents de s'emparer des enjeux, et en prononce même la confiscation.

4. Puisque l'on peut se refuser au paiement des dettes de jeu, il s'ensuit que si le perdant a souscrit des effets pour garantir la dette de jeu, il pourra opposer que la cause de l'obligation est vicieuse, et que, par conséquent, il ne veut pas réaliser le paiement.

L'obligation de jeu n'étant pas naturelle ne sert pas quant à la novation; aussi, nous ne pouvons admettre que si le perdant délègue son débiteur, cette délégation ait de l'efficacité. Accepter l'opinion contraire, c'est reconnaître que la dette de jeu est douée de l'une des qualités inhérentes à l'obligation naturelle (1).

(1) Nous sommes d'avis avec M. Dalloz, *Nouveau Répertoire*, t. xxix, p. 190, qu'il n'y a pas lieu d'examiner si la délégation est faite avec ou sans garantie; mais nous différons de sentiment avec ce jurisconsulte, en ce sens que nous n'envisageons pas la délégation comme un paiement. Ainsi, une simple obligation morale étant suivie de paiement, la

5. De ce que le jeu est une offense au droit social, il en résulte que les prêts consentis soit pour jouer, soit pour acquitter ces sortes de dettes, ne donnent lieu à aucune action. Celui qui, en connaissance de cause, fournit son argent, facilite le jeu, vient en aide au joueur, favorise sa passion, le met à même de se ruiner, et participe lui-même à un contrat que la société réprouve.

D'après cela, nous ne pensons pas qu'il soit à propos de distinguer si le prêt est antérieur ou postérieur à la partie perdue.

Cette décision paraîtra rigoureuse à ceux qui subissent l'influence des idées accréditées dans le monde par rapport au jeu. Ces sortes d'obligations y sont appelées dettes d'honneur. Toutefois, en les considérant en elles-mêmes et sans aucun préjugé, on les relègue au nombre de celles qui ont *turpem causam*. Dès-lors l'individu qui fournit les fonds, pour acquitter un engagement de cette espèce, concourt à un acte répréhensible, et se trouve privé du droit de répéter. C'est ainsi que cette répétition serait interdite à celui qui aurait, en connaissance de cause, prêté son argent, afin de rémunérer la personne qui aurait participé à une action illicite. Ce n'est là que l'application d'un principe général.

répétition ne saurait être admise; au contraire, l'obligation morale ne comporterait pas la délégation.

6. Si l'emprunt fait pour jouer ou payer la dette de jeu est envisagé comme dette de jeu, quand le prêteur connaît l'affectation des sommes qu'il livre, il doit en être de même lorsqu'un tiers se charge de payer la dette de jeu pour le compte d'une autre personne. Il sait non-seulement que ses fonds seront employés à une dette de jeu, mais encore il se met lui-même en contact avec le joueur, il exécute une obligation que la loi désapprouve.

Il est évident que si celui qui a emprunté pour payer une dette de jeu, ou qui a chargé un tiers de payer pour lui, désintéresse la personne qui lui fait des avances, il ne pourra pas réclamer.

7. Lorsque le joueur a remis les fonds à un tiers avec charge de payer sa dette, ce mandataire soldant, ne sera pas exposé à un recours, il n'a rien conservé pardevers lui ; le mandant ne peut lui imputer d'avoir fait ce qu'il lui avait prescrit lui-même.

Mais tout le temps que les fonds sont entre les mains de ce mandataire, le gagnant n'a aucun droit sur eux, même quand le perdant aurait recommandé à son mandataire de payer. Le gagnant n'a que le droit de retenir, il faut donc qu'il soit nanti pour qu'il profite de la dette de jeu.

8. La loi désapprouve les jeux de hasard, lors même que les enjeux ne sont pas considérables et se trouvent en rapport avec la fortune des joueurs ; car il aurait

été difficile, dans la pratique, d'apprécier les fortunes respectives. Voilà pourquoi l'on a sévi d'une manière générale contre les dettes de jeu.

Toutefois, l'une de ces dettes formée dans les circonstances qui viennent d'être énoncées, obligerait en conscience. Mais la loi ne lui attribue aucune efficacité.

Il est vrai que nous avons dit (1) que le législateur ne s'immisce pas dans les actes de conscience, et ne restreint pas les obligations qui en dérivent, à moins que l'ordre public ne l'exige. Mais il ne faut pas confondre les lois d'ordre public avec celles qui ne sont que des mesures politiques; aussi avons-nous décidé (2) que la vente des biens nationaux et la suppression des rentes féodales, établies pour prix de transport de la propriété, n'empêchaient pas l'obligation de conscience de produire ses effets ordinaires. Il est important d'observer que les mesures politiques, quoique peu conformes à l'équité, deviennent un obstacle à l'existence de l'obligation naturelle (3), tandis qu'elles n'étendent pas leur influence sur l'obligation de conscience. Voilà encore une différence notable entre l'obligation naturelle et celle de conscience.

Comme nous venons de l'exprimer, dans certains cas particuliers l'obligation de conscience est destituée de ses attributs reconnus par la loi. Nous citons pour

(1) Pages 3, 151 et 228.
(2) Page 228.
(3) Voir p. 227.

exemple les dettes de jeu modérées. Si, le paiement effectué, la répétition n'est pas admise, c'est parce que, d'après les vues du législateur, il y a faute de part et d'autre, et que *melior est causa possidentis*. — Nous avons indiqué que l'obligation de conscience pouvait être la cause d'une obligation civile. La dette de jeu dont il s'agit ne pourrait pas recevoir cet emploi, puisqu'elle n'est pas acceptée par le législateur comme dette de conscience.

9. Le législateur français ne voit pas tous les jeux avec la même défaveur; ceux qui sont un exercice du corps ou de l'esprit ne sont pas l'objet de sa réprobation; il permet (1) au gagnant d'intenter une action, pourvu que la somme promise ne soit pas excessive (art. 1966).

Si l'enjeu est considérable, les juges doivent repousser entièrement la demande. Le but des joueurs a été alors, non de procurer à tous un délassement et d'attribuer une rémunération au plus habile, mais de donner l'essor à leur cupidité et de compromettre les intérêts de celui qui n'aurait pas de chances heureuses.

10. Il ne faut pas confondre le contrat de jeu avec la convention qui est un pari.

Le jeu a en vue l'intérêt ou le gain. Le pari, au contraire, n'a en perspective que la satisfaction que recherchent des personnes dissidentes d'opinion.

(1) Voir le Droit romain, p. 205.

Dans le jeu, le bénéfice est chose principale; dans le pari, il n'est qu'accessoire : aussi, dans le jeu, les prestations à fournir par les parties sont les mêmes; dans le pari, elles peuvent être différentes. Celui qui affirme un fait, et qui prétend que la contradiction est inadmissible, s'engage quelquefois à faire une prestation plus considérable que celle que promet son adversaire.

Le jeu ayant la spéculation pour mobile, ne procure aucun avantage à la société, il lui est souvent préjudiciable. Le pari sert quelquefois au bien social, vient en aide à l'humanité, et contribue à la réalisation d'entreprises utiles.

Nous ne disconvenons pas que le jeu ne soit dans certains cas un délassement, mais la prohibition du législateur n'a pas été édictée à cause de ce jeu; toutefois, le gagnant sera, comme pour le cas du jeu proprement dit, privé de toute action, parce qu'il serait difficile de constater si le jeu n'a été qu'une récréation, et que, d'ailleurs, il n'y a pas grand inconvénient à refuser un bénéfice à celui qui ne le recherchait pas.

D'après ces considérations, il ne faut pas s'étonner qu'à Rome le jeu fût défendu, tandis que le pari était autorisé : « Si quis sponsionis causa annulos acceperit, nec reddit victori, præscriptis verbis actio in eum competit... » (L. 17, § 5, Dig., de *Præscriptis verbis*.)

Observons que si la loi 3, Dig., de *Aleatoribus*, annule le pari fait à l'occasion du jeu, c'est parce que le pari intervenu dans cette circonstance n'est qu'un jeu.

D'après la notion que nous avons donnée, le jeu se distingue du pari en ce qu'il a pour but le gain; or, celui qui fera ou recevra une prestation suivant que tel joueur gagnera ou perdra, n'est-il pas en quelque sorte associé lui-même au jeu, ne se propose-t-il pas d'obtenir un bénéfice?

Le législateur français a cru devoir envisager du même œil le pari et le jeu, parce qu'il existe entre eux une certaine affinité, et que, souvent, le pari n'est d'aucune utilité pour la société.

Cependant on ne peut se dissimuler que les nuances que nous avons signalées ont quelque chose de réel, et ne sont pas seulement de pures conjectures.

11. Conformément aux données ci-dessus, nous dirons que les marchés de Bourse que la loi prohibe, constituent plutôt des dettes de jeu que des paris proprement dits.

Une pénalité est infligée aux opérations qui ont trait à la hausse ou à la baisse des effets publics (art. 421 Code Pénal). « Sera réputé pari de ce genre, toute convention de vendre ou de livrer des effets publics qui ne seront pas prouvés par le vendeur avoir existé à sa disposition au temps de la convention, ou avoir dû s'y trouver au temps de la livraison. » (Art. 422 Code Pénal.)

Ainsi rentrent dans les jeux de Bourse:

a) Les marchés fictifs, alors que les parties n'ont en vue que la différence du cours de la rente à l'époque de la convention et à l'époque fixée pour le paiement ;

b) Les marchés à terme, alors que le vendeur n'a ni les effets au moment de la convention, ni la possibilité de les acquérir.

Par contre, ne sont pas considérés comme dettes de jeu :

a) Les marchés, par cela seul qu'ils sont à terme ;

b) Les marchés, par cela seul que le vendeur ne possède pas les effets, s'il a possibilité de les acquérir ;

c) Les reports qui s'opèrent par une revente émanée de celui qui achète au comptant. Ces traités ne sont pas des marchés fictifs, puisque le vendeur est investi des effets qu'il aliène (1).

Toutefois, le report n'est, en définitive, qu'un placement qui a lieu au moyen d'un achat et d'une revente ; aussi doit-on éviter qu'il serve de voile à un prêt usuraire. L'opération nous paraît répréhensible au

_____

(1) Parmi les exemples de reports qu'offre M. Fremery, dans ses *Etudes de Droit commercial*, p. 474, nous choisissons le suivant : Primus veut aliéner au comptant une inscription de 3,000 fr. 3 pour cent ; Secundus a promis à un tiers de lui livrer à la fin du mois une rente de même valeur, mais il manque de fonds pour se la procurer, il n'en aura que le mois prochain. Dans cette circonstance, il a recours à un capitaliste qui achète lui-même, de Primus, la la rente de 3,000 francs ; et en même temps il la revend à Secundus, livrable à la fin du mois prochain et à un prix supérieur.

point de vue de la conscience, lorsque le capitaliste
achète des rentes sachant qu'il va les céder avec grand
profit à des personnes déterminées, sur lesquelles il
exerce une certaine pression à cause de leurs embarras
financiers. Il y a alors pour le capitaliste bénéfice supérieur à l'intérêt légal, et absence de tout risque.

Les jeux de Bourse donnant lieu à une répression
légale, ne peuvent produire une obligation naturelle,
ni même une obligation de conscience.

Si le paiement est effectué, la répétition sera interdite, non parce qu'il se découvre une obligation naturelle ou morale, mais parce qu'il y a faute des deux
côtés.

Cette règle, *in pari causa melior est causa possidentis*,
s'applique même au cas où la loi pénale sévit contre
ceux qui transgressent ses défenses. Que l'on n'oppose
pas qu'il y a contradiction, d'une part, à infliger une
pénalité à ceux qui se permettent certains actes, et
d'autre part à laisser les contrevenants jouir des bénéfices qu'ils ont réalisés. Car il faut observer que la
vindicte publique sera satisfaite au moyen de la pénalité réservée aux délinquants; et si l'un d'eux pouvait
exercer la répétition, il invoquerait son méfait, et ce
serait alors seulement qu'il mettrait en relief son intérêt, et non pas celui de la société.

En résumé, le jeu et le pari ne sont pas aptes à créer
l'obligation civile, naturelle, ou de conscience; toutefois, à l'égard des marchés de Bourse, nous adoptons

la doctrine d'après laquelle ils donnent lieu à une action, à moins que le Code Pénal ne les ait proscrits (1).

12. Quoique le contrat d'assurance sur la vie et le contrat de rente viagère soient aléatoires et permettent de bénéficier, si un évènement incertain s'accomplit ou ne s'accomplit pas, cependant ils ne sont assimilés ni au jeu, ni au pari.

Celui qui est le soutien de sa famille, appréhendant que son décès la laisse sans ressources, fait assurer sa vie par un tiers qui, moyennant une rétribution qu'il reçoit, s'engage à prester à son tour soit un capital, soit une rente aux héritiers du stipulant : cet arrangement n'est pas une gageure, mais seulement un traité d'indemnité.

La convention serait également valable si la stipulation émanait de la femme, ou bien d'un membre de la famille.

Ce cas diffère essentiellement de celui où, n'ayant aucun intérêt à la vie d'une personne, l'on stipulerait dans la prévision où elle viendrait à prédécéder.

Le contrat de rente viagère se détache aussi du jeu et du pari ; il procure, à celui qui n'a pas des revenus suffisants, le moyen de les accroître et de vivre sans inquiétude : il présente donc une utilité pratique.

(1) Tel est le sentiment de M. Troplong, *Des Contrats aléatoires*, n° 124. La jurisprudence, qui d'abord contrariait cet ordre d'idées, paraît être revenue sur elle-même. (Arrêt de Cassation du 20 novembre 1842).

Toutefois, il est de l'essence du contrat de rente viagère d'être aléatoire; par conséquent, il serait entièrement vicié si la rente viagère était placée sur la tête d'un tiers mort à l'époque du contrat, ou atteint d'une maladie dont il meurt dans les vingt jours de la date du contrat (art. 1974 et 1975). Il en serait de même alors que les parties auraient ignoré le décès ou la maladie. L'ignorance dans laquelle se trouvent les contractants n'est pas en état de changer la nature des choses (Inst. Just., *de Verborum oblig.*, § 6). C'est pourquoi la convention formée dans les circonstances ci-dessus ne produirait aucune espèce de lien. — Nous allons même jusqu'à décider qu'elle ne saurait être envisagée comme obligation morale. Ainsi, elle ne pourrait servir de cause à une nouvelle obligation.

SECTION XV.

L'obligation naturelle peut-elle surgir d'un prêt usuraire ?

SOMMAIRE.

1. En Droit français, comme en Droit romain, le prêt usuraire ne renferme pas les conditions de l'obligation naturelle.

2. Les intérêts excessifs qui ont été payés peuvent être répétés.

3. Celui qui, par suite d'une erreur de droit, paie des intérêts non usuraires, mais qui n'ont pas été stipulés, ne peut répéter.

4. La donation consentie par le débiteur à son créancier a-t-elle quelque valeur ?

1. Les principes que nous avons développés dans la partie consacrée au Droit romain (1), trouvent ici une nouvelle sanction.

Comme l'obligation naturelle est une émanation du droit social, elle ne peut se concilier avec le prêt usuraire, que proscrit la loi du 3 septembre 1807.

2. Si, nonobstant cette prohibition, le créancier perçoit des intérêts excessifs, il sera exposé à une action en répétition.

Cette action sera accueillie, que les intérêts aient été payés avant ou après le capital. Les motifs que nous avons fait valoir en Droit romain (2) se représentent d'eux-mêmes à l'esprit.

Après cela, il n'est guère besoin de dire que l'article 1906, disposant que le prêteur qui a payé des intérêts non stipulés ne peut les répéter, ne se réfère qu'à ceux qui ne sont pas entachés d'usure.

3. Nous nous sommes demandé, dans la partie du Droit romain (3), si des intérêts non usuraires ayant été payés par celui qui ne les avait pas promis, et qui cependant croyait être tenu légalement de les solder, il y avait lieu à répétition. En d'autres termes, nous nous sommes adressé la question suivante : La personne qui prête son argent rend-elle un véritable

(1) Voir page 205.
(2) Page 210.
(3) Page 39.

service à l'emprunteur, de telle sorte que ce dernier contracte une obligation morale? — En discernant nos mœurs de celles des anciens, nous avons pensé que, dans l'état actuel de la société, celui qui emprunte sans intérêt reçoit un avantage dont se prive le prêteur. Il est aisé de tirer profit de ses fonds, à présent que les besoins de l'industrie et le nouveau système financier des gouvernements font en quelque sorte un appel à tous les capitaux et offrent des bénéfices. S'il est vrai qu'à Rome le débiteur en demeure était astreint au paiement des intérêts à titre de peine, et non parce que le créancier réclamait un émolument sur lequel il avait droit : « ... Usuræ enim non propter lucrum petentium, sed propter moram solventium infliguntur » (l. 17, § 3, Dig., *de Usuris*), cette raison n'aurait pas pour elle, chez les modernes, la même exactitude.

Sous l'influence de ces idées, nous déciderons que dans le doute on ne sera point censé avoir consenti un prêt sans intérêt; car une donation ne se présume pas. D'après les principes du Droit romain, au contraire, celui qui prêtait sans intérêt, n'effectuait pas une donation; en effet, pour qu'il y ait donation, il faut qu'il existe un appauvrissement de la part de celui qui dispose.

Cette manière de voir n'est pas en opposition avec l'art. 1907, portant que le taux de l'intérêt conventionnel doit être déterminé par écrit; car ce texte avait sa raison d'être, alors qu'aucune disposition législative n'avait déterminé le chiffre de l'intérêt; mais la loi du

3 septembre 1807 ayant rempli cette lacune, et créé un intérêt de droit commun, il en résulte qu'il n'y a plus la même nécessité pour assujétir les parties à une fixation écrite de l'intérêt.

4. C'eût été rendre illusoire la prohibition de l'usure, que de laisser le créancier employer des moyens détournés pour arriver à la spoliation du débiteur. Le législateur romain s'était expliqué formellement à cet égard (1) : aussi, d'après les principes du Droit romain et du Droit français, nous serons porté à reconnaître l'usure dans la donation que le débiteur consentirait à son créancier, alors qu'il n'est pas entièrement libéré. Jusqu'à cette époque, ce dernier est sous la dépendance de son créancier. Dès-lors, la donation sera considérée comme un supplément d'intérêt. Autoriser cette prétendue donation, serait permettre au débiteur de renoncer à la loi qui le protège contre l'usure; par conséquent, aux yeux du législateur, cette donation n'aura aucune valeur, soit comme obligation naturelle, soit comme obligation morale.

Ce n'est que dans des cas exceptionnels que nous maintiendrons cette libéralité, lorsque, par exemple, il serait établi que le créancier a rendu des services signalés à son débiteur, ou qu'il existe entre eux des rapports de parenté.

Si, au contraire, la donation est consentie après que

(1) Page 208.

21

la dette a été entièrement soldée, elle ne se présentera pas comme suspecte. Le débiteur avait recouvré entièrement sa liberté vis-à-vis de celui qui était son créancier.

Nous avons dit, dans la partie du Droit romain (1), que le débiteur qui a remboursé le capital, payant des intérêts usuraires, est néanmoins en droit de les réclamer. L'on pourrait cependant objecter que, dans ce cas, comme dans celui de la donation dont il s'agit, le débiteur avait repris sa liberté à l'égard de son créancier. Mais l'on remarquera que, dans cette espèce, le créancier chercherait à se prévaloir de l'exécution d'un engagement illicite; tandis qu'une donation lui ayant été adressée après coup, il invoque une obligation qui n'a rien de répréhensible.

SECTION XVI.

La stipulation d'un dédit, ajoutée à une promesse de mariage, a-t-elle l'efficacité d'une obligation civile, naturelle, ou de conscience?

SOMMAIRE.

1. Cette clause pénale ne peut valoir, ni à titre d'obligation civile, ni à titre d'obligation naturelle.

2. Si le paiement a été effectué conformément aux principes du Droit romain, il n'y a pas lieu à répétition.

3. La stipulation de ce dédit produit-elle une obligation de conscience?

(1) Page 209.

1. Nous avons soutenu, dans la partie du Droit romain (1) que cette sorte de clause pénale était en opposition avec le droit social, que la loi civile ne la reconnaissait pas, et qu'elle ne pouvait même pas se résumer en obligation naturelle.

Cette doctrine nous paraît être celle du Droit français. Il est tellement vrai que notre code a voulu que la liberté des parties fût complète au moment où elles comparaissent devant l'officier de l'état civil, qu'il a passé sous silence les fiançailles, qui étaient règlementées à Rome.

Le bien public exigeant qu'aucune atteinte ne soit portée à la libre volonté des parties contractantes, il s'ensuit que toute pénalité qui tendrait à la gêner est entièrement sans valeur. — Cette espèce de dédit ne pourra donc se réduire en une obligation naturelle. Le mariage étant hors du commerce, il serait étrange que, d'après le droit social, il pût devenir l'objet d'une convention pécuniaire, d'une sorte de trafic.

Au reste, l'art. 1152 disposant que lorsqu'une somme a été fixée à titre de dommages-intérêts, il n'est pas au pouvoir du juge de l'augmenter ou de la diminuer, il en résulte que le dédit n'aurait qu'à comprendre un chiffre très élevé, pour que l'imprudent qui l'aurait souscrit fût en quelque sorte forcé de contracter mariage; car il serait placé dans l'alternative ou d'épouser une personne qui ne lui convient plus, ou d'être dé-

(1) Page 211.

pouillé de sa fortune, quelque considérable qu'elle fût.

2. Toutefois nous admettons, comme en Droit romain (1), que le paiement ayant eu lieu, la demande en répétition serait écartée.

3. La stipulation de ce dédit offensant les lois de la société, nous allons jusqu'à soutenir qu'il ne vaudrait pas comme obligation de conscience; par conséquent, il ne pourrait servir de motif à une nouvelle obligagation. Si nous venons d'interdire la répétition, ce n'est pas en vue de l'obligation morale, mais seulement par application de la maxime *in pari causa melior*, etc.

Pour déclarer obligatoire en conscience cette sorte de stipulation, l'on fait remarquer que l'inexécution de la promesse de mariage est de nature à nuire, qu'elle fera obstacle ou difficulté au mariage que voudra contracter plus tard celui qui a été refusé, que si des griefs ne sont pas articulés, il y aura des soupçons.

A notre avis, la question ne doit pas être considérée sous ce point de vue; il faut, avant tout, se préoccuper du bien social, qui veut que les futurs époux soient entièrement libres lorsqu'ils comparaissent devant l'officier public. Le prétendu dommage causé au futur époux n'est qu'une considération secondaire. L'intérêt particulier ne peut entrer en balance avec l'intérêt général, et le pacte qui blesse cet

(1) Voir page 213.

intérêt général est sans valeur, même d'après les lois
de la conscience.

Nous avouons que cette question, envisagée dans le
for intérieur, divise les meilleurs théologiens (1). Une
fois cependant que l'on aura décidé que la convention
du dédit est une atteinte aux lois essentielles de la
société, et que, par conséquent, le droit civil la con-
damne, il est bien difficile de concevoir que la conscience doive l'accepter.

SECTION XVII.

**La contre-lettre qui modifie le prix fixé dans le traité con-
cernant la cession d'un office, peut-elle être opposée
comme produisant une obligation naturelle, ou de conscience ?**

SOMMAIRE.

1. La jurisprudence regarde ce traité particulier comme
   contraire à l'ordre public.

   Elle autorise la répétition de ce qui a été payé d'après
   cet accord.

   Elle veut même que celui qui a reçu tienne compte
   des intérêts.

2. Ce traité ne peut avoir l'efficacité d'une obligation naturelle.

3. Il donne lieu du moins à une obligation morale, ou de
   conscience.

4. Quand une obligation a pris naissance dans le jeu,
nous avons vu que le législateur français refusait l'ac-

(1) M. Carrière, *de Matrimonio*, page 267.

tion, et qu'il accordait une exception pour empêcher
de répéter. Faut-il se prononcer de la même manière à
l'égard de la contre-lettre qui modifie le prix apparent
de la vente d'un office? La jurisprudence la plus récente considère ces stipulations particulières comme
contraires à l'ordre public, parce qu'elles aggravent
la position des nouveaux titulaires, les exposent à recourir à des perceptions exagérées et à manquer essentiellement à leurs devoirs.

En acceptant cet ordre d'idées, l'on a été amené à
décider que le paiement qui est l'exécution de ces accords, n'a pour résultat que de les rendre plus funestes
et de compromettre davantage celui qui s'est engagé.

Dans la pensée que ces conventions occultes blessent
l'ordre public, les tribunaux sont allés jusqu'à décider
que le paiement ne pouvait être d'aucun profit pour
celui qui avait reçu, et que, par conséquent, ce dernier devait être condamné à faire compte des intérêts,
attendu sa mauvaise foi (art. 1378) (1).

(1) Arrêt de la Cour de Cassation, en date du 28 mai
1856. — Sirey, année 1856, 1re partie, p. 587. — Cet arrêt
nous paraît d'autant plus sévère, qu'à l'époque où furent
formés ces accords secrets, la jurisprudence validait ces
sortes d'actes.

En statuant ainsi, la Cour suprême a confirmé la doctrine
qu'elle avait émise dans ces dernières années, et à laquelle
néanmoins résistaient quelques Cours impériales. — Bioche,
Table vicennale du Journal de Procédure, page 326.

La Cour de Cassation a été d'autant plus portée à suivre

Cette restitution d'intérêts qui peut embrasser un grand nombre d'années, est de nature à ruiner la personne qui ne s'attendait pas à un pareil évènement, et qui avait accepté le prix qui lui avait été volontairement soldé.

2. C'est pourquoi il ne faut pas s'étonner que cette doctrine des arrêts ait soulevé les critiques suivantes :

a) Aucun texte relatif à la transmission des offices ne prohibe les contre-lettres et ne prononce même la peine de nullité ;

b) Est-ce que l'opinion publique ne flétrit pas le titulaire qui, après avoir accédé à des arrangements librement débattus, ne recule pas ensuite devant une demande en répétition ?

c) Si l'accroissement du prix n'est pas en disproportion avec la valeur véritable de l'office, le souscrivant ne peut se faire un jeu de sa promesse.

Ne faudrait-il pas du moins attribuer à ces traités la la force de l'obligation naturelle ?

Quant à nous, nous ne croyons pas que l'on doive aller jusqu'à reconnaître, dans ces accords, une obligation naturelle.

Le gouvernement seul est appelé à fixer l'estimation des offices. Ces emplois publics ne sont entrés dans

---

la voie dans laquelle elle se trouvait engagée, que l'arrêt de la Cour de Toulouse, déféré à sa censure, était savamment motivé : il avait été rendu par l'organe de son premier président, M. Piou, magistrat d'un grand mérite.

le commerce que par sa volonté, il s'est réservé le droit d'en assigner le prix; aussi un supplément de prix ne pourra-t-il servir de fondement à une obligation naturelle; celle-ci n'est pas en mesure de se produire par rapport à ce qui n'a pas d'existence aux yeux du législateur. C'est lui, l'on ne l'ignore pas, qui admet l'obligation naturelle et qui la dote d'effets civils.

3. Toutefois, on ne peut se dissimuler que si le fonctionnaire reconnait après coup que la charge qui lui a été cédée vaut plus que ce qu'elle lui a coûté, il lui sera loisible d'ajouter au prix, et il lui sera ensuite bien difficile de réclamer contre le paiement spontanément effectué.

De même nous pensons que si le signataire d'une contre-lettre veut bien l'acquitter, il ne sera pas recevable à se faire restituer; car il a soldé une obligation de conscience. L'obligation morale est, nous l'avons vu, un obstacle insurmontable à la demande en répétition, alors même que le signataire avait payé parce qu'il croyait être tenu civilement (1).

Il n'y a pas contradiction à décider qu'un traité secret ne peut servir de base à une obligation naturelle, tandis qu'il peut servir de fondement à une obligation morale, ou de conscience.

Il est opportun de renouveler ici l'observation que nous avons déjà faite: Ce qui a jeté de la perturbation

(1) Voir page 232.

dans la doctrine de l'obligation naturelle, c'est que l'on n'a pas tracé une ligne de démarcation assez profonde et assez visible entre l'obligation naturelle et l'obligation morale, ou de conscience (1).

L'on a été porté à décider que la répétition pouvait être admise, parce que l'on trouvait que celui qui avait reçu un supplément de prix était en faute, et qu'il ne méritait pas de bénéficier. — Nous avons déjà combattu cette doctrine. Nous avons fait ressortir ce point (2), que si, d'après les principes du Droit romain applicables au Droit français, le possesseur répréhensible n'est pas obligé de rembourser, ce n'est point parce qu'il est vu avec faveur, mais seulement parce que son adversaire se trouve dans l'impossibilité morale de proposer sa demande.

Au surplus, dans l'espèce actuelle, nous soutenons que la personne qui a reçu les fonds a le droit de les retenir comme acquittement d'une obligation de conscience. Il a cédé un droit appréciable, transmissible, et qui a de l'affinité avec celui de propriété. Le cessionnaire a traité en connaissance de cause, il n'allègue aucun dol, aucune surprise ; par conséquent, il est

---

(1) Voir p. 42, et 151. La Cour impériale de Toulouse et la Cour de Cassation, dans les arrêts que nous avons cités p. 326, démontrent que le traité secret ne renferme ni obligation civile ni obligation naturelle ; mais ils se taisent sur l'obligation de conscience.

(2) Page 303.

vraisemblable que la valeur de la charge est en rapport
avec le prix compté. Dès-lors, le cessionnaire ne
manque-t-il pas essentiellement à son devoir en voulant modifier après coup les conditions de ce marché?
—Supposons même, comme cela arrive ordinairement,
que le prix acquitté soit la juste estimation de l'office :
le cessionnaire pourra-t-il, en sûreté de conscience,
retirer une partie de l'argent qu'il a volontairement
payé, et spéculer sous prétexte que l'autorité n'a pas
eu connaissance de cet arrangement particulier? Agir
de la sorte, n'est-ce pas manquer à la délicatesse et à
la probité?

Nous avons précédemment remarqué que le législateur, qui n'avait pas le pouvoir d'annuler l'engagement
de conscience, déclarait néanmoins, dans des cas extraordinaires, qu'il n'en reconnaissait pas les effets.
Mais il ne statue de la sorte que par suite de considérations fondées sur l'ordre public et les bonnes mœurs;
or, peut-on dire que ces considérations se rencontrent
dans l'espèce actuelle? Il n'y a que les conventions
contraires aux lois d'ordre public et aux bonnes mœurs,
qui n'enchaînent pas la conscience. Nous avons déjà
fait cette précision (1) : elle est essentielle, elle nous
paraît le moyen le plus infaillible de reconnaître l'obligation de conscience dans un traité que l'on représente
comme en opposition avec les lois.

Nous avons déclaré que la prescription laisse sub-

(1) Voir page 311.

sister l'obligation de conscience (1), car les résultats
qu'elle amène ne s'accordent pas toujours avec la justice; c'est pourquoi les jurisconsultes anciens et modernes reconnaissent-ils que, nonobstant la prescription
encourue, l'obligation de conscience se maintient avec
les attributs qui, ordinairement, l'accompagnent. L'on
sait que les théologiens n'admettent la prescription que
tout autant qu'elle n'est pas entachée de mauvaise foi.
Aussi le Code Napoléon, ne voulant pas faire violence
à la conscience, dispose-t-il que la prescription n'opère
pas de plein droit, mais seulement lorsqu'elle est
réclamée (art. 2223)

D'après cela, on s'aperçoit qu'au lieu de prendre sa
source dans les lois morales qui constituent l'ordre
public, envisagé dans son acception la plus exacte,
la prescription est plutôt une institution politique.

Les règlements en vertu desquels sont communiqués
à l'autorité les traités de cession d'offices, ne sont
pas non plus des corollaires de ces lois morales et d'intérêt général qui sont immuables, mais bien de ces lois
politiques qui sont variables.

Nous ne contestons pas que le législateur, qui ne
peut étendre son empire jusqu'à l'obligation de conscience, ne soit maître de la priver de tout effet civil
lorsqu'elle heurte les lois politiques; mais une telle
volonté ne se présume pas, il faudrait qu'elle fût formellement exprimée.

(1) Voir page 92 et 236.

Un accord privé intervient, les parties l'exécutent; qu'importe au législateur que cette exécution soit annihilée?

Le législateur veut qu'il y ait une sanction au précepte qui a été transgressé, puisque le traité a été occulte. Mais en déniant à cette convention l'efficacité de l'obligation civile et de l'obligation naturelle, il sévit suffisamment. Qu'il ne regarde pas comme obligation ce qui a été fait en dehors de ses vues, nous l'admettons; mais qu'il refuse de maintenir ce qui est l'accomplissement d'un devoir, c'est exorbitant.—Nous l'avons déjà dit, l'acquittement d'un engagement de conscience est réputé une libéralité (1); or, peut-on prétendre, dans l'espèce, que cette libéralité offre une cause illicite?

Enfin, l'on opposera peut-être qu'en maintenant l'exécution de ces traités tout-à-fait privés, l'on diminue les ressources du titulaire qui, pour s'indemniser, pressurera sa clientelle. Cette objection tombe d'elle-même, quand on fait attention que, d'après nous, ce paiement n'est qu'une libéralité; or, l'État peut-il empêcher que le titulaire d'une charge consente des donations? L'État a-t-il le droit d'annuler les donations qu'effectuerait le titulaire soit avant, soit après son entrée en fonctions?

En résumé, nous avons reconnu (2) dans le cours

(1) Pages 5 et 234.
(2) Voir p. 42 et 236.

de ce travail, que les engagements de conscience pouvaient devenir la cause d'engagements civils et qu'ils
étaient un obstacle à la répétition que voudrait exercer
celui qui aurait payé, alors même qu'il se persuadait
être tenu civilement.

Il nous semble impossible de refuser ce double effet
aux contre-lettres ajoutant au prix de cession.

SECTION XVIII.

**La promesse faite pour le cas de démission d'un emploi
public peut-elle être regardée comme obligation naturelle ?**

SOMMAIRE.

1. Cette promesse étant contraire à l'ordre public, ne
   réveille aucune idée d'obligation naturelle.
2. Pour le même motif, elle ne pourra être invoquée
   comme obligation de conscience.
3. Le paiement ayant eu lieu, la répétition sera-t-elle autorisée ?

1. Tous les emplois publics, autres que les offices,
sont entièrement hors du commerce ; ils restent exclu-
sivement dans le domaine de l'autorité souveraine, et
ils ne se prêtent à aucune convention privée. Partant
de ces idées, nous dirons que la stipulation par laquelle
on promet une somme à un fonctionnaire pour prix de
sa démission, se produit comme contraire au droit
public (1), qui l'empêche d'avoir les éléments de
l'obligation naturelle.

(1) M. Troplong, *De la Vente*, t. 1, n° 220. — Ainsi jugé

De pareils arrangements livreraient trop souvent les emplois à l'homme riche, au préjudice de l'homme probe, qui ne pourrait pas ou ne voudrait pas se livrer à de tels trafics.

On a essayé de distinguer entre la fonction et la démission; mais cette distinction ne repose que sur des cavillations. Il suffit, pour la repousser, de faire remarquer que la démission sollicitée tend à priver l'État des services qui lui seraient fournis par des hommes expérimentés.

2. Puisque cette promesse est une atteinte portée même à la morale, il en résulte qu'elle ne lie pas la conscience; par conséquent, elle ne jouira pas de ces avantages que le législateur attache à l'obligation de conscience (1).

Vainement l'on objecterait que le titulaire ayant donné sa démission éprouve un préjudice, et qu'il est juste que celui qui a promis de le réparer tienne son engagement. — Nous répondons que le fonctionnaire qui donne sa démission, par suite d'un accord privé, devait savoir que cette convention était de nature à blesser l'ordre public, et qu'il ne pouvait compter sur son efficacité; c'est à lui-même qu'il imputera le dommage ressenti.

L'on insistera peut-être en disant que le fonction-

par la Cour de Nancy, le 12 novembre 1829. — Dalloz, *Recueil périod.*, année 1830, 2ᵉ partie, p. 52.

(1) Voir page 332.

naire n'a pas disposé de son emploi, qu'il n'a pas même recommandé son successeur, qu'il s'est borné purement et simplement à faire sa démission, et que, par cet acte, ayant procuré une chance favorable à la personne qui le remplace, cette dernière est tenue d'exécuter le traité.

Cet argument n'est que spécieux, la démission n'est que la conséquence du pacte intervenu. Ce fonctionnaire a voulu se procurer une indemnité au moyen d'un acte à l'égard duquel il n'est point permis de spéculer; dès-lors, il ne peut s'en faire un titre pour prétendre qu'il est créancier dans le for intérieur.

3. Bien que nous ne reconnaissions, dans aucun de ces traités, le germe d'une obligation naturelle ou de conscience, cependant, s'ils avaient été suivis de paiement, nous n'admettrions pas l'action en répétition, et cela d'après la règle bien connue, *in pari causa*, etc. Le réclamant ne serait pas reçu à proposer sa demande. On trouverait, au besoin, un argument d'analogie dans les principes admis pour les dettes de jeu.

En jetant un regard sur le tableau que nous avons tracé du Droit romain et du Droit français, et en les comparant entre eux, on est frappé de l'uniformité des doctrines : c'est que nul peuple n'a su, aussi bien que les Romains, déterminer les cas où le devoir se convertit en une obligation. Mais les nuances intermédiaires, celles qui distinguent l'obligation naturelle de l'obligation de conscience, sont très difficiles à saisir.

Cette partie de la doctrine romaine n'est point parfaite ; si l'œuvre des prudents n'est pas finie, ils se sont du moins bien gardés de ces théories ambitieuses qui confondent les obligations naturelles avec les simples devoirs.

Le Droit romain n'étant pas tout-à-fait complet en cette matière, il n'est pas étonnant que le Code français laisse lui-même à désirer à cet égard. Ceux qui l'ont rédigé ne voulaient pas innover ; ils tâchaient plutôt de mettre en ordre les matériaux qui existaient, que d'en préparer de nouveaux. Cette réflexion s'applique surtout à la partie des obligations, et n'est pas de nature à déprécier le Code français. En signalant son imperfection, nous n'entendons pas atténuer son mérite et sa valeur, car ses auteurs eux-mêmes avaient reconnu qu'il pourrait avoir besoin d'être révisé.

FIN.

TABLE ANALYTIQUE DES MATIÈRES.

Préface. . . . . . page i. — Introduction . . . . page v.

I. Toutes les obligations naturelles sont susceptibles de produire les mêmes effets, page vi. — II. Il est essentiel de distinguer l'obligation naturelle et l'obligation morale, et quant à leur origine et quant à leurs effets, x. — III. L'acquittement de l'obligation morale est une libéralité dans le droit positif, xxiii. — IV. Examen du système de M. Schwauert, xxxix. — V. Importance de la distinction de l'obligation naturelle et de l'obligation morale en droit français, lv.

DISPOSITIONS GÉNÉRALES.

Les actes faits en dehors des prescriptions de la loi civile ne sont pas toujours dépourvus de toute efficacité, quand ils ont leur fondement dans l'équité, 2. — De quelle manière doit être envisagée cette équité, 3. — L'obligation ne peut produire d'effet malgré la loi civile, 3. — Il ne faut pas confondre l'obligation naturelle et l'obligation morale, 4.

PREMIÈRE PARTIE.

DROIT ROMAIN.

Définition de l'obligation naturelle et de l'obligation morale.

Définition de l'obligation naturelle, 6. — Signe auquel on reconnaît l'obligation naturelle, 7. — Plusieurs effets de l'obligation naturelle sont indépendants de la volonté du débiteur, 8. — Définition de l'obligation morale; ses effets, 8. — Division de la matière. — L'obligation morale sera mise en regard de l'obligation naturelle, 8.

CHAPITRE PREMIER.

Origine et caractère de l'obligation naturelle.

Cas d'obligation naturelle, 10. — Les rapports de famille ne donnent pas lieu à une obligation naturelle, mais à une obligation civile et morale, 10. — Les étrangers s'obligent-ils naturellement? 13. — L'obligation naturelle se réfère à

plus de sujets que l'obligation civile ; l'obligation morale
s'étend sur plus de sujets que l'obligation naturelle, 15. —
L'obligation naturelle n'a pas été établie pour venir en aide
aux étrangers, 15. — Elle ne dérive pas de l'organisation
des pouvoirs, à Rome, 16. — Ce n'est que pour des motifs
graves qu'une partie peut faire cesser l'obligation naturelle
qu'elle a contractée, 17. — Le dol, la violence rendent
inexistante l'obligation naturelle, 19. — *Quid* de l'erreur,
19. — Les exceptions qui détruisent l'obligation civile portent-elles atteinte à l'obligation naturelle, 22. — Les dispositions prohibitives de la loi civile qui se réfèrent aux intérêts généraux de la société, sont incompatibles avec l'idée
d'une obligation naturelle, 24. — Les obligations naturelles
qui ont été après coup revêtues d'une action, ne doivent pas
être comprises dans la catégorie des obligations naturelles.

CHAPITRE II.

Des effets de l'obligation naturelle.

Toute espèce d'obligation naturelle est susceptible de produire les mêmes effets, 32. — Effets que produit l'obligation
naturelle, 32.

SECTION PREMIÈRE. — *De l'obligation naturelle par rapport
à la non-répétition.*

Celui qui paie, croyant être tenu civilement tandis qu'il
ne l'était que naturellement, ne peut répéter, 33. — La répétition serait également déniée si celui qui a payé croyait
être obligé civilement, alors qu'il n'était tenu que d'un
devoir moral, ou de conscience, 40.

SECTION II. — *L'obligation naturelle fait partie des biens
du créancier.*

L'obligation naturelle constitue une dette, il en est autrement de l'obligation morale, 42. — Le créancier en vertu
d'une obligation naturelle, devenant héritier de son débiteur, aura le droit de faire un prélèvement jusqu'à concurrence de son titre, 44. — L'obligation naturelle est susceptible de transmission, 45. — Le legs du *debitum naturale*

fait au créancier lui-même est valable, 45. — Quand un paiement intervient pour acquitter les intérêts, si les uns sont dus civilement et les autres naturellement, l'imputation sera faite indistinctement, 46. — Les causes de révocation de la donation ne s'appliquent pas à l'obligation naturelle, 47. — L'acquittement d'une obligation naturelle ne peut être critiqué à l'exemple des donations excessives, quand il s'agit de la fixation légitime, 47. — L'acquittement d'une obligation naturelle est valable entre époux, 47. — Explication de la loi 27, Dig., *de Donationibus*, 47. — Sens dans lequel doivent être interprétés les textes desquels on infère que l'obligation naturelle n'est pas une dette, 49.

SECTION III. — *L'obligation naturelle admet la fidéjussion, le gage, la corréalité, le constitut.*

§ 1er. — *De l'obligation naturelle considérée par rapport à la fidéjussion, au gage, et à la corréalité.*

On n'élève guère de difficulté relativement à la fidéjussion, 50. — Il n'en est pas de même par rapport au gage, 50. — Quelquefois celui qui a cautionné n'est tenu que naturellement, 53. — Quand l'un des débiteurs *corrées* a payé, il n'a point de recours contre l'obligé naturellement, 53.

§ 2. — *L'obligation naturelle autorise le constitut.*

Notion du constitut. — Il n'est pas valable si la dette préexistante n'est pas au moins naturelle, 54. — L'obligation morale, ou de convenance ne se prête pas au constitut, 55. — Si la chose comprise dans le constitut est supérieure à celle qui était ramenée dans la dette précédente, quant à cet excédant il n'y aura pas obligation naturelle, 55.

SECTION IV. — *L'obligation naturelle peut être ratifiée.*

Cette ratification ne nécessite pas le consentement du créancier, mais bien celui du débiteur, 57. — De l'effet rétroactif de la ratification, 57.

SECTION V. — *L'obligation naturelle donne lieu à la novation.*

L'obligation naturelle peut être remplacée par une obligation civile, elle peut aussi remplacer elle-même une obligation civile, 58. — Dans le doute, l'obligation substituée à l'obligation naturelle sera réputée civile, 60. — Un tiers s'obligeant civilement à la place du débiteur tenu naturellement, s'il vient à payer, n'aura contre ce dernier que les droits qui compétaient au créancier primitif, 60.

SECTION VI. — *L'obligation naturelle autorise le droit de rétention et la compensation qui en est la conséquence.*

Notion du droit de rétention; son utilité à l'égard de l'obligation naturelle, 62. — L'obligation naturelle ne peut venir en compensation que tout autant que cette compensation rentre dans le droit de rétention, 65. — Ainsi entendue, la compensation n'offre rien d'inique, lorsqu'elle est opposée à un incapable, 69. — Les changements qu'a subis dans la suite la compensation, sont demeurés sans effet relativement à l'obligation naturelle, 70.

CHAPITRE III.

Des modes d'extinction de l'obligation naturelle.

SECTION PREMIÈRE. — *Du paiement, de la novation, de la compensation.*

Le paiement, la novation et la compensation ne doivent être ici considérés que comme modes d'extinction des obligations, 77. — Lorsque le paiement, qui est le mode le plus ordinaire d'extinction de l'obligation naturelle, ne suffit pas pour éteindre les diverses dettes, dont l'une est naturelle, comment s'effectuera l'imputation, 77. — S'il n'est que partiel, il n'a point pour effet d'attribuer une action pour le restant de la dette, 79. — Par la novation cesse l'obligation naturelle, 79. — La compensation *ex dispari causa* sert-elle à éteindre deux dettes naturelles, 81.

SECTION II. — *De la confusion.*

Nature de la confusion. — Que décider lorsque la dette principale étant naturelle, et la caution s'étant obligée civilement; le débiteur hérite de la caution, 82. — Que statuer lorsque, dans l'espèce qui précède, le débiteur a hérité du

créancier, 85. — *Quid juris*, si le créancier devient héritier
de la caution qui était obligée civilement, tandis que le débiteur principal n'était tenu que naturellement, 86.

SECTION III. — *De l'acceptilation et du pacte* DE NON PETENDO.

L'acceptilation a pour effet d'éteindre l'obligation naturelle, 87. — Le pacte *de non petendo* fait cesser l'obligation
naturelle, 88. — Par le pacte *de non petendo*, sont libérés
de plein droit non-seulement le débiteur principal, qui est
tenu naturellement, mais encore les cautions obligées civilement, 88.

SECTION IV. — *De la prescription.*

§ 1er. — *Effet de la prescription par rapport à l'obligation naturelle
isolée.*

Motifs par lesquels on peut soutenir que l'obligation naturelle échappe à la prescription, 90. — Raisons qui portent
à décider que l'obligation naturelle est soumise à la prescription, 90.

§ 2. — *De l'effet de la prescription par rapport à l'obligation qui a
son fondement dans le droit des gens, et qui est sanctionnée par le
droit civil.*

Raisons par lesquelles nous décidons que cette obligation
naturelle se prescrit, 93. — Réfutation des motifs présentés en faveur de l'opinion contraire, 95.

SECTION V. — *La cause jugée détruit-elle l'obligation
naturelle ?*

Importance de la question. — L'obligation dont demeure
tenu celui qui, injustement, obtient gain de cause, ne réunit
pas les conditions essentielles à l'obligation naturelle, 105.
— La chose jugée laisse intact le devoir de conscience, 106.
— Examen des textes favorables à cette doctrine ; la chose
jugée passe pour la vérité, 107. — Réfutation des arguments
que l'on déduit de quelques textes ; il ne faut pas confondre
le cas où le créancier succombe après examen, et celui où
causa cadit, 107.

SECTION VI. — *La prestation du serment porte-t-elle atteinte à l'obligation naturelle?*

Le serment est déféré par le juge ou par la partie, 112. —Le serment déféré par la partie fait disparaître l'obligation naturelle; il a plus de force que le jugement, 112. — Ce serment ne permet pas d'exciper de l'obligation morale, 113. — Le serment déféré par le juge empêche l'obligation naturelle de se produire, 114. — Il est permis de prouver la fausseté de ce serment, 114.

SECTION VII. — *De la capitis deminutio.*

Celui qui encourt la *maxima* et *media capitis deminutio*, cesse d'être obligé naturellement, 115. —La *minima capitis deminutio* laisse subsister l'obligation naturelle, 116.

SECTION VIII. — *Celui qui fait cession de biens continue-t-il à être obligé civilement, ou ne l'est-il que naturellement?*

Par la cession de biens, on ne cesse pas d'être obligé civilement, mais le montant de la condamnation ne dépasse pas la valeur des biens du débiteur, 118.

CHAPITRE IV.

Des espèces dans lesquelles se rencontre une obligation naturelle.

SECTION PREMIÈRE. — *Le pupille qui traite sans l'autorisation de son tuteur, s'oblige-t-il naturellement?*

§ 1er. — *Des divers systèmes concernant l'obligation du pupille.*

La thèse d'après laquelle le pupille ne s'oblige pas naturellement quand il traite seul, ne doit pas être admise, 122. — Il ne paraît pas exact de dire que l'obligation de ce pupille est seulement morale et non pas naturelle, 126. —Les glossateurs n'ont nullement résolu la difficulté en distinguant le cas où le pupille est *infans*, *infantiæ proximus*, et le cas où il est *pubertati proximus*, 126. — L'opinion d'après laquelle ce n'est que lorsqu'il devient plus riche que le pupille s'oblige naturellement, ne semble pas devoir être

acceptée, 128. — En scindant les effets de l'obligation naturelle, en les admettant d'une manière générale à l'égard des
tiers et non pas à l'égard du pupille, l'on propose une doctrine qui n'est pas exacte, 131. — Il n'est pas non plus juridique d'admettre que le pupille ne s'oblige sous aucun rapport, et que son engagement ne produit d'effet que tout
autant qu'il intervient des fidéjusseurs et par rapport à ces
fidéjusseurs, 133. — Réfutation du sentiment de ceux qui
soutiennent que le pupille s'obligerait naturellement et
aurait le moyen extraordinaire de la restitution en entier
pour sauvegarder ses intérêts, 133.

§ 2. — *Opinion qui paraît devoir être adoptée relativement aux*
obligations émanées du pupille seul.

L'aliénation est interdite au pupille non autorisé, 135.
— Le pupille qui traite sans aliéner, contracte une obligation naturelle, 137. — En s'obligeant naturellement, le
pupille n'a pas à craindre les effets de la compensation proprement dite, 139.

Section II. — *Dérive-t-il une obligation naturelle de*
l'engagement pris par le pupille vis-à-vis de son tu-
teur ?

Le tuteur ne peut fournir l'*auctoritas* dans sa propre
cause, 140. — Cela n'empêche pas que le pupille s'obligeant
envers son tuteur ne soit tenu naturellement, 140.

Section III. — *Quand le mineur de vingt-cinq ans se fait*
restituer, son obligation reste-t-elle naturelle ?

Le mineur de vingt-cinq ans, pourvu d'un curateur, ne
peut seul consentir aucune aliénation, 143. — L'obligation
que consentirait ce mineur sans l'assentiment du curateur
vaudrait, d'après le droit civil, sauf le bénéfice de la restitution ; mais l'obligation subsiste comme naturelle, nonobstant la restitution, 144. — Si le mineur n'a pas de curateur,
l'aliénation et l'obligation en général qu'il consent sont valides civilement, sauf le recours à la restitution en entier.
Quoiqu'il obtienne la restitution, il sera obligé naturellement, 145.

Section iv. — *Quelle est la force de l'obligation contractée par le mineur de vingt-cinq ans à l'égard de son curateur ?*

Le mineur de vingt-cinq ans qui s'engage à l'égard de son curateur contracte une obligation civile, 147. — Dans ce cas, le mineur pourra se prévaloir du moyen de la restitution en entier. — S'il se fait restituer, pour cause de lésion, son engagement se résumera en une obligation naturelle, 148.

Section v. — *La cession des droits sur le pupille ou le mineur de vingt-cinq ans, que les tiers consentent au tuteur ou curateur, a-t-elle l'effet d'une obligation naturelle nonobstant la Novelle de Justinien ?*

Motifs qui ont servi de fondement à la Novelle de Justinien, 149. — La cession faite par les tiers au profit du curateur a pour résultat d'affranchir le mineur même de l'obligation naturelle, 150.

Section vi. — *De l'obligation naturelle résultant de l'emprunt fait par le fils de famille.*

Le fils de famille qui emprunte contracte une obligation naturelle, 152. — On décide généralement que le fidéjusseur qui a cautionné le fils de famille peut se prévaloir de l'exception du sénatus-consulte Macédonien, 154. — Différence entre le fidéjusseur qui accède à l'emprunt effectué par le fils de famille, et le fidéjusseur qui intervient dans le contrat souscrit par le mineur de vingt-cinq ans, 155. — Quand l'intention des parties ne se découvre pas, dans le doute, le fidéjusseur pourra-t-il invoquer le sénatus-consulte, 156.

Section vii. — *De l'engagement pris par une personne privée de l'usage de ses facultés intellectuelles.*

Celui qui n'est pas sain d'esprit ne contracte pas une obligation naturelle, 156. — Que décider à l'égard du furieux interdit qui traite dans un intervalle lucide, 157.

SECTION VIII. — *De l'obligation émanée du prodigue interdit.*

Le prodigue interdit ressemble plus au pupille *pubertati proximus*, qu'à celui qui est insensé ; il peut s'obliger naturellement, 159. — Dans quelles circonstances le fidéjusseur sera-t-il tenu par suite de l'engagement consenti par le prodigue, 160.

SECTION IX. — *La femme répondant pour autrui ne contracte pas une obligation naturelle.*

La femme en répondant pour autrui ne contracte pas une obligation naturelle, 162. — Il eut été plus rationnel de statuer que cet engagement contient une obligation naturelle, 163.

SECTION X. — *Les donations qui avaient lieu entre époux, malgré la prohibition de la loi, étaient privées de l'efficacité de l'obligation naturelle.*

Antérieurement aux empereurs Septime Sévère et Caracalla, les donations entre-vifs que s'adressaient les époux étaient de nul effet ; par conséquent, elles ne pouvaient produire une obligation naturelle, 164. — Ces donations n'auraient pu être confirmées, 165. — Si les époux cachaient une libéralité sous la forme d'un contrat intéressé de part et d'autre, il ne résulterait pas de là une obligation naturelle, 166. — Dans le nouvel état du droit, la donation entre-vifs vaudra comme donation à cause de mort ; si le donateur change de volonté, il ne demeure pas lié par une obligation naturelle, 166.

SECTION XI. — *De l'obligation intervenue entre l'ascendant et les enfants placés sous sa puissance.*

L'obligation civile ne peut exister entre l'ascendant et les enfants placés sous sa puissance ; il en est autrement de l'obligation naturelle, 167. — L'obligation primitivement naturelle conserve cette qualité, alors même qu'un tiers hérite de l'ascendant, 169. — Est encore naturelle, l'obliga-

tion qui intervient entre les enfants soumis à la puissance
du même ascendant, 170.

SECTION XII. — *Des conventions dans lesquelles figure
l'esclave.*

Ce n'est que dans des cas tout-à-fait exceptionnels que
l'esclave acquiert lui-même des créances qui ne créent même
que des liens naturels, 171. — Quoique l'on ait enseigné le
contraire, ces créances naturelles peuvent recevoir un cautionnement; quelle est la force de ce cautionnement, 176.
— L'esclave a la faculté de s'obliger naturellement; après
l'affranchissement, ces obligations conservent le même caractère, 177.

SECTION XIII. — *Des personnes qui ne sont condamnées que*
IN ID QUOD FACERE POSSUNT.

Le bénéfice de compétence n'a point pour effet de rendre
naturelle l'obligation civile; il laisse la dette dans son état
primitif, 178. — Réfutation de l'opinion contraire, 179.

SECTION XIV. — *Les conventions non revêtues des formes
déterminées sont-elles une source d'obligation naturelle?*

Ces sortes de conventions présentent le caractère de l'obligation naturelle, 181. — Si les parties n'ont entendu souscrire qu'un contrat dans une forme déterminée, il ne vaudra
pas à titre d'obligation naturelle 182.

SECTION XV. — *Y a-t-il obligation naturelle dans une donation entre-vifs manquant des formalités déterminées
par la loi?*

La donation entre-vifs rentre dans le droit des gens; lorsque les formalités de la loi *Cincia* n'avaient pas été observées, existait-il une obligation naturelle ou civile, 185. —
Cependant, il résulte de la loi civile que le défaut d'insinuation empêche la donation de produire une obligation
naturelle, 187.

SECTION XVI. — *Les dispositions renfermées dans un testament irrégulier ont-elles la force de l'obligation naturelle?*

Le droit de tester appartient au droit des gens ; il convient, toutefois, que le droit civil n'accorde pas à une disposition contenue dans un testament irrégulier la puissance de l'obligation naturelle, 189. — Les jurisconsultes romains ne contestaient pas que le droit de tester dérivât du droit des gens ; mais ils n'admettaient pas que le testament irrégulier pût servir de base à une obligation naturelle, 192. — Les dispositions mentionnées dans un testament irrégulier offrent le caractère de l'obligation morale, ou de convenance, 195. — Conformément aux principes antérieurement exposés, nous décidons que celui qui, pensant être tenu civilement, acquitte la disposition contenue dans un testament irrégulier, n'est pas recevable à répéter, 195.

SECTION XVII. — *La promesse sous condition, ou à terme, contractée d'après les règles du droit civil, doit-elle être envisagée comme obligation naturelle?*

L'obligation conditionnelle attribue un droit qui constitue une obligation civile, 199. — Ce droit ne confère pas, à celui qui a stipulé, une créance soit civile soit naturelle par rapport à la chose promise, 200. — Celui qui a stipulé à terme est investi, par rapport à la chose promise, d'une créance civile, et non pas seulement naturelle ; à plus forte raison le délai de grâce n'empêche-t-il pas l'obligation d'être civile, 200.

SECTION XVIII. — *Y a-t-il obligation naturelle dans les dettes de jeu?*

Les dettes de jeu ne contiennent pas le germe de l'obligation naturelle, 203. — Celui qui a perdu a le même droit de répéter, 204. — Le législateur romain dénie même aux dettes de jeu le caractère de l'obligation morale, ou de convenance, 204. — Il ne faut pas confondre les dettes de jeu proprement dites avec celles qui dérivent des jeux qui développent les forces du corps, 205.

SECTION XIX. — *Les intérêts usuraires peuvent-ils servir de base à une obligation naturelle?*

La promesse de payer des intérêts excessifs ne donne pas naissance à une obligation naturelle, 205. — Des intérêts usuraires ayant été payés sans qu'il intervienne aucune erreur, la répétition est autorisée, 208. — Il en est autrement des intérêts non usuraires qui sont payés sans qu'il y eût promesse antérieure; la répétition n'est admise que tout autant que l'on justifie d'une erreur, 211.

SECTION XX. — *La clause pénale jointe à une promesse de mariage a-t-elle l'effet d'une obligation naturelle?*

Cette clause pénale ne peut être invoquée comme obligation naturelle, 211. — Le paiement étant effectué, l'action en répétition ne serait pas accordée, 213.

SECTION XXI. — *Les engagements pris afin d'obtenir une dignité ou un emploi public n'ont pas la valeur de l'obligation naturelle.*

Ces engagements sont dépourvus de tout lien naturel, 214. —L'inefficacité sera la même, que l'emploi ait ou n'ait pas été obtenu, 214.

SECONDE PARTIE.

DROIT FRANÇAIS.

CHAPITRE PREMIER.

Origine et caractère de l'obligation naturelle.

L'obligation naturelle existe d'après les principes du Droit français, 217. — La définition de l'obligation naturelle est la même en Droit français et en Droit romain, 218. — Division de la matière, 220.

Sources de l'obligation naturelle, 221. — Les liens de famille ne constituent pas une obligation naturelle, mais bien une obligation civile, 222. — Les étrangers qui se

trouvent en France sont régis par les principes de l'obligation naturelle telle qu'elle est admise parmi nous. — Analogie entre le Droit français et le Droit romain, 225. —
Quelles sont les exceptions qui font cesser l'obligation naturelle, 225. — Les dispositions prohibitives de la loi civile
qui ont trait aux intérêts généraux de la société, s'opposent
à l'existence de l'obligation naturelle, 226. — La nullité de
la vente de la chose d'autrui s'étend-elle à l'obligation naturelle, 229.

CHAPITRE II.

Des effets de l'obligation naturelle.

SECTION PREMIÈRE. — *De la non-répétition en ce qui concerne
l'obligation naturelle.*

Il n'y a pas lieu à répétition lorsque l'on paie, croyant
être tenu civilement, tandis que l'on n'est tenu que naturellement, 230. — Si l'obligation n'est que morale, ou de
convenance, la répétition serait également refusée, 232.

SECTION II. — *L'obligation naturelle fait partie des biens
du créancier.*

L'obligation naturelle confère un droit; le paiement qui
a lieu par suite de l'obligation naturelle n'est pas réputé une
libéralité. — Diverses conséquences, 234. — Parce qu'une
obligation naturelle est acquittée, les créanciers de celui
qui a payé ne peuvent prétendre que le paiement est fait en
fraude de leurs droits; explication de l'art. 2225, qui permet
aux créanciers d'opposer la prescription à laquelle renonce
leur débiteur, 236.

SECTION III. — *L'obligation naturelle comporte le cautionnement, le gage, l'hypothèque, la solidarité.*

Explication de l'art. 2012, qui permet de cautionner une
obligation qui peut être annulable au moyen d'une exception
personnelle à l'obligé, 238. — Quelquefois la caution ne sera
obligée que naturellement, 238. — La caution d'une dette
naturelle qui a payé n'a point de recours contre le débiteur

principal, 240. — Il en est de même quand le paiement émane d'un débiteur solidaire, 240. — Quoique l'on ait enseigné le contraire, il est exact de reconnaître que la législation française n'a pas accepté le constitut des Romains, 240.

Section IV. — *L'obligation naturelle peut être ratifiée.*

L'obligation naturelle comporte la ratification, 241. — Effet rétroactif de la ratification, 242. — L'obligation morale exclut la ratification, 244.

Section V. — *De la novation quant à l'obligation naturelle.*

L'obligation naturelle peut être novée par une obligation civile; elle peut aussi nover une obligation civile, 245. — Le tiers qui substitue son obligation à celle du débiteur tenu naturellement, ne peut avoir contre ce dernier des droits plus étendus que ceux qui appartenaient au créancier primitif, 246.

Section VI. — *Du droit de rétention et de la compensation se référant à l'obligation naturelle.*

Le droit de rétention est admis par la législation française; il sert surtout à l'égard de l'obligation naturelle, 247. — En Droit français, comme en Droit romain, l'obligation naturelle ne peut servir que pour la compensation, qui se confond dans le droit de rétention, 249.

CHAPITRE III.

Des modes d'extinction de l'obligation naturelle.

Section PREMIÈRE. — *Du paiement, de la novation, de la compensation.*

Le paiement est la satisfaction que les parties avaient en vue lors de la formation de l'obligation naturelle; si le paiement n'est que partiel, et s'il existe plusieurs dettes dont l'une est naturelle, de quelle manière s'effectuera l'imputation, 250. — Le paiement qui n'est que partiel, n'a point pour effet de conférer une action quant au surplus de la dette, 252. — La novation produit l'extinction de l'obligation naturelle, 252. — Est-il permis d'invoquer la compensation proprement dite à l'égard de deux dettes naturelles, 252.

Section ii. — *De la confusion.*

La confusion doit être envisagée, dans la législation française, comme dans la législation romaine, 253. — Y a-t-il confusion lorsque, la dette principale étant naturelle et celle de la caution étant civile, le débiteur succède à la caution, 254.

Section iii. — *De la remise de la dette.*

La remise faite au débiteur principal tenu naturellement libère la caution obligée civilement. L'inverse n'a pas lieu, 254. — Cette remise ne doit pas être confondue avec celle qui résulte d'un concordat, 255. — Si le créancier, faisant remise au débiteur principal, se réserve expressément ses droits contre la caution, peut-on dire que ce débiteur principal demeura lié par une obligation au moins naturelle, 255.

Section iv. — *De la prescription.*

L'obligation naturelle isolée est soumise à la prescription, 256. — Il en est de même de l'obligation naturelle qui est jointe à une obligation civile, 258.

Section v. — *L'autorité de la chose jugée efface-t-elle l'obligation naturelle ?*

En Droit français, comme en Droit romain, l'autorité de la chose jugée s'oppose à ce que l'obligation naturelle survive, 260. — L'autorité de la chose jugée laisse intacte l'obligation morale, ou de conscience, 261.

Section vi. — *La prestation du serment fait-elle cesser l'obligation naturelle ?*

Le serment décisoire emporte l'obligation naturelle, 262. — Il n'est pas même permis à la partie qui a déféré le serment de prouver sa fausseté, 262. — Le serment supplétoire détruit l'obligation naturelle, 263. — La partie qui se plaint de ce jugement peut en prouver la fausseté, 263.

SECTION VII. — *De la mort civile, et de l'interdiction légale qui a été substituée à la mort civile.*

Celui qui avait encouru la mort civile ne restait pas obligé naturellement, 264. — L'interdiction légale ne modifie nullement le caractère des obligations, 265.

SECTION VIII. — *De la cession de biens.*

La cession de biens judiciaire laisse subsister l'obligation civile, 266. — Au contraire, la cession volontaire détruit même l'obligation naturelle, 266.

SECTION IX. — *De la faillite.*

L'état de faillite ne détruit pas l'obligation civile, 267. — Nonobstant le concordat, l'obligation naturelle subsiste, 267.

CHAPITRE IV.

Des divers cas où il existe une obligation naturelle.

SECTION PREMIÈRE. — *Le mineur de vingt-un ans, qui traite sans l'autorisation de son tuteur, s'oblige-t-il naturellement?*

Il faut appliquer les principes du Droit romain qui régissent les actes émanés du mineur de vingt-cinq ans, 268. — D'après le Droit français, les obligations consenties par le mineur de vingt-et-un ans durent comme naturelles, quoiqu'il se fasse restituer, 270. — La loi impose diverses formalités pour des actes importants; en les souscrivant seul, le mineur s'oblige-t-il naturellement, 271.

SECTION II. — *Quelle est la valeur de l'obligation souscrite par le mineur à l'égard de son tuteur?*

Il faut appliquer les principes du Droit romain, qui sont relatifs à l'engagement pris par le mineur de vingt-cinq ans à l'égard de son curateur, 274. — Justification de cette proposition, 274. — Quand le ci-devant mineur aura fait un traité sans que les formalités indiquées par l'art. 472 aient été accomplies, sera-t-il obligé naturellement, 275.

SECTION III. — Quel est l'effet de la cession de créances ou de droits consentis au tuteur contre le mineur?

Notre code rappelant la prohibition décrétée par le Droit romain, sans permettre au mineur de bénéficier, il ne peut être question d'obligation naturelle en ce qui concerne ce dernier, 276.

SECTION IV. — Les actes passés par l'interdit renferment-ils une obligation naturelle?

Quoique les tribunaux aient relevé l'interdit des obligations qu'il avait consenties, cependant elles valent comme naturelles, 278. — Si l'interdit avait traité dans un moment où il ne jouissait pas de sa raison, l'acte n'aurait aucune espèce d'efficacité, 279.

SECTION V. — Des actes émanés du prodigue auquel un conseil judiciaire a été donné.

Le prodigue se faisant restituer contre les actes indiqués dans l'art. 513, reste obligé naturellement, 280. — De ce que le prodigue s'oblige naturellement, il ne s'ensuit pas que l'on reconnaisse une propriété naturelle, 281.

SECTION VI. — De l'obligation de la femme qui traite sans autorisation.

Quoique la femme ait été relevée de l'engagement souscrit sans autorisation, elle demeure néanmoins obligée naturellement, 282. — Une telle obligation pourrait être acquittée par la femme durant le mariage, et au moyen de ses deniers paraphernaux, 283.

23

Section VII. — *Les donations entre époux valent à titre d'obligation civile et jamais à titre d'obligation naturelle.*

L'époux révoquant la donation qu'il a faite, ne demeure tenu ni civilement ni naturellement, 285. — Il en sera de même si la libéralité a été déguisée sous la forme d'un contrat de vente permis entre époux, 285. — Quand il y a révocation, quelle est l'obligation de l'époux donataire, 286.

Section VIII. — *Quelle est l'obligation résultant de l'engagement formé entre le fils et le père investi de la puissance paternelle?*

Différence entre la puissance paternelle des Romains et celle des Français, 286. — Par rapport aux engagements pris par le fils à l'égard de son père, il faut appliquer les principes relatifs à ceux qui émanent du pupille à l'égard de son tuteur, 287. — Si c'est le père qui s'engage à l'égard de celui qui se trouve sous sa puissance, l'obligation ne sera défectueuse sous aucun rapport, 287.

Section IX. — *Y a-t-il, d'après le Droit français, des personnes qui ne sont tenues que* QUATENUS FACERE POSSUNT?

Il ne faut pas admettre dans le Droit français le bénéfice de compétence, tel qu'il était institué à Rome, 288. — Cas dans lesquels le bénéfice de compétence pourrait être appliqué, 289. — Les obligations arrêtées dans leur exécution ne cessent pas d'être civiles, 290.

Section X. — *Les conventions non revêtues des formes extérieures imposées par la loi, ne donnent-elles naissance qu'à l'obligation naturelle?*

Il faut avoir le soin de distinguer ce qui tient à la perfection de la convention, et ce qui se réfère à la perfection de l'acte. Malgré l'imperfection de l'acte, l'obligation demeure civile, 291. — Quand les actes sont solennels, l'omission des formalités empêche l'obligation naturelle de se produire, 292.

SECTION XI. — *La donation entre-vifs irrégulière peut-elle servir comme obligation naturelle?*

Quand les formalités réglées par la loi ont été omises, la donation ne peut être invoquée comme produisant obligation naturelle, 293. — A l'égard du donateur, la disposition n'aurait pas même l'effet d'une obligation morale, ou de convenance. Il en est différemment par rapport aux héritiers, 293. — Si le mineur accepte seul une donation entre-vifs contenant des charges, sera-t-il tenu au moins naturellement, alors qu'il se fait relever de son acceptation, 295. — La promesse de faire un don manuel produit-elle une obligation naturelle, 297.

SECTION XII. — *Les dispositions contenues dans un testament irrégulier peuvent-elles être considérées comme obligations naturelles.*

En Droit français, comme en Droit romain, le testament irrégulier ne peut servir de base à une obligation naturelle, 298. — Toutefois, il servirait de titre à une obligation morale, ou de convenance, 299.

SECTION XIII. — *Avant l'échéance du terme ou l'avénement de la condition, la promesse est-elle réputée obligation naturelle?*

Les principes développés dans la partie du Droit romain doivent être suivis, 300.

SECTION XIV. — *L'obligation naturelle résulte-t-elle des dettes de jeu et des paris?*

La dette de jeu n'offre pas le caractère de l'obligation naturelle. Le paiement ayant eu lieu, la répétition n'est pas admise à cause de la règle : *in pari causa melior est causa possidentis*, 302. — C'est à tort que l'on a soutenu que cette règle ne devait pas être appliquée en Droit français,

303. — Que les enjeux aient été confiés à un tiers, ou déposés sur table, celui qui a gagné n'a pas d'action pour les réclamer, 306. — Quand il y a eu paiement volontaire, la répétition est interdite ; de là il suit : que si le perdant a souscrit des effets, ou délégué son propre débiteur, il pourra résister à l'action dirigée par le gagnant, 308. — Les emprunts faits pour acquitter les dettes de jeu, alors que le prêteur connaît leur destination, sont assimilés aux dettes de jeu, 30.. — Celui qui se charge de payer une dette de jeu pour le compte d'un tiers, et qui l'acquitte, n'a pas d'action en répétition. Mais le joueur qui a perdu, ayant désintéressé le tiers qui a fait des avances, ne pourra user de répétition, 310. — Le mandataire qui a reçu les fonds du perdant, et qui paie sa dette, n'est pas exposé à une action en répétition de la part du mandant, 310. — Les jeux de hasard, même modérés, ne produisent pas les effets d'une obligation de conscience. Il arrive, dans certains cas exceptionnels, que le législateur ne veut pas conférer de l'efficacité à l'obligation de conscience, 310. — Les jeux d'adresse produisent une action. Si l'enjeu est excessif, le juge doit rejeter la demande pour le tout, 312. — Différence entre les dettes de jeu et celles provenant d'un pari, 312. — Des jeux de Bourse, des reports, 314 — Les contrats d'assurance sur la vie et les contrats de rente viagère ne doivent pas être mis au rang des jeux et des paris, 317.

Section XV. — *L'obligation naturelle peut-elle surgir d'un prêt usuraire?*

En Droit français, comme en Droit romain, le prêt usuraire ne renferme pas les conditions de l'obligation naturelle, 319. — Les intérêts excessifs qui ont été payés peuvent être répétés, 319. — Celui qui, par suite d'une erreur de droit, paie des intérêts non usuraires, mais qui n'ont pas été stipulés, ne peut répéter, 319. — La donation consentie par le débiteur à son créancier a-t-elle quelque valeur, 321.

Section XVI. — *La stipulation d'un délit, ajoutée à une promesse de mariage, a-t-elle l'efficacité d'une obligation civile, naturelle, ou de conscience?*

Cette clause pénale ne peut valoir, ni à titre d'obligation civile, ni à titre d'obligation naturelle, 323. — Si le paiement a été effectué conformément aux principes du Droit romain, il n'y a pas lieu à répétition, 324. — La stipulation de ce dédit produit-elle une obligation de conscience, 324.

Section XVII. — *La contre-lettre qui modifie le prix fixé dans le traité concernant la cession d'un office, peut-elle être opposée comme produisant une obligation naturelle, ou de conscience?*

La jurisprudence regarde ce traité particulier comme contraire à l'ordre public. Elle autorise la répétition de ce qui a été payé d'après cet accord; elle veut même que celui qui a reçu tienne compte des intérêts, 325. — Ce traité ne peut avoir l'efficacité d'une obligation naturelle, 327. — Il donne lieu du moins à une obligation morale, ou de conscience, 328.

Section XVIII. — *La promesse faite pour le cas de démission d'un emploi public peut-elle être regardée comme obligation naturelle?*

Cette promesse étant contraire à l'ordre public, ne réveille aucune idée d'obligation naturelle, 333. — Pour le même motif, elle ne pourra être invoquée comme obligation de conscience, 334. — Le paiement ayant eu lieu, la répétition sera-t-elle autorisée, 335.

FIN DE LA TABLE.

Typogr. BARRET, FRÈRES et C.

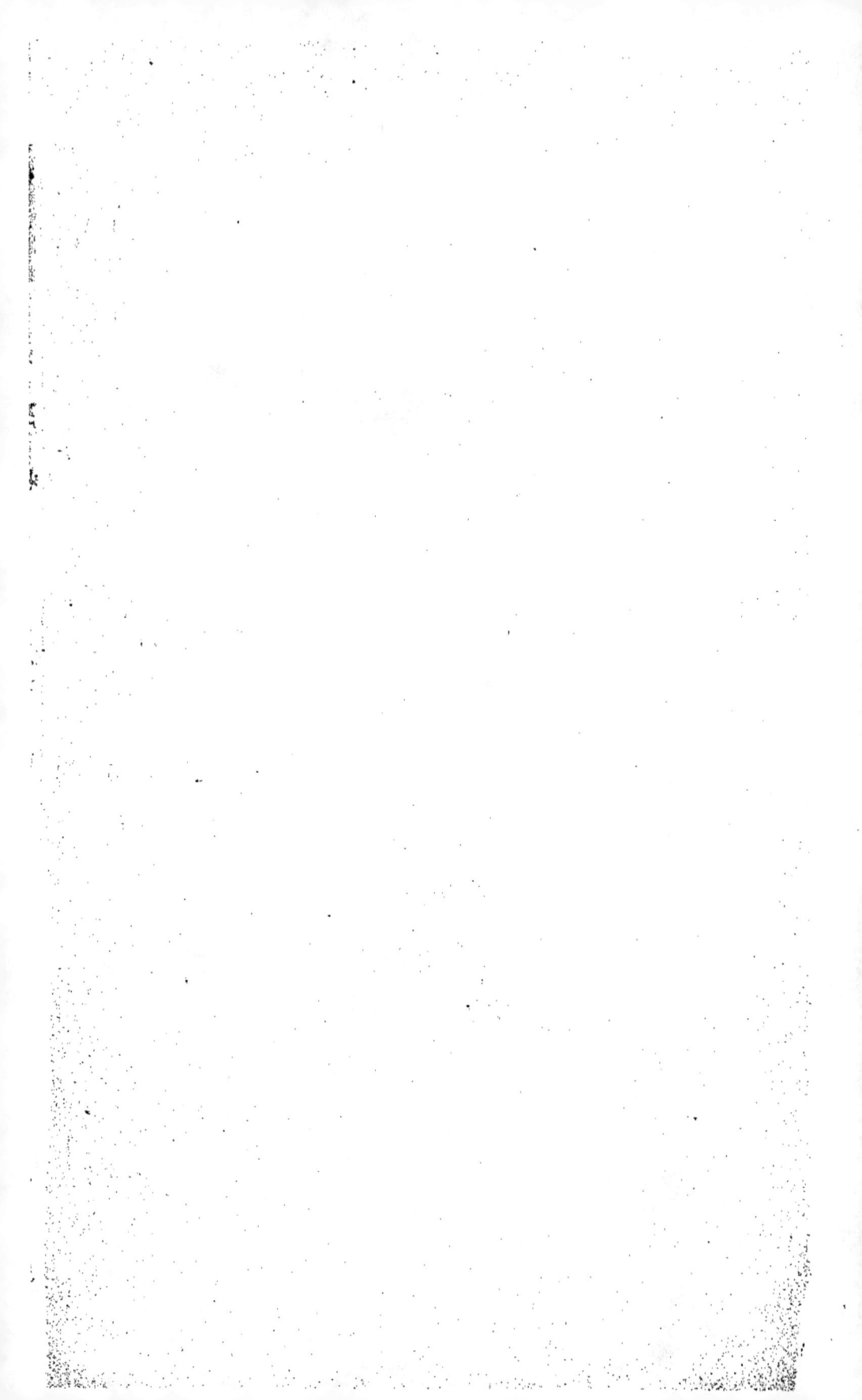

EXTRAIT DU CATALOGUE DE A. DURAND.

MASSOL, professeur à la Faculté de droit de Toulouse. — De la Séparation de Corps et de ses effets. 1 vol. in-8° . . . .　5 fr.

BONNIER (Édouard), professeur à la Faculté de Paris. — Traité théorique et pratique des Preuves en droit civil et en Droit criminel, 3me édition, revue et considérablement augmentée, 2 vol.　15 fr.

PARDESSUS (J.-M.) — Essai historique sur l'Organisation judiciaire et l'administration de la justice, depuis Hugues Capet jusqu'à Louis XII. 1851, grand in-8°.　6 fr.

PELLAT (C.-A.), doyen de la Faculté de droit de Paris. — Précis d'un Cours sur l'ensemble du Droit privé des Romains, traduit de l'allemand de Marezoll. 2e édit. 1852, in-8°.　8 fr.
— Textes choisis des Pandectes, traduits et commentés. 1859-60, in-8°　6 fr.

ROGER (Fr.), avocat. — Traité de la Saisie-Arrêt, 2e édition, entièrement refondue, et mise au courant de la législation, de la doctrine et de la jurisprudence la plus récente, par Aug. Roger, avocat à la Cour impériale de Paris. 1860, 1 vol. in-8° de près de 700 pages.　8 fr.

TRÉBUTIEN (E.), professeur à la Faculté de Caen. — Cours élémentaire de Droit criminel, comprenant l'exposé et le commentaire des deux premiers livres du Code pénal, du Code d'instruction criminelle en entier et des lois et décrets qui sont venus modifier ces Codes, jusques et y compris les lois adoptées par le Corps législatif en 1853, notamment les lois du 4 juin 1853 sur la composition du jury, du 9 juin sur la majorité exigée pour la déclaration du jury, du 10 juin sur les pouvoirs en matière criminelle, et sur les attentats contre la famille impériale. 1854, 2 vol. in-8°.　15 fr.

ZACHARIÆ (K.-S.) — Le Droit civil français, traduit de l'allemand sur la 5e édition, annoté et rétabli suivant l'ordre du Code Napoléon, par M. G. Massé et Ch. Verger, avocat, docteur en droit. 1855-60, 5 vol. in-8°.　37 50

LA TRIBUNE JUDICIAIRE. — Recueil des plaidoyers et des réquisitoires les plus remarquables des tribunaux français et étrangers, par J. Sabbatier, ancien sténographe des Chambres législatives pour le *Moniteur universel*.

　　Années 1855-60, 9 vol. grand in-8.　12 fr.
　　Année 1861, 2 vol. (Tom. X et XI.) Abonnem. pour Paris.　12 fr.
　　　　——　　　　　　　　　 pour les Départem.　14 fr.

SÉANCES ET TRAVAUX de l'Académie des sciences morales et politiques. — Compte-rendu par M. Ch. Vergé, docteur en droit, sous la direction de M. Mignet, secrétaire perpétuel de l'Académie, 1843-1861. 58 vol. in-8°.　380 fr.
— 3e série. 1853-1860, 28 vol. Prix de chaque année séparée.　20 fr.
Prix d'abonnement : 20 fr.; Départements : 25 fr.
Table générale alphabétique et chronologique par noms d'auteurs et par ordre des matières, etc., 1852-1859. 1 vol. in-8°.　5 fr.

REVUE HISTORIQUE de droit français et étranger, publiée sous la direction de MM. Ed. Laboulaye, membre de l'Institut, professeur de législation comparée au collège de France; E. de Rozière, ancien professeur à l'école des Chartes; R. Dareste, avocat au Conseil d'État et à la Cour de Cassation; Ch. Giraulthiac, chargé du cours d'histoire de droit à la Faculté de Toulouse. — Années 1855-56-57-58-59-60-61, 7 forts vol. in-8°.　70 fr.
Abonnements. Paris : 10 fr.; Départements, 12 fr. — Cette revue paraît tous les deux mois.

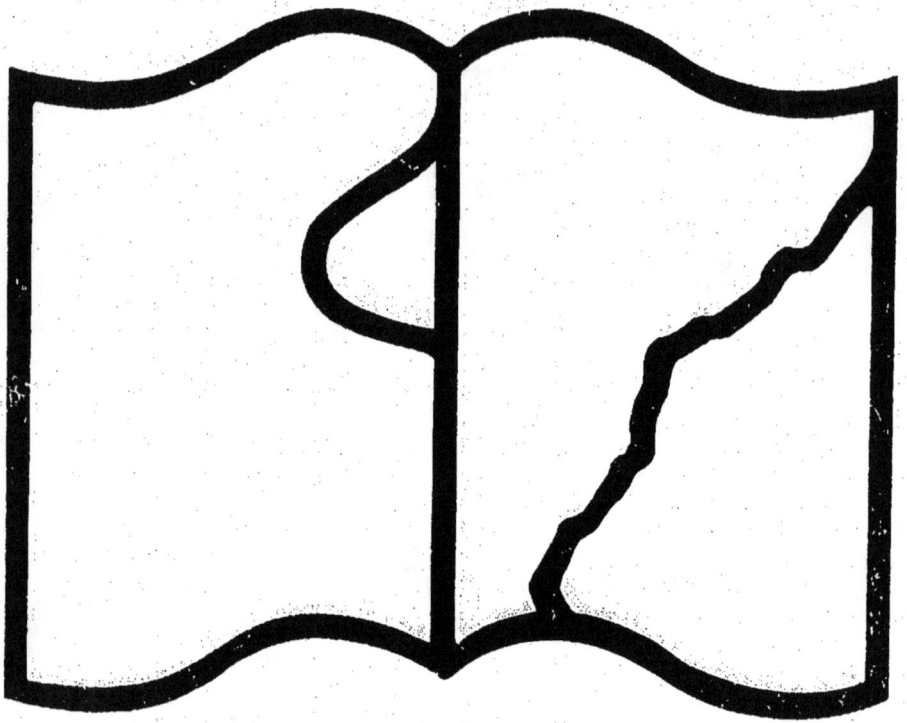

Texte détérioré — reliure défectueuse

NF Z 43-120-11

Contraste insuffisant

NF Z 43-120-14

www.ingramcontent.com/pod-product-compliance
Lightning Source LLC
Chambersburg PA
CBHW060951220326
41599CB00023B/3677